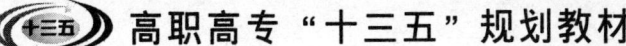高职高专"十三五"规划教材

普通话水平测试实用教程

主　编　苏　濛　张　珺
参　编　张宏芳　任　静　黄建岚
　　　　曹　坚　邓　渊　殷　飞
　　　　范露峰

南京大学出版社

图书在版编目(CIP)数据

普通话水平测试实用教程 / 苏濛,张珺主编. —南京:南京大学出版社,2016.3(2019.8重印)
高职高专"十三五"规划教材
ISBN 978-7-305-16652-5

Ⅰ.①普… Ⅱ.①苏… ②张… Ⅲ.①普通话—水平考试—高等职业教育—教材 Ⅳ.①H102

中国版本图书馆 CIP 数据核字(2016)第 057972 号

扫一扫可获得
朗读作品音频

出版发行	南京大学出版社
社　　址	南京市汉口路 22 号　　邮编　210093
出 版 人	金鑫荣

丛 书 名　高职高专"十三五"规划教材
书　　名　普通话水平测试实用教程
主　　编　苏　濛　张　珺
责任编辑　王抗战　胡亚玲　　　编辑热线　025-83596997
照　　排　南京理工大学资产经营有限公司
印　　刷　宜兴市盛世文化印刷有限公司
开　　本　787×1092　1/16　印张 13　字数 240 千
版　　次　2016 年 3 月第 1 版　2019 年 8 月第 5 次印刷
ISBN　978-7-305-16652-5
定　　价　30.00 元

网　　址:http://www.njupco.com
官方微博:http://weibo.com/njupco
官方微信号:njupress
销售咨询热线:(025)83594756

* 版权所有,侵权必究
* 凡购买南大版图书,如有印装质量问题,请与所购图书销售部门联系调换

前 言

普通话即现代标准汉语,广泛通行于中国大陆。普通话是中华人民共和国的官方语言,也是联合国六种官方工作语言之一。《中华人民共和国宪法》第19条规定:"国家推广全国通用的普通话。"自2001年1月1日起实施的《中华人民共和国国家通用语言文字法》确立了普通话的"国家通用语言"的法定地位。

普通话水平测试(拼音缩写形式为PSC)是测查应试人普通话规范程度、熟练程度,并认定其普通话水平等级的国家级口语考试,是国家推广普通话的重要措施之一。普通话水平测试自1994年起开始实施,先在一定范围内对某些岗位的人员实行。普通话水平测试目前已不只是一种面向播音员、节目主持人和影视话剧演员、教师、国家机关工作人员等法律规定的特定岗位人员的语言测试,测试范围正逐步扩大到在校大学生和与口语表达密切相关的公共服务等行业。普通话水平测试工作的深入发展,在促进我国普通话的推广、普及和应用水平提高,增强全民语言规范意识,提高国民文化素质等方面都发挥了积极的推动作用,是语言文字工作的重要组成部分。

随着社会的发展、科技的进步,普通话水平测试的手段也在不断创新。从2007年起,全国开始逐步实行计算机辅助普通话水平测试。该系统的运用使得普通话的培训内容、测试形式都有了较大变化。为了使参加普通话水平测试的应试人员能尽快适应计算机辅助普通话水平测试的模式,更好地提高普通话应试水平和能力,我们编写了这本《普通话水平测试实用教程》。

本书依据国家《普通话水平测试大纲》和《普通话水平测试实施纲要》的规定,由南京铁道职业技术学院几位经验丰富的、长期工作在普通话培训测试第一线的教师集体编写而成。我们本着科学、实用的原则,博采众长,并结合自己的教学心得,吸收了近年来普通话水平测试与培训的成果,结合江苏省的实际情况,将普通话学习和普通话水平测试紧密结合起来,围绕应试人员学习普通话的重点和难点编写,内容丰富,形式新颖。希望能为参加普通话水平测试的应试人员提供实用、好用的训练用书和考试指导用书。

本书具有以下几个特点：

1. 详细介绍了计算机辅助普通话水平测试的流程和考生注意事项。

2. 针对字词训练，精心编排了相关训练，并做到分类整理，增强了训练的针对性。尤其是针对大部分应试人员感觉字词训练如大海捞针，无从下手的现状，提供了必读单音节字词表和必读多音节词语表，并全文注音，进行仿真训练。

3. 根据江苏省普通话水平测试的题型，对每个题型的训练都增加了应试指导篇，为应试人员提供了每种题型的应试技巧和注意事项。

4. 附录中提供了实用的资料，包括《普通话水平测试用必读轻声词语表》、《普通话水平测试儿化词语表》、《普通话水平测试大纲》、《计算机辅助普通话水平测试评分试行办法》、《江苏省计算机辅助普通话水平测试评分细则（试行）》，方便应试人员进行查找。

本书由苏濛、张珺担任主编。张宏芳、任静、黄建岚、曹坚、邓渊、殷飞、范露峰等参与了部分编写工作。本书编写时参考了一些相关论著，吸取了同行的最新研究成果，在此谨向原编著者表示感谢。由于时间仓促，水平有限，书中难免有疏漏之处，恳请广大读者批评指正。

编　者

2016 年 1 月

目 录

第一章 普通话与普通话水平测试 ··· 1
  第一节 普通话 ·· 1
  第二节 普通话水平测试 ··· 3
  第三节 计算机辅助普通话水平测试 ··· 8

第二章 普通话语音知识 ··· 17
  第一节 语音的性质 ·· 17
  第二节 语音的基本概念 ·· 20

第三章 普通话字词训练 ··· 23
  第一节 普通话声母训练 ·· 23
  第二节 普通话韵母训练 ·· 37
  第三节 普通话声调训练 ·· 48
  第四节 普通话语流音变训练 ··· 52
  第五节 普通话水平测试单音节字词、多音节词语应试指导 ············· 68
  第六节 语音训练 ··· 71

第四章 朗读短文训练 ·· 104
  第一节 朗读概说 ·· 104
  第二节 怎样准备短文朗读 ··· 106
  第三节 普通话水平测试朗读短文应试指导 ·································· 107
  第四节 朗读作品 60 篇及难点提示 ·· 110

第五章　命题说话训练 ··· 158
　第一节　说话解读 ··· 158
　第二节　怎样准备命题说话 ··· 160
　第三节　普通话水平测试命题说话应试指导 ····························· 164
　第四节　命题说话 30 个话题及思路提示 ································· 176

附　录 ··· 182
　附录一　《普通话水平测试用必读轻声词语表》························ 182
　附录二　《普通话水平测试用儿化词语表》····························· 189
　附录三　《普通话水平测试大纲》 ··· 194
　附录四　《计算机辅助普通话水平测试评分试行办法》 ·············· 199
　附录五　《江苏省计算机辅助普通话水平测试评分细则（试行）》 ······ 200

参考书目 ·· 202

第一章 普通话与普通话水平测试

第一节 普通话

一、什么是普通话

普通话是现代汉民族的共同语,是现代汉语的标准语。根据1955年全国"现代汉语规范问题学术会议"精神,经国务院批准,"普通话"的具体含义是,以北京语音为标准音,以北方方言为基础方言,以典范的现代白话文著作为语法规范的现代汉民族共同语,是我国的通用语言。

作为现代汉民族的共同语,普通话包括书面语、口语两方面。推广普通话实际上是"不断地扩大普通话的应用范围,尽力提倡在公共场合说普通话,尽力提倡在书面语言中使用普通话"。普通话包含语音、词汇、语法三部分,说好普通话必须兼顾这三个方面。

语音,以北京语音为标准音,是就北京话的语音系统讲的。但是,一些土音成分要舍弃,一些分歧的读音(如异读)也要经过审订决定其取舍。词汇,现代汉语共同语在北方方言的基础上形成,北方方言词汇是普通话词汇的基础和主要来源。作为基础,并不是要兼收并蓄北方方言所有的词汇,某些过于土俗的词汇是要舍弃的。语法,规范的标准是典范的现代白话文著作。这里要特别注意"典范"、"现代"、"白话文"这三个关键词。"典范"是相对于"一般"而言的,强调经得起推敲和社会公认。"现代"是相对于"古代"而言的,表示了汉语发展的最新阶段和最新状态。"白话文"是相对"文言文"和"半文半白"的文章而言的,同时也排除用方言写成的文章。确定书面语为标准而不选取口语为标准,是因为书面语经过加工、提炼,随意性较少,规范程度高,并且,典范的著作有它的稳固性,可以把规范的标准巩固下来,便于遵循。

二、为什么要学习普通话

学习普通话是生活的需要。中国地域辽阔,又是多民族国家,语音差异很大。随着社会的进步、经济的发展,不同地区人们的交往越来越多,语言不通会造成很大障碍。

学习普通话是工作的需要。现代社会,在一个单位,不同方言区的人一同做事,方言的差异会给工作带来麻烦,影响沟通与交流。

学习普通话是提高文化素养的需要。当今社会,普通话已经成为文化素养的代名词。接受过一定教育的人普通话应说得不错已成为人们的一种观念、一种审美趋向。

三、怎样学好普通话

第一,掌握实用的语音知识。如音变规则、方言(母语)与普通话在声母、韵母、声调几个方面的对应规律等。只有牢固地掌握了这些在学习中要经常用到的基础知识,才能顺利地进行语音辨正,在正确理论的指导下进行卓有成效的训练和实践。

第二,学好发音。在正确的指导(如收音机、教学录音带、电视讲座、发音纯正的教师)下,发准一个个声母、韵母、声调,拼读好音节,读准音变。要反复模仿练习,力求发音准确,做到字正腔圆(读音正确,腔调圆润)。这是学好普通话的基本功。

第三,记住常用汉字的规范读音。现代汉语中有常用字2 500多个,次常用字1 000多个。它们的使用频率在所有汉字中占99.48%。所以只要掌握了它们的标准音,就能基本上达到用普通话标准音说话和朗读的要求。在学习了一段时间之后,可把它作为检查自己对常用字规范读音掌握情况的依据。对于其中容易读错的字,更要读对记牢,以免因误读而闹出笑话。熟记常用汉字的规范读音,是学习普通话的基础工程。

第四,上口练说。即在前三点基础上开口练说,使上述所学在日常生活和学习、工作中派上用场,并在语调知识指导下,以多说解决口语的语调问题,从而使自己说得流利、自然,富于表现力。如果不上口说,上述所学就没什么用处,并且会逐渐遗忘。所以多练多说是学好普通话的关键。方法有自言自语、与同学或老师对练,此外,跟电视、收音机轻声仿说也是可行的好办法。

第五,积极参加语言艺术的实践活动。通过朗读、朗诵、讲演、辩论、讲故事、说快板、说相声、歌唱、话剧、小品、绕口令等语言艺术的学习、训练和实践,培养和提高学习应用普通话的兴趣,并使自己经过努力学会的普通话在文艺活动中最大限度地发挥作用,这无疑增加了普通话学习的动力和现实意义。

学习普通话,只记一些概念、规则是不够的,重要的是在理解知识、掌握方法的基础上,全面地进行听、说、读、记的训练,养成勤于动脑记、动口练、动耳听、动手查的良好学习习惯,从而切实地提高自己的口语表达能力,练就一口标准、流利、令人羡慕的普通话。

第二节 普通话水平测试

一、普通话水平测试的意义

我国地域辽阔、人口众多、方言差异大,推广和普及普通话,有利于民族团结、国家统一、社会进步、文明复兴,"国家推行全国通用的普通话"这是《中华人民共和国宪法》明文规定的。开展普通话水平测试工作,推广和普及普通话工作走上制度化、规范化、科学化的道路,并且加强工作的力度,加快工作的速度,可以极大地提高全社会的普通话水平和汉语规范化水平,使语言更好地为社会发展服务、为现代化建设服务。

普通话水平测试是推广普通话工作的重要组成部分,是推广普通话工作的重要举措,它使几十年来的推广普通话工作进入了一个新的阶段。普通话水平测试工作的健康开展,必将对我国文化、教育、科学事业的发展,对全社会的语言生活产生深远的影响。

开展普通话水平测试工作,还有助于政府有关部门调查和评估数十年来国家推广和普及普通话工作的成果,为今后的工作确立合理的目标、制订可行的方案、选择适当的手段,使之更为科学、系统、有序和有效。

二、普通话水平测试的依据

(一)《普通话水平测试大纲》

普通话水平测试(PSC)是测查应试人普通话规范程度、熟练程度,认定其普通话水平等级的国家级口语考试,是国家推广普通话的重要措施之一,自1994年起在各地各行业迅速展开。2001年1月开始实行的《国家通用语言文字法》为普通话水平测试提供了明确的法律依据。为使普通话水平测试工作更加规范、有序、健康地发展,2003年1月国家语委规范(标准)审定委员会审定通过了《普通话水平测试大纲》,同年10月,该《大纲》由教育部、国家语委正式公布,于2004年10月开始实施。《大纲》以部颁文件的形式规定了普通话水平测试的性质、目的、要求,工作的原则和依据,测试的方式和范围,评分系统和方法等。

(二)《普通话水平测试实施纲要》

国家语委普通话水平测试中心课题组根据《普通话水平测试大纲》对测试内容的规定,编制了《普通话水平测试实施纲要》。《实施纲要》作为普通话水平测试国家指导用书,规定了测试的具体内容和范围,是普通话水平测试的具体依据。《实施纲要》包括:普通话水平测试用的普通话词语表(附轻声词表、儿化词表)、普通话与方言词语对照表、普通话与方言语法对照表、朗读篇目和说话话题等内容。其中词语表收入词语17 055条,朗读篇目为60篇,说话话题为30个。《普通话水平测试实施纲要》是普通话水平测试国家题库建设的一项基础性工作,它的出版为2004年10月开始正式实施《普通话水平测试大纲》奠定了良好基础。

三、普通话水平测试的性质、方式和内容

普通话水平测试(拼音缩写形式为PSC),是以科学规范的方法测查应试人的普通话规范程度、熟练程度,认定其普通话的水平等级,属于标准参照性考试,以口试方式进行。

普通话水平测试的内容包括普通话语音、词汇和语法。测试题库为50套试卷,由应试者随机抽取任意一套口答。

普通话水平测试的范围包括国家测试机构编制的《普通话水平测试用普通话词语表》、《普通话测试用朗读作品》、《普通话测试用话题》。

四、江苏省普通话水平测试的项目和评分标准

江苏省普通话水平测试由四个部分组成,满分为100分。

第一题,读单音节字词(100个音节),限时3.5分钟,共10分。测试应试人声母、韵母、声调读音的标准程度。评分标准是,语音错误,每个音节扣0.1分,语音缺陷每个扣0.05分,如果超时,1分钟内扣0.5分,1分钟含1分钟以上扣1分。

第二题,读多音节词语(100个音节),限时2.5分钟,共20分。测查应试人声母、韵母、声调和变调、轻声、儿化读音的标准程度。评分标准是,语音错

误每个音节扣0.2分,语音缺陷每个扣0.1分,如果超时,1分钟内扣0.5分,1分钟含1分钟以上扣1分。

第三题,朗读短文1篇,400个音节,限时4分钟,共30分。测查应试人使用普通话朗读书面作品的水平。测查声母、韵母、声调读音准确程度的同时,重点测查连读音变、停连、语调以及流畅程度。评分标准是,每错1个音节扣0.1分,漏读或增读1个音节扣0.1分,声母或韵母的系统性缺陷视程度扣0.5分、1分;语调偏误视程度扣0.5分、1分、2分;停连不当视程度扣0.5分、1分、2分;朗读不流畅(包括回读)视程度扣0.5分、1分、2分;超时扣1分。

第四题,命题说话(两个话题任选一个),限时3分钟,共40分。测查应试人在无文字凭借的情况下说普通话的水平,重点测查语音标准程度、词汇语法规范程度和自然流畅程度。评分标准如下:

1. 语音标准程度,共25分。分六档:

一档:没有语音错误,扣0分;错误1次、2次,扣1分;错误3次、4次,2分。

二档:语音错误在5～7次之间,有方音但不明显,扣3分;语音错误8次、9次,有方音但不明显,扣4分。

三档:语音错误在5～7次之间,但方音明显,扣5分;语音错误8次、9次,但方音明显,扣6分。语音错误在10～15次之间,有方音但不明显,扣5分、6分。

四档:语音错误在10～15次之间,方音比较明显,扣7分、8分。

五档:语音错误在16～30次之间,方音明显,扣9分、10分、11分。

六档:语音错误超过30次,方音重,扣12分、13分、14分。语音错误(包括同一音节反复出错),按出现次数累计。

2. 词汇、语法规范程度,共10分。

词汇、语法不规范指,使用了典型的方言词、典型的方言语法以及明显的病句。

词汇、语法不规范,每出现1次,扣0.5分。最多扣4分。

3. 自然流畅程度,共5分。分三档:

一档:语言自然流畅,扣0分。

二档:语言基本流畅,口语化较差,类似背稿子。有所表现,扣0.5分;明显,扣1分。

三档:语言不连贯,语调生硬。程度一般的,扣2分;严重的,扣3分。

4. 说话时间不足 3 分钟,视程度扣 1～6 分。

缺时 15 秒以下,不扣分。

缺时 16 秒～30 秒,扣 1 分。

缺时 31 秒～45 秒,扣 2 分。

缺时 46 秒～1 分钟,扣 3 分。

缺时 1 分 01 秒～1 分 30 秒,扣 4 分。

缺时 1 分 31 秒～2 分钟,扣 5 分。

缺时 2 分 01 秒～2 分 29 秒,扣 6 分。

说话时间不足 30 秒(含 30 秒),本测试项成绩记为 0 分。

5. 离题、内容雷同,视程度扣 4 分、5 分、6 分。

"离题"是指应试人所说内容完全不符合或基本不符合规定的话题。完全离题,扣 6 分;基本离题,视程度扣 4 分、5 分。

直接或变相使用《普通话水平测试纲要》中的 60 篇朗读短文,扣 6 分;其他内容雷同情况,视程度扣 4 分、5 分。

本测试项可以重复扣分,但最多扣 6 分。

6. 无效话语,酌情扣 1～6 分。

"无效话语"是指测试员无法据此作出评分的内容。包括:① 重复相同或大体相同的内容;② 经常重复相同语句;③ 口头禅频密;④ 简单重复。

无效话语在三分之一以内,视程度扣 1、2、3 分;无效话语在三分之一以上,视程度扣 4、5、6 分。

有效话语不足 30 秒(含 30 秒),本测试项成绩记为 0 分。

五、普通话水平测试的等级标准

1997 年国家语言文字工作委员会将《普通话水平测试等级标准》作为部级标准正式颁布。该标准将普通话水平分为三级六等:"三级"是将普通话水平分为一级、二级、三级,一级可以称为标准的普通话,二级可称为比较标准的普通话,三级可称为一般水平的普通话;"六等"是指在每一级中进一步分出甲等和乙等。测试实施机构根据应试人测试的成绩认定其普通话等级,由语言文字工作部门颁发相应的普通话水平测试等级证书。等级证书全国通用。

具体要求和标准如下:

《普通话水平测试等级标准》(试行)

一级

甲等　朗读和自由交谈时,语音标准,词汇、语法正确无误,语调自然,表达流畅。测试总失分率在3％以内。

乙等　朗读和自由交谈时,语音标准,词汇、语法正确无误,语调自然,表达流畅。偶然有字音、字调失误。测试总失分率在8％以内。

二级

甲等　朗读和自由交谈时,声韵调发音基本标准,语调自然,表达流畅。少数难点音(平翘舌音、前后鼻尾音等)有时出现失误。词汇、语法极少有误。测试总失分率在13％以内。

乙等　朗读和自由交谈时,个别调值不准,声韵母发音有不到位现象。难点音较多(平翘舌音、前后鼻尾音、边鼻音、fu－hu、z－zh－j、送气不送气、i－u不分,保留浊塞音、浊塞擦音、丢介音、复韵母单音化等),失误较多。方言语调不明显。有使用方言词、方言语法的情况。测试总失分率在20％以内。

三级

甲等　朗读和自由交谈时,声韵调发音失误较多,难点音超出常见范围,声调调值多不准。方言语调较明显。词汇、语法有失误。测试者失分率在30％以内。

乙等　朗读和自由交谈时,声韵调发音失误较多,方言特征突出。方言语调明显。词汇、语法失误较多。外地人听其谈话有听不懂情况。测试总失分率在40％以内。

各级各等分数按百分制计算,分别如下:
97分及其以上,为一级甲等;
92分及其以上但不足97分,为一级乙等;
87分及其以上但不足92分,为二级甲等;
80分及其以上但不足87分,为二级乙等;
70分及其以上但不足80分,为三级甲等;
60分及其以上但不足70分,为三级乙等;
60分以下为不入级。

第三节 计算机辅助普通话水平测试

一、计算机辅助普通话水平测试介绍

计算机辅助普通话水平测试工作是通过计算机语音识别系统,部分代替人工评测,对普通话水平测试中应试人朗读的1~3题的语音标准程度进行辨识的评测工作。

普通话水平测试工作一直以来都是靠人工评测应试人的语音标准程度来完成测试任务的,一般一组测试由2~3名普通话测试员同时评测一名应试人员。一天下来,这一组测试员的评测工作量为30~40名应试人员。测试过程包括现场录音、现场打分、综合评测分值、计算平均分值、填写表格、登分,以及测试完成后的封存应试人试卷和录音磁带,报送上级测试中心组织抽查复审等程序,费时、费事、费力。测试员劳动强度高、神经高度紧张,需时刻保持注意力。如果应试人读得太快,稍不留神就会出现个别读音漏听、误判的现象。为了提高普通话测试的公平、公正、科学,国家语言文字培训测试中心与安徽科大讯飞公司合作,授权安徽科大讯飞公司开发了用于全国普通话测试的汉语通用语语音标准程度辨识软件。

2008年起国家语委在全国开展计算机辅助测试工作,2010年国家语言文字测试中心出台了《计算机辅助普通话水平测试评分试行办法》,对普通话水平测试试题中计算机无法进行比较辨识、需要通过人工进行评测的第四题进行了规范。

计算机辅助普通话水平测试的优势是,减轻了测试员的工作强度,降低了应试考生的紧张心理,保证了测试的公平与公正,增强了考试的信度,提高了考试的效度。

二、计算机辅助普通话水平测试考试流程

计算机辅助普通话水平测试分为候考、备测、正式测试三个步骤,下面重点介绍备测和正式测试两部分。

(一)候测室候考

考生应在规定时间开始前30分钟到候测室报到。

(二)备测室备测

得到工作人员通知后有序进入备测室,抽取自己的试题并在指定位置坐

下,将自己的身份证、学生证、准考证放在桌子右上方,工作人员验证身份。

备测使用纸质试卷,时间为 10 分钟左右。

准备结束,考生将纸质试卷上交给工作人员,有序进入指定测试室正式测试。

(三)测试室正式测试

1. 登录机测页面

机测页面是由考试主机直接分发给应试考生的。考生只要按照登录页面的提示,戴好耳机,等待主机分发试题即可。智能测试软件启动之后,系统弹出佩戴耳机的提示,请点击"下一步"按钮继续。

图 1-1

2. 输入并核对考生信息

进入用户登录页面:输入应试考生准考证号码的后 4 位数字,并核对考生姓名、身份证号,如因输入错误,导致页面出现错误信息,考生可以点击"返回"按钮,重新输入考生信息并点击"进入"按钮。

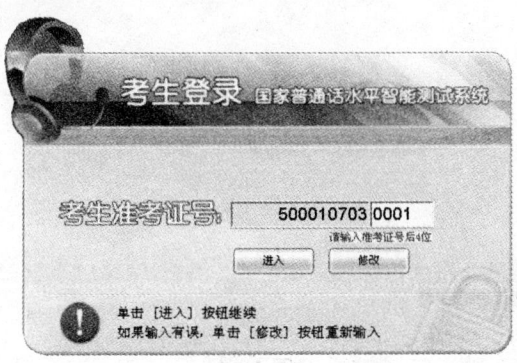

图 1-2

信息确认：考生确认准考证号输入无误之后即可点击"确认"按钮，开始测试。

图1-3

3. 系统试音

进入测试之前，系统会提示应试考生听到"嘟"的一声后朗读界面上的提示文字，一般是："我叫×××，我的准考证号是××××。"这是给系统提供试音，以对用户电脑的声音设备进行检测，并对麦克风进行调节。

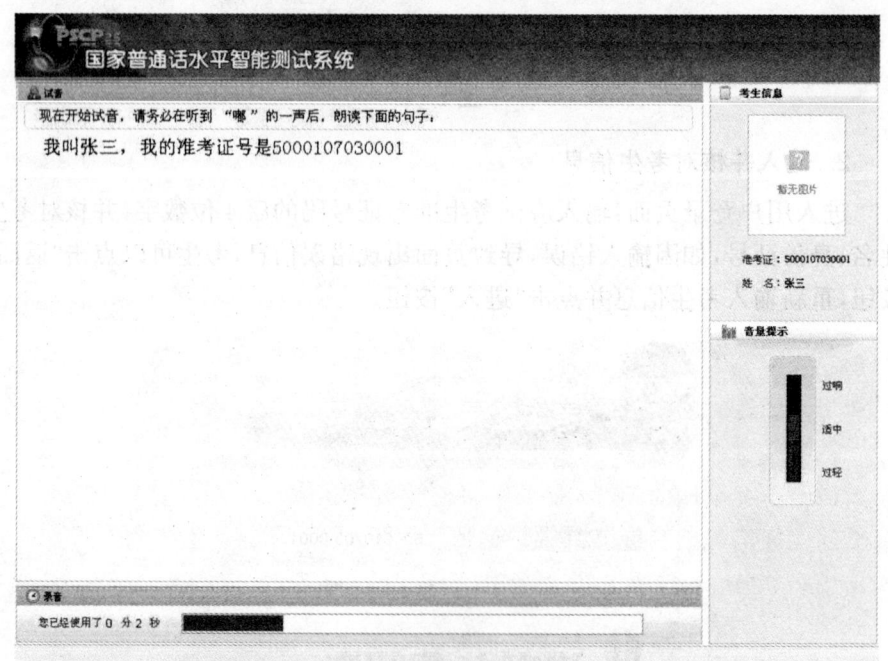

图1-4

4. 进行测试

第一题：读单音节字词（100个音节）

第一题读单音节字词,是在有文字凭借下对语音标准程度的测评,单音节词没有语境,因此要把声音发完整,读音要有动程,声调调值读音要到位,阴平、阳平声调调值高度要升到位,上声声调要读出曲折度,去声声调要降到位。

第一题考完,考生无需等待,直接点击右下角"下一题"按钮,进入第二题测试界面。

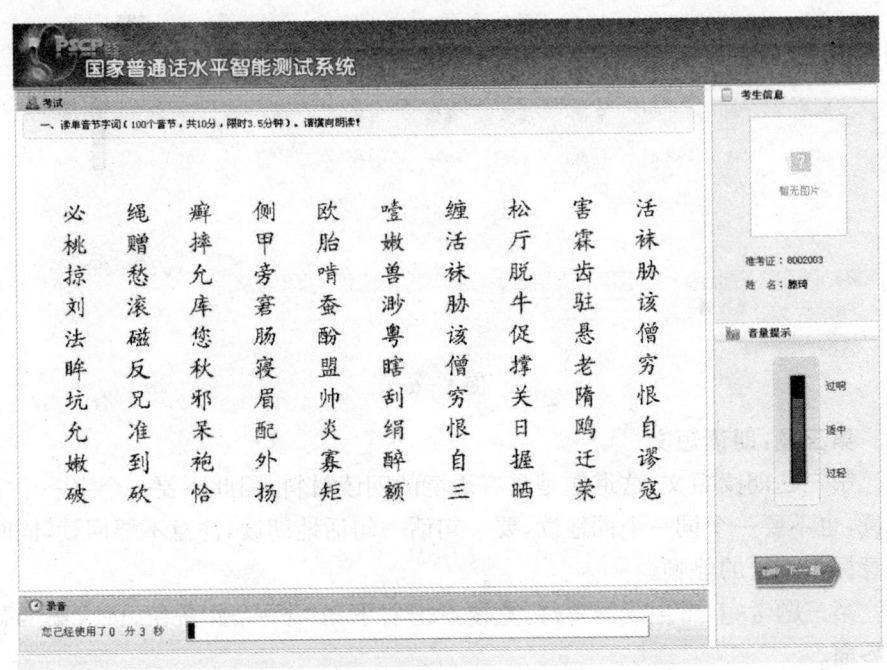

图 1-5

第二题：读多音节词语（100个音节）

第二题读多音节词语,要把一个词连起来读,不要把词分开读或一顿一顿地读。由于一个词的朗读会有相应的语流音变,因此本题考查的是有一定语境下的普通话标准程度。其中包括上声与上声相连、上声与非上声相连词语,儿化词语、轻声词语,词的重音与次重音等。

第二题考完,考生无需等待,直接点击右下角"下一题"按钮,进入第三题的界面。

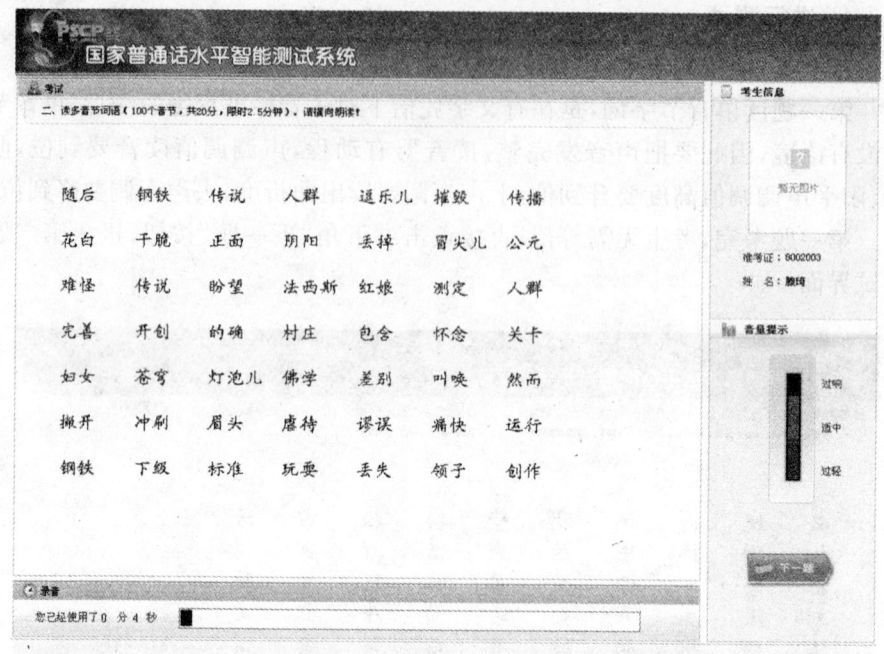

图 1-6

第三题：朗读短文

第三题朗读短文，这道题是具有语境的朗读材料，因此不要一个字一个字地读，也不要一个词一个词地读，要一句话一句话地朗读，注意不要回读，同时注意标点符号的停顿。

第三题考完，考生无需等待，直接点击右下角"下一题"按钮，进入第四题的界面。

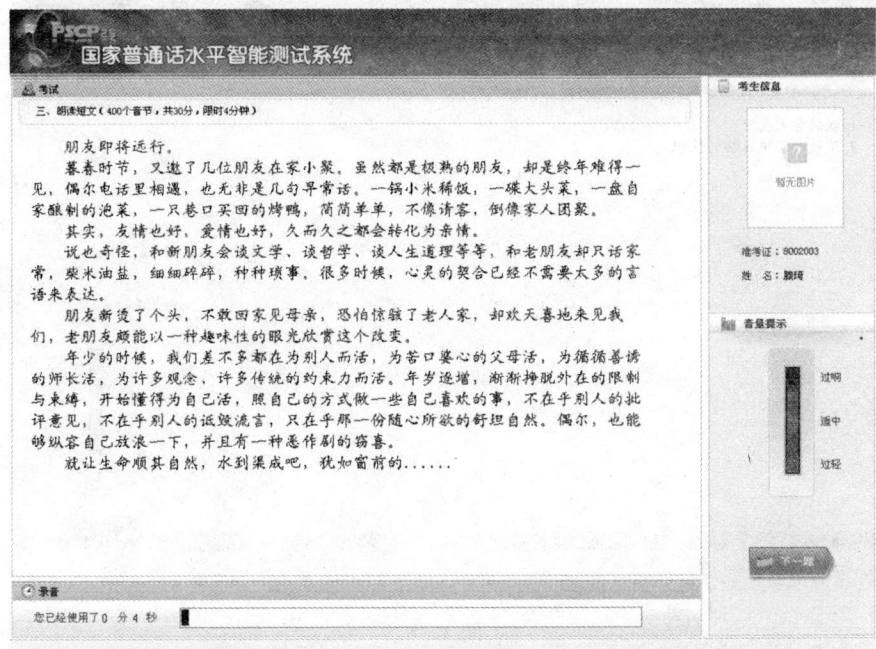

图 1-7

第四题:命题说话

第四题界面出现后,有 2 个题目供选择,考生不要点击题目,而是直接朗读出自己选中的题目,然后围绕话题说话。本题是对没有文字凭借下的应试者语言能力的测评,因此考生不要在考前把话题准备成书面作文,或使用网上出现的命题说话范文,这会被测试员认定为口语化差或雷同而扣分,导致考生成绩不理想,一定要围绕话题用自己的语言说话。

命题说话时间要说满 3 分钟,即考生要注意查看界面下方的时间进度条全部运行到结束,此时说话题目即为说满了 3 分钟。

第四题考完,考生点击"提交试卷"结束考试。

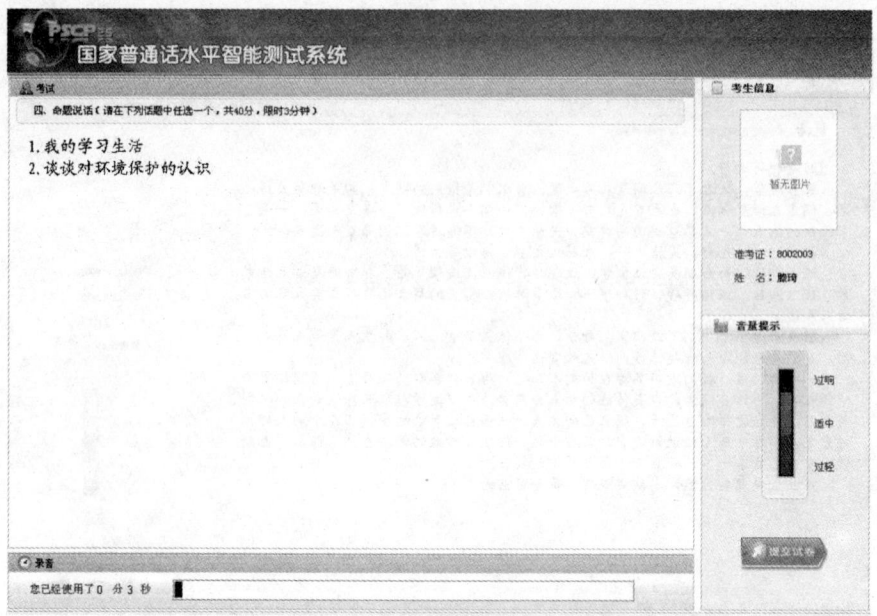

图 1-8

页面出现"恭喜您考试成功",测试全部完成,考试结束。
系统进入最后评测阶段。

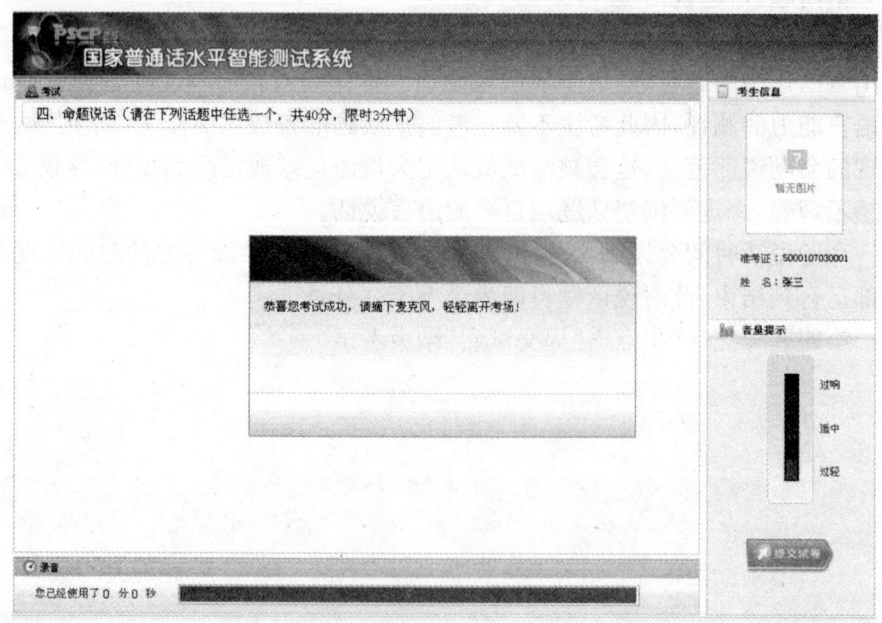

图 1-9

三、计算机辅助普通话水平测试考生注意事项

（一）登录阶段

1. 请正确佩戴好耳麦,**麦克风一般在左侧**,调整麦克风至距嘴巴2~3厘米的位置,避免麦克风与面部接触,**测试时手不要触摸麦克风**。

2. 请正确输入准考证号,准考证号的前几位数字系统已经自动给出,**只需要输入最后四位即可**,信息确认无误后,点击"确认"按钮进入。

（二）试音阶段

请在试音提示结束后开始试音,以适中音量朗读试音界面上的文字。

（三）考试阶段

1. 测试共有四题,请横向朗读测试内容,注意不要错行、漏行(**注:蓝字和黑字均需朗读**),测试过程中,不要说与测试内容无关的话。

2. 每一题开始前都有一段提示音,请在提示音结束并听到"嘟"的一声后再开始朗读。**读完一题后,马上点击界面右下方的"下一题"按钮,进入下一题的测试**。

3. 第四题说话部分满3分钟后,**系统会自动提交试卷**,结束测试。

（四）离开考场:

测试结束离开座位时,注意摘下耳麦,并将耳麦放回原处。

四、计算机辅助普通话水平测试考场纪律

1. 考生应在规定测试时间开始前30分钟到候测室报到。

2. 测试前15分钟,考务人员通知下一组考生进入备测室准备测试。考生交验准考证、身份证后,领取测试试卷进行准备。准备时间为10分钟。得到考务人员上机测试的通知后,进入机房进行普通话测试。

3. 备考过程中不得在试卷上做任何标记,否则以违纪论处。

4. 考生不得在候测室、备测室及测试室内大声喧哗,除本人证件外不得携带任何资料、笔、纸张、通信设备等进入备测室和测试室。进出测试室要轻声关门。

5. 除测试过程中必要的操作外,考生不得随意设置和操作计算机,由考生随意设置和操作造成的录音质量不好、死机、重新启动等后果考生自负。

6. 测试过程中发生死机等异常现象,应及时报告管理人员进行处理,考生不要擅自处理。

7. 测试时，考生不要进行其他操作，不要拉扯各种连接线，以免影响测试。

8. 计算机已设定程序，操作简便，考生只需按提示操作即可顺利完成测试。

9. 测试结束后考生应及时离开测试室，以保证下一批考生按时测试。

10. 测试过程中如遇问题，应举手示意，由工作人员前来处理。

11. 不得作弊或请他人代考。违者取消考试资格，以零分处理，并通报考生单位。

12. 考生不得擅自开机、关机，尤其是考完不要将电脑关机，以免影响后面考生的测试。

第二章 普通话语音知识

第一节 语音的性质

一、什么是语音

语音是由人的发音器官发出的能够表达一定意义的声音。语音是语言的物质外壳，是语言的外部形式。语音具有物理属性、生理属性和社会属性。

二、语音的属性

首先语音具有物理属性，它跟自然界的一切声音一样，是一种物理现象；其次具有生理属性，它是人的生理发音器官发出来的；再次它具有社会属性，语音有表义功能，这种功能是社会赋予的。

（一）物理属性

一切声音都是由物体的振动发出的，物体振动，振荡它周围的空气，形成音波，音波扩散，刺激到人的听觉神经，人就听到了声音。任何声音都是由音高、音强、音长、音色四种要素组成的，语音也是如此。

1. **音高**

声音的高低决定于音波的频率，即发音体在每秒钟内振动的次数。振动的次数多，频率大，声音就高，反之就低。而频率的大小和发音体（声带）的长短、厚薄、松紧有关。声带短、薄、紧，发音时音频就大，声音就高，反之就低。女人、儿童的声带每秒可振动 150～300 次，成年男子每秒振动 60～200 次。一个人情绪激动时声音高，情绪低落时声音低。一个人声音的高低是靠控制声带的松紧来调节的。

汉语的声调主要是由音高决定的。如：妈、麻、马、骂。声调的变化具有区别意义的作用。

2. 音强（音量、音势、音重）

声音的强弱与音波振幅的大小成正比。振幅即发音体振动幅度的大小，即气粒子离开平衡位置最大的偏移度，与气压的大小成正比。语音的强弱取决于说话时用力的大小，用力大，呼出的气体对声带冲击力强，振幅大，声音就强，反之就弱。比如一根胡琴的弦长度不变，用力拉，声音强；轻拉，声音就弱。

音强在汉语里有区别词义的作用和一定的语法作用，轻声、重音可以区别意义，主要是音强决定的。如：地道——地道、莲子——帘子、报仇——报酬，加点的字读轻声，前后词义不相同。

音强与音高是完全不同的两回事。一面鼓重敲时，声音大；轻敲时，声音小。这是音强变化，但音高是固定不变的。用同样的力量去敲两面大小不同的鼓，敲出来的声音有高有低，大鼓声音要低，小鼓声音要高，这是因为两面鼓各自固定的音高不同，但音强是相同的。

3. 音长

声音的长短决定于发音体振动时持续时间的久暂。振动时间长，声音就长，反之就短。

音长在一些语言里可以区别意义。如英语的 eat、it。普通话"啊"音短则表应答、惊讶，音长则表沉吟、迟疑、感叹。音长在汉语中和语调及轻声有关。

4. 音色（音质、音品）

声音的特色、个性，也可以说是声音的本质。它是由音波波纹的曲折形式不同造成的，是一个音素区别于其他音素的基本特征。

造成音色不同的条件主要有以下三种：

（1）发音体不同。如管乐器、弦乐器、打击乐器发音体都不一样，笛子和二胡同奏一个曲子，人们可以分辨出哪是笛子的声音，哪是二胡的声音，笛子的发音体是笛膜，二胡的发音体是蟒皮，而人类的发音体是声带。b 和 d 的发音不同，是由于 b 的发音体是上唇和下唇，而 d 的发音体是舌尖和上齿龈。

（2）发音方法不同。同是弦乐器，手弹和弓拉发音不同；塞音、擦音、塞擦音发音方法也不同。b 和 d 发音不同是由于发音方法上送气和不送气造成的。

（3）共鸣器的形状不同。共鸣又叫共振，一个静止的发音体，遇到一个频率与之振动频率相同或相近的声音时,会受到感染而发音,这种现象叫共鸣。这个受感染而振动的发音物体,叫共鸣器。乐器、人类的发音器官都是以空腔作为共鸣器的。笛子和箫发音不同主要是因为共鸣器不同,同一把音叉插在不同的共鸣箱上,打击时发音不同。b 从口腔出气,m 从鼻腔出气,口腔和鼻腔形状不同。i 和 ü 的发音不同,是由于发音时一个圆唇一个不圆唇,使得共鸣器的形状也不同。

每个人说话的声音不同主要是音色不同造成的。各人声带的长短、松紧、厚薄不同(发音体),各人的口腔、鼻腔的大小形状不同(共鸣器),各人的说话时用气的强弱、运气的方法、口腔舌头控制的情况等不同(发音方法),从而形成了各人的声音特色,这正像乐器的音色一样。

(二) 生理属性

语音是由人的生理发音器官发出来的,所以它又具有生理属性。

人的发音器官可分为三大部分:

1. **肺、气管、支气管——动力部分**

肺呼出的气体,通过支气管、气管到达喉头,振动声带,从而发声。科学的发声方法是用气发声而不是用力发声。

2. **喉头和声带——发音体**

声带是位于喉头中间的两片薄膜,气流从肺部呼出,通过声门,冲动声带颤动发音。每个人声带的厚薄、松紧、大小、长短是不相同的,这是每个人说话声音不同的原因之一。

3. **口腔和鼻腔——共鸣器**

每个人口腔和鼻腔的形状、大小都有差别,这也是每个人说话声音不同的原因之一。口腔中的软腭和小舌,是控制口腔和鼻腔的"阀门"。软腭、小舌下降,压在舌根上,发音时鼻腔产生共鸣,如 n、ng,这些音叫鼻音。软腭、小舌上升,堵塞鼻腔,发音时口腔产生共鸣,如 a、o、e、i 等,这些音叫口音。辅音中的口音和鼻音共有七组:双唇配合,可发出 b、p、m,3 个辅音,叫双唇音;上齿与下唇配合,可发出 f,1 个辅音,叫唇齿音;舌尖与上齿背配合,可发出 z、c、s,3 个辅音,叫舌尖前音;舌尖与上齿龈配合,可发出 d、t、n、l,4 个辅音,叫舌尖中音;舌尖与硬腭前部配合,可发生 zh、ch、sh、r,4 个辅音,叫舌尖后音;舌面与硬腭配合,可发出 j、q、x,3 个辅音,叫舌面音;舌根与软腭和小舌配合,可发出 g、k、h,3 个辅音,叫舌根音。元音都是口音。改变口腔这个共鸣的形状,可以发出不同的元音。改变口腔的方法主要有三种:舌位的前后、高低,即口腔的开闭,唇形的圆或不圆。口腔是声音的制造厂。

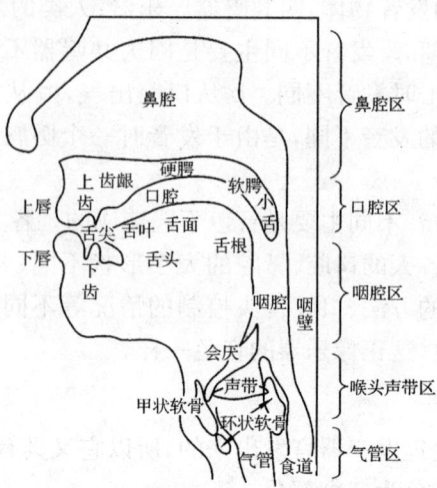

图 2-1 发音器官侧面示意图

(三) 社会属性

语音有表义功能,使得语音区别于自然界的其他声音,因此语音的社会性质是它的本质属性。语音这一属性表现在以下方面:

音义结合的固定性。什么声音表示什么意义、如何表示,是由使用某一语言的社会成员决定的。即语言的"能指"和"所指"是由社会决定的。如 gōng shì 两个音节可以表示公事、工事、公式、攻势、宫室,tǔdòu(土豆)、mǎlíngshǔ(马铃薯)表示同一事物,这些音义的结合都是说汉语的人约定俗成的。这些都是由社会共同约定俗成的,为社会成员所共同认可和遵守,个人不能随意改变它们的语音形式,也不能任意赋予某种语音形式以不同的意义。因此,社会属性是语音的本质特征。

第二节 语音的基本概念

一、音节和音素

音节是在听觉上最容易分辨出来的最小的单位,是最自然的语音单位。比如:瞟(piǎo)和皮袄(pí'ǎo)。汉语拼音的写法相差不太多,但我们只要一读就可以知道:"瞟"是一个音节,"皮袄"是两个音节。

一个汉字基本上就是一个音节。

音节不是语音的最小单位。如果对音节的构成成分进行分析,就能得到语音的最小的单位,那就是音素。普通话语音一共有 32 个音素。普通话里的 d、t、n、l 是一个个的音素,a、o、e、i 也是一个个音素。但是,ai、bai、meng、jian 就是由两个音素、三个音素甚至三个以上音素构成的了。

二、元音和辅音

音素可以分为两类:元音、辅音。它们的主要区别如下:

1. 声带振动与不振动

发元音时声带振动;发辅音时,声带有的振动,有的不振动。

比如,我们发个元音"u"。在发音时,你可以摸着脖子体会一下,有没有振动的感觉?

辅音,我们先读不振动声带的,比如"哥"。拼音写成 ge,它由两个音素组成:g 和 e。e 是元音,声带振动,g 是辅音,它几乎不出声,所以不振动声带。

因为辅音发不响,小学教学时在辅音后加了个元音,这样读声音可以响亮些,叫做"呼读音"。实际上,辅音大部分是轻而短的音素。如果你学过英语,知道国际音标的发音,就应该了解辅音的发音情况了。

振动声带的辅音,比如 m,双唇紧闭,让气流从鼻腔里出来发出声音。有点儿像上海方言中"姆妈"的"姆"。

2. 气流受阻与不受阻

发元音时,气流通过口腔不受任何阻碍;发辅音时要受到一定的阻碍。

"啊"、"呃"、"俄"这些音素发音时没有什么阻止发音,只是口型有些变化,它们都是元音;但读"m"时双唇紧闭,气流没法从口中出来,必须"绕道"到鼻腔里走,这就是形成阻碍了。发"b"时双唇要先紧闭,然后再打开,这也是有阻碍了。

3. 声音响亮与不响亮

元音声音响亮,能延长;辅音不太响亮,很少能延长。比如 a 可以拉得很长,声音响亮。能延长,只要你的气息够,可以一直发音;但辅音不同,b 不能延长,也不响亮,m 虽然可以延长,但声音却不响亮。

在汉语音节里,我们所使用的基本概念是声母、韵母,这是中国音韵学上的名称。做声母的通常是辅音,韵母主要是由元音充当的。普通话 32 个音素中,有10个是元音,有22个是辅音。

> **学习提示**
>
> 　　这个部分大概花上15分钟或者20分钟时间即可看完。虽然不少学习普通话的人并不研究语音,但对语音知识的必要了解还是需要的。
> 　　如果想提高自己的普通话水平,在普通话测试中获得理想的等级,测试前的训练尤其重要。下面,我们将在一般语音训练的基础上,结合普通话水平测试各项内容和评分标准,分别从普通话字词、朗读短文和命题说话这几个方面进行有针对性的专项训练。

第三章 普通话字词训练

第一节 普通话声母训练

一、什么是声母

所谓声母,就是一个音节开头的辅音。绝大部分的声母是由辅音充当的。比如"山",用汉语拼音书写,写成 shān,其中,"sh"就是声母。

普通话22个辅音中,除了 ng 外,其余21个辅音都可以作声母。除了这21个辅音声母之外,还有一类叫零声母。普通话中有些音节起首没有辅音,如"哀"(āi)、"欧"(ōu)、"鹅"(é)等,称为零声母。

根据发音部位的不同,我们可以把普通话的21个辅音声母分为3个大类、7个小类。

二、声母的分类

（一）唇音

1. 双唇音

三个:b、p、m。发音时,由双唇来构成阻碍。这就是"标本"、"匹配"、"迷茫"这些音节里的声母。

上面这三个词在念的时候上下嘴唇先合起来,然后突然打开发出声音。也就是用上下唇发音,称之为双唇音。

b:爸 摆 板 傍 报 背 奔 笔

p:拍 棚 披 骗 贫 瓶 迫 铺

m：马 卖 蛮 芒 貌 妹 阁 梦

2. 唇齿音

一个：f。发音时，上齿与下唇构成阻碍。如"肺腑"，它们的声母就是唇齿音，发音时，是上齿和下唇先碰上，然后放开一点儿，摩擦发出声音。

f：乏 翻 房 肥 奋 丰 佛 福

（二）舌尖音

1. 舌尖前音

三个：z、c、s。发音时，舌头的尖处与上齿的齿背构成阻碍。"自尊"、"猜测"、"思索"，这些音节中的声母就是舌尖前音。发音时，上下两齿对齐，舌头的尖处靠近齿背，或碰一下放开，或通过摩擦来发出声音。

z：砸 灾 暂 早 泽 怎 借 足
c：擦 灿 藏 草 策 半 层 次
s：萨 腮 伞 丧 涩 森 僧 四

2. 舌尖中音

四个：d、t、n、l。发音时，舌尖与上齿龈构成阻碍。"等待"、"体贴"、"恼怒"、"流浪"中的声母就是舌尖中音。

上面四个词，我们在发音时是不是觉得舌头前端部分的面与上齿的齿背碰了一下，然后再放开发音的？

d：打 呆 蛋 当 刀 得 灯 夺
t：糖 腾 体 田 厅 托 吐 团
n：那 奶 南 囊 脑 内 能 奴
l：辣 赖 兰 力 临 罗 录 驴

3. 舌尖后音

四个：zh、ch、sh、r。发音时，舌尖向硬腭的前端翘起，接触构成阻碍。这就是所谓的"翘舌音"，"支柱"、"穿插"、"赏识"、"软弱"中的声母就是舌尖后音。发音时舌头要往后缩，往上卷起来，翘到"天花板"也就是硬腭上去。

这些音是不少方言里没有或随意乱发的，例如：吴方言没有这组音；湖南、湖北、四川、江西、北方方言区中的东北话、河南话等都是分不清楚的，可以翘，也可以不翘，随意性很大。

后面我们会详细讨论这些翘舌音的发音位置及怎样快速分辨这些翘舌音等问题。

zh：扎　窄　沾　章　者　震　纸　浊
ch：茶　豺　阐　常　扯　趁　尺　初
sh：沙　筛　闪　伤　射　深　时　爽
　r：然　嚷　惹　忍　扔　入　弱　日

（三）舌面音

1. 舌面前音

三个：j、q、x。发音时，舌面抬起与硬腭的前部构成阻碍。"坚决"、"桔梗"、"喜讯"中的声母就是舌面前音。

如果觉得上面的专业术语难懂，可以去体会一下发音时候的感觉。

j：急　甲　间　奖　借　九　举　接
q：起　洽　千　抢　且　秋　曲　却
x：洗　下　现　项　谢　修　需　雪

2. 舌面后音

三个：g、k、h。也称舌根音。发音时，舌头的根部抬起与软腭构成阻碍。"高贵"、"刻苦"、"呼唤"中的声母就是舌根音。

g：各　给　根　耕　谷　国　刮　观
k：咖　开　砍　康　到　垦　吭　裤
h：始　害　喊　杭　河　黑　恨　浩

三、关于零声母

有些音节开头部分没有声母，只有一个韵母独立成为音节，如：爱 ài、移 yí、五 wǔ、遇 yù，它们在发音时音节开头部分往往带有一点轻微的摩擦成分。这种摩擦音一般可以用半元音来描写，表示这个音节也有一个类似声母的成分。摩擦的明显与否往往因人而异，而且也没有区别词义的作用，因此这种音节的声母在语音学里称之为"零声母"。

零声母的音节我们可以做一些归类。

用 i 开头的音节，在写成汉语拼音字母的时候，把 i 改写成 y。这个 y 其实就在告诉我们，前面有点摩擦成分，是个半元音。

用 u 开头的音节，在写成汉语拼音的时候，把 u 改写成 w。这个 w 也是个半辅音，前面有摩擦成分。

用 ü 开头的音节，在写成汉语拼音的时候，在 ü 的前面加上个 y。这个 y 是不发音的，只是个符号，表示这是个半元音。

普通话的声母同某些方言的声母有不少不一致的地方。有些普通话的声母在一些方言中没有，有些方言里的声母在普通话中却不存在，不少人在用普通话说话、朗读时，会用相似的方言声母去替代普通话声母，这样就造成了语音错误或缺陷。这些不一致的地方都是方言区人士要特别留意，不能搞错的。

四、难点声母辨正

（一）分清平翘舌声母——找准硬腭发翘舌

翘舌音对不少方言区的人士来说是很难发好的。不少人不知道应该怎样翘法，往往读成平舌音。有的人舌头只放在上齿齿背的附近，也有人只是把整个舌头往后面缩了缩，并没有卷舌的动作，有的干脆往下卷，还有的矫枉过正，卷得太过分，把翘舌音读成了大舌头音。这些都是有错误的或有缺陷的翘舌音。

该怎样发"翘舌音"呢？

我们可以用自己的舌头在口腔内寻找一下，口腔的上部有块硬的地方，有点儿凹凸不平的地方，俗称为"天花板"，语言学上把它叫硬腭。硬腭再往后有一块儿比较柔软的部位，叫做软腭。硬腭在前，软腭在后，再往后是咽喉。发翘舌音时要把舌头卷到硬腭上，卷到这"天花板"的中间稍靠前一点的地方，抵住或接近硬腭前端有棱角的部位，注意往上"卷"舌头。卷得太靠前，太靠后，或者舌头根本没有卷上来，都是不正确的。卷得太靠前会碰到上齿背，发出来的音就是平舌声母。卷得太靠后就会碰到软腭，发出来的音就太靠后了。

我们先来发个"支"试试。如果你已经会发"支"了，请保持这个舌位不动，送口气出去，那就是在发"迟"的音了。还在这个位置上发个摩擦的音，那就是"十"的发音了。

请注意把舌头的位置放好，绝不能偷懒。上面的语音训练一定要多做，有空多练习练习，如果能做到不看拼音也能读好，说明你的语音大有进步了。

现在我们来介绍区分平翘舌声母的一些技巧：

1. 利用普通话声韵配合关系来区分。普通话声韵配合规律如下：

（1）以 ua、uai、uang 作韵母的字，声母是 zh、ch、sh，如抓、耍、拽、庄、床、双、揣、创等。

（2）以 en 作韵母的字，除了"怎、参(差)、岑、森"几个字外，以 eng 作韵母的字，除了"层、曾"和以"曾"作声旁的少数字外，其余字的声母都是舌尖后音。

（3）以 ou 作韵母的字，除了"凑"等少数字外，其余的声母是 ch。

（4）以 un(uen) 作韵母的字中，只有"顺、吮、舜、瞬"四个字的声母是 sh，其余字声母是 s。

（5）以 ong 作韵母的字中,声母只有 s,没有 sh。

2. 根据形声字声旁的表音功能,汉字大部分是形声字,利用已知的声旁推断出同声旁的读音。

以下汉字作声旁的字,绝大多数是翘舌音:中、争、正、主、生、长、章、者、史、申、只、式、土、寿、受、止、周、卓、直、占、垂、朱、如、至、少、丈、专、成等。

以下汉字作声旁的字,绝大多数是平舌音:宗、才、卒、叟、采、尊、兹、司、曹、仓、匝、子、曾等。

这种方法虽有例外,但不妨一试,只是用时须谨慎,平时要注意积累有哪些例外的情况,以免有出入。

3. 记少不记多。常用字中,翘舌音要比平舌音多,根据统计,汉字中平舌音的字只有 300 多个,只要记住了这 300 多个平舌音,剩下的基本就是翘舌音了。特别是 zh 作声母的字比 z 作声母的字约多两倍,只记 z 作声母的字就省事多了。

4. 形声字中声旁读 d、t;或虽不读 d、t,但声旁与它们两个声母相关的字,绝大多数是翘舌音。

词语训练

z—zh 辨音对比训练

造势—肇事	栽花—摘花	资源—支援	阻力—主力
自愿—志愿	钻营—专营	赠品—正品	租子—珠子
自立—智力	阻止—主旨	大字—大致	暂时—战时
杂技—札记	脏器—瘴气	总量—重量	总账—肿胀
早稻—找到	字纸—制止	罪责—坠着	灾星—摘星
子嗣—指示	责成—折成	自足—自主	脏嘴—张嘴
杂志 增长	尊重 遵照	资助 作战	奏折 阻止
自治 赞助	栽种 载重	组长 总之	罪状 宗旨
作者 做主	增值 自传	奏章 诅咒	组织 在职

c—ch 辨音对比训练

彩铃—拆零	从简—重睑	曾经—乘警	惨淡—产蛋
擦车—叉车	蹭课—乘客	糙米—超迷	促成—出拳
乱草—乱吵	粗布—初步	木材—木柴	出村—初春
推辞—推迟	擦嘴—插嘴	参差—城池	电磁—电池

一簇——一处	仓促——长处	鱼刺——鱼翅	一层——议程				
财产	餐车	操场	彩绸	仓储	磁场	辞呈	参禅
促成	痤疮	错处	采茶	残春	操持	擦车	彩车
猜出	残喘	草创	此处	存车	存储	菜场	裁撤

s—sh 辨音对比训练

素菜——蔬菜	森林——身临	三角——山脚	私教——视角
塑身——束身	私塾——时蔬	搜集——手机	素有——书友
三顶——山顶	打伞——打闪	四季——世纪	私利——失利
死记——史记	私事——失事	三哥——山歌	思索——诗说
塞子——筛子	散光——闪光	没碎——没睡	私人——诗人
素食	桑树	丧失	宿舍	算术	随时	松树	诉说
虽说	随手	岁数	损伤	损失	所属	撒手	随身

绕口令训练

1. 学时事（zh ch sh）

史老师,讲时事,常学时事长知识。时事学习看报纸,报纸登的是时事,心里装着天下事。

2. 子词丝（z c s）

四十四个字和词,组成一个子词丝的绕口令。桃子李子梨子栗子桔子柿子槟子榛子,栽满院子村子和寨子。刀子斧子锯子凿子锤子刨子尺子,做出桌子椅子和箱子。名词动词数词量词代词副词助词连词,写成语词诗词和唱词。蚕丝生丝熟丝缫丝染丝晒丝纺丝织丝,自制粗丝细丝人造丝。

3. 树上有四十四个涩柿子,树下有四十四个石狮子。四十四个孩子,骑着狮子数柿子。

4. 四是四,十是十,十四是十四,四十是四十。谁能数准四十四,就请过来试一试!

5. 这是蚕,那是蝉。蚕常在叶里藏,蝉常在树上唱。

6. 小石拾柿子,拾到四十四。拿到秤上试,需要称两次。头次称柿子,四斤四两四,二次称柿子,斤数整四十。两次称柿子,共是四十四斤四两四。

7. 狮子山上狮子寺,山寺门前石狮子。山寺是禅寺,狮子是石狮。狮子保护狮子寺,禅寺保护石狮子。

8. 山里有个寺,山外有个市,弟子三十三,师父四十四。三十三的弟子在寺里练写字,四十四的师父到市里去办事。三十三的弟子用了四十四小时,四十四的师父走了三十三里地。走了三十三里地就办了四十四件事,用了四十四小时才写了三十三个字。

（二）分清 r 和 l——发 r 舌尖要翘起

很多人在说普通话时,把"乐"和"热"的声母都读成"l"。其实,"热"的声母是翘舌的"r",而"乐"的声母舌头是不卷起来的边音 l,两种发音完全不同。

要分清这两个声母首先要摆正它们的发音部位:发 l 时,舌尖接触的位置要比发 r 略前一点;而发 r 时,舌尖要向上翘,舌尖略向后移。

由于不少方言没有 r 声母,所以不少人搞不清 r 声母的音节到底该怎么读,舌头应放在哪个位置上发音。

我们可以先发 zh、ch、sh 的音。保持这个口型和舌位不动,并延长发音,这时的声音就是 r 音了。请体会一下舌头的位置和它的形状。

有些人声母 r 会发,可是一加上别的韵母就不会发带 r 声母的字了。比如 ru 这个音节,读 r 的时候舌头是卷着的,读到 u 的时候舌头往往自动放下去了,结果,ru 又读成了 lu。"如果"读成了"炉果"。我们可以用这个方法把"日"和"屋"连起来读,试试看中间不要停,舌头也不要放下去,整个字音读完后舌头还是卷着的。

如果要发 re,可以在 r 音后马上加个 e 音,把"日饿"连起来读,这样发出来的就是"热"了。大家可以对着镜子观察自己的舌头有没有变化,如果读的时候舌头有变化,放下去了,那就肯定不是发 re 了。

"让"、"绕"、"仍"、"肉"、"人"、"若"等以"r"为声母的词,都可以用这个方法来读好。舌头一定要一直"翘"着,不要放下去,要到一个音完全读完了才可以放下舌头(韵母是前鼻音的字除外,因为还有个归音的问题)。

词语训练

1. r—l 对比辨音练习

碧蓝 lán—必然 rán　　娱乐 lè—余热 rè　　阻拦 lán—阻燃 rán
囚牢 láo—求饶 ráo　　卤 lǔ 质—乳 rǔ 汁　　露 lòu 馅—肉 ròu 馅
近路 lù—进入 rù　　　流露 lù—流入 rù　　衰落 luò—衰弱 ruò
脸 liǎn 色—染 rǎn 色　　收录 lù—收入 rù　　聋 lóng 子—绒 róng 子
乐 lè 了——热 rè 了　　出路 lù——出入 rù　　立论 lùn——利润 rùn

2. 读准 r 和 l

驴肉 lǘròu	燃料 ránliào	仍然 réngrán	人类 rénlèi
锐利 ruìlì	日历 rìlì	扰乱 rǎoluàn	热烈 rèliè
认领 rènlǐng	容量 róngliàng	人力 rénlì	日落 rìluò
让路 rànglù	热浪 rèlàng	老人 lǎorén	烈日 lièrì
例如 lìrú	利刃 lìrèn	来人 láirén	利润 lìrùn
留任 liúrèn	炼乳 liànrǔ	列入 lièrù	礼让 lǐràng

3. 辨认 r 声母字

r 声母类推字

然——燃

冉——苒 髯

嚷——攘 壤 瓤

绕——饶

壬——任 妊 衽 荏

刃——忍 仞 纫 韧

仍——扔

戎——绒

荣——嵘 蝾

容——蓉 榕 溶 熔

柔——揉 蹂 鞣 糅

如——茹

儒——濡 孺 嚅 蠕

辱——缛 蓐 褥

芮——蚋 枘

闰——润

若——偌 箬

（三）防止尖音"女国音"——口腔放松舌放平

用舌面音读"七小姐"，就是"qīxiǎojiě"；这是京剧念白中的所谓"团音"，在传统京剧的念白中还有一种语音叫做尖音，那就是把舌尖前音 z、c、s 和韵母 i 拼合起来读，念成尖音"cīsiǎoziě"。这个短语的声母在普通话语音里读舌面音 q、x、j，但在有些方言里它们的声母却是舌尖前音 c、s、z，这是方言里保存着古音的原因。像在吴方言中的苏州话以及在上海的郊区方言里，我们都可以听到这样的读音。由于北方方言区中已经完全没有了尖音,而普通话是以北方方言为基础的,所以在普通话里也就不存在尖音了。

但近年来,全国各地流行着一种语音,把"j""q""x"发成在听感上发尖的音,它给人以某种"撒娇"或者"发嗲"的感觉。这种"尖"音与传统意义上的尖音并不相同,它并没有发成 z、c、s,而是发音时牙关咬得很紧,发音部位太靠前,声音刺耳,这是咬紧了牙关后发出来的一种"舌叶音"。

开始的时候,这种语音还只在北京的一些女青年中流行,所以我们把它叫做"女国音"。但现在的发展势头却很猛,这种语音形式已经遍布全国,有不少男青年也在使用这种带尖的语音说话了,甚至连不少年轻的中小学语文教师和幼儿园教师也在这样发"尖"音,由此影响了一大批孩童的语音状况。

这已经成为一个很普遍的语音现象了,以至于北方地区的人在听感上已经不认为这种语音有什么地方不舒服了。也许,北方方言区的舌面前声母将来发展的趋势会变成这样的发音,但这样的舌叶音声母至少在现在的普通话声母系统中是不存在的。从语音要求规范上来说,我们不应该发这样的音,这是有缺陷的语音。

如果自己已经感觉到有这样的一种语音习惯了,可以试着用下面的方法来改:发音时上下牙齿松开一点,在读"j、q、x"舌面音的时候,尽量把牙关咬合得松一些,口腔放松一些,整个舌面与上齿接触,发音部位不要太靠前,这样就可以纠正过来。

下面有一些"机"、"妻"、"西"类词语的练习。请认真读,然后比较一下自己的发音,有没有不一致的地方。还可以用个录音机把自己的话音录下来,做个比较。你也许并不清楚自己的语音是否有问题,但通过比较,就容易弄清楚自己的发音情况了。

词语训练

j、q、x 的发音练习

j—j

积极	急剧	即将	寂静	加剧	佳绩	艰巨
间接	究竟	焦急	接近	讲究	经济	紧急
警戒	基建	拒绝	寄居	甲级	精简	金橘

q—q

齐全　气球　恰巧　前期　悄悄　窃取　亲戚

| 清泉 | 凄切 | 蹊跷 | 弃权 | 牵强 | 前驱 | 确切 |
| 强权 | 乔迁 | 欠缺 | 情趣 | 求全 | 躯壳 | 强抢 |

x—x

喜讯	细心	下旬	先行	鲜血	相信	详细
消息	肖像	谢谢	新鲜	新兴	新型	信息
行星	虚心	悉心	选修	习性	洗雪	星星

诗歌训练

再别康桥

徐志摩

轻轻的我走了,
正如我轻轻的来;
我轻轻的招手,
作别西天的云彩。
那河畔的金柳,
是夕阳中的新娘;
波光里的艳影,
在我的心头荡漾。
软泥上的青荇,
油油的在水底招摇;
在康河的柔波里,
我甘心做一条水草。
那榆荫下的一潭,
不是清泉,是天上虹;
揉碎在浮藻间,
沉淀着彩虹似的梦。
寻梦?撑一支长篙,
向青草更青处漫溯;
满载一船星辉,
在星辉斑斓里放歌。
但我不能放歌,
悄悄是别离的笙箫;
夏虫也为我沉默,

沉默是今晚的康桥!
悄悄的我走了,
正如我悄悄的来;
我挥一挥衣袖,
不带走一片云彩。

1. 王七上街去买席

清早起来雨稀稀,王七上街去买席。骑着毛驴跑得急,捎带卖蛋又贩梨。一跑跑到小桥西,毛驴一下跌了蹄。打了蛋,撒了梨,跑了驴,急得王七眼泪滴,又哭鸡蛋又骂驴。

2. 稀奇稀奇,真稀奇

稀奇稀奇真稀奇,麻雀踩死老母鸡,蚂蚁身长三尺六,八十老头车里坐。

(四) 分清 n、l——捏住鼻子测鼻音

北方方言区内的下江官话片(也就是苏北方言),在语音上有一个非常明显的特点,就是"n"和"l"不能分辨。把"大娘"说成"大粮";把"南面"读成"蓝面";把"农民"说成"龙民"。

这种语音现象在其他一些方言中也有,比如粤方言、闽方言、湖北话、四川话、江西话、安徽话,以及天津、南京地区的方言等,都是"n"和"l"不分的。有的只会n,不会l;有的则正好相反。

我们怎么区别这两个辅音呢?

"n"和"l"的发音部位大致相同,但发音的方法完全不同。"n"是鼻音,"l"是边音。我们可以用捏住鼻子的方法来检测是否发的是鼻音。

"n"在发音时整个舌面的前端部分与上齿龈顶在一起,形成阻碍,气流同时到达口腔和鼻腔,但气流不从口腔通过,而要转道从鼻腔里流出,是个鼻音。它与上齿龈接触的是一个面,舌面的前端部分。我们在念这个音的时候如果捏住了鼻子,感觉鼻子在振动,说明鼻腔在产生共鸣,那么你发的就是鼻音,是正确的;反之,如果发音的时候捏住鼻子,鼻子不动,那么说明你发的不是鼻音。

"l"只是舌头的尖处上举,或者说是舌头的边沿处和上齿龈相碰后放开发音,气流是从舌的两边流出来的。它没有鼻音成分,与上齿龈接触的是舌头的边沿部分,不是面,所以称之为"边音"。在读边音时你也可以捏住鼻子,如果

鼻子没有动,而且能正常发音,说明你发音正确;如果鼻子振动,那说明你发的是鼻音,而不是边音。

南京方言的最大语音缺陷就是 n、l 不分,发出来的音既不是 n 也不是 l,或者可以说发的是一个介乎两者之间的介音。比如南京人会把"南京"念成"蓝津",不仅 n、l 不分,还前后鼻韵母不分。n、l 不分这种语音缺陷已经成为一种流行趋势,比如网络上很多网友就把"泪流满面"说成"内牛满面",把"美丽"说成"美腻",几乎已经成为一种固定用法了,可见这种语音缺陷的影响力。

词语训练

n—l

男篮	能量	年龄	嫩绿	暖流	那里	奶酪	农林
牛郎	逆流	内陆	拿来	浓烈	凝练	努力	奴隶
哪里	耐力	脑力	能力	尼龙	内敛	纳凉	鸟类
年轮	农历	南岭	女郎	女篮	内乱	内力	内涝

l—n

历年	连年	六年	烂泥	冷暖	落难	凌虐	连南
乱闹	辽宁	老牛	列宁	岭南	老农	老年	烈女
利尿	雷鸟	留念	履诺	烂泥	累年	理念	恋念
粮农	两难	鲁南	来年	流脑	留鸟	羚牛	冷凝

n—l 辨音对比训练

那—腊　闹—涝　能—楞　奈—赖
挪—罗　逆—力　女—吕　男—栏
男女—褴褛　年内—连累　恼怒—老路
拟论—理论　牛奶—流来　难住—拦住
脑力—劳力　留念—留恋　新娘—新粮
女客—旅客　泥地—犁地　年年—连连
纳米—厘米　无奈—无赖　鸟雀—了却
脑子—老子　年夜—连夜　大年—大连
浓重—隆重　大娘—大梁　牛年—流年
泥巴—篱笆　南宁—蓝领　粘液—连夜
南天—蓝天　呢子—离子　水牛—水流
南部—蓝布　牛黄—硫黄　烂泥—烂梨

绕口令训练

1. 刘小柳和牛小妞

路东住着刘小柳,路南住着牛小妞。刘小柳拿着九个红皮球,牛小妞抱着六个大石榴。刘小柳把九个红皮球送给牛小妞,牛小妞把六个大石榴送给刘小柳。牛小妞脸儿乐得像红皮球,刘小柳脸儿笑得像开花的大石榴。

2. 牛拉碾子碾牛料,碾了牛料留牛料。

3. 老龙恼怒闹老农,老农恼怒闹老龙;
农怒龙恼农更怒,龙恼农怒龙怕农。

4. 你能不能把公路旁柳树下的那头老奶牛拉到牛栏山牛奶站的挤奶房来,挤的牛奶拿到柳林村送给岭南幼儿园的刘奶奶。

5. 蓝教练,女教练,
吕教练,男教练。
蓝教练不是男教练,
吕教练不是女教练。
兰南是男篮主力,
吕楠是女篮主力,
蓝教练在男篮训练兰南,
吕教练在女篮训练吕楠。

6. 牛牛要吃河边柳,妞妞赶牛牛不走。妞妞护柳扭牛头,牛牛扭头瞅妞妞,妞妞扭牛牛更拗,牛牛要顶小妞妞,妞妞捡起小石头,吓得牛牛扭头走。

7. 新脑筋,老脑筋。新脑筋不学习就会变成老脑筋,老脑筋勤学习就会变成新脑筋。

8. 念一念,练一练,n、l的发音要分辨。l是边音软腭升,n是鼻音舌靠前。你来念,我来练,齐努力,攻难关。

9. 牛郎恋刘娘

牛郎恋刘娘,刘娘念牛郎。牛郎年年恋刘娘。刘娘年年念牛郎。郎恋娘来娘念郎。念娘恋娘,念郎恋郎,念恋娘郎。

10. 男旅客和女旅客

男旅客穿着蓝上装,女旅客穿着呢大衣,男旅客扶着拎篮子的老大娘,女旅客搀着拿笼子的小男孩儿。

(五)分清 h、f——记住 f 是唇齿音

老派上海话"h"和"f"不分,年龄稍大些的或者是郊区的人士常把"老

虎"说成"老斧";把"在乎"说成"在夫";把"户口"说成"富口";把"爱护"说成"爱富";或者把"大风"说成"大轰";把"房子"说成"皇子";把"结婚"说成"结分"。

这种"f"、"h"不分的语音情况在其他一些方言里也存在。

比如湖南、湖北话也是两者不分的,把"发现"说成了"花现",把"水壶"说成了"水扶";赣方言中,南昌人把"灰尘"说成"飞尘";闽南人把"智慧"说成"自费",把"花生"说成"发生",把"飞机"说成"灰机";粤方言中,广东人把"招呼"说成"招夫",把"黄昏"说成"防分"。

还有很多网络用语中把"非常"故意说成"灰常",甚至现在很多汽车的车贴都故意写错:"你再嘀,再嘀,你就灰过去!"这种流行用语的习惯有意强化了这种语音错误,构成了极为恶劣的语言环境。

要分清 h、f,只要记住一点,声母 f 是普通话 21 个辅音声母中唯一的一个唇齿音,是上齿和下唇接触发出来的音。找到发音部位和发音方法之后,还要去记忆哪些字是念 h 的,哪些字是念 f 的,否则很容易出现 h、f 音节辨识不清的问题。

词语训练

f—h 辨音对比训练

复发—护发　防空—航空　附注—互助　富丽—互利　幅度—弧度
斧头—虎头　富士—护士　伏法—护法　媳妇—窗户　交付—交互
翻云覆雨　返老还童　防患未然　焕然一新
发奋图强　翻天覆地　胡作非为　呼风唤雨
回光返照　风华正茂　风云变幻　逢凶化吉
狐假虎威　绘声绘色　防不胜防　飞黄腾达

绕口令训练

1. 武汉商场买混纺,红混纺,黄混纺,粉黄混纺,粉红混纺,红黄混纺,黄红混纺,样样混纺销路广。

2. 画凤凰

   粉红墙上画凤凰,凤凰画在粉红墙。红凤凰、粉凤凰、红粉凤凰、花凤凰。

3. 黑化肥发灰会挥发,灰化肥挥发会发黑。

4. 风吹灰飞,灰在花上花堆灰。风吹花灰灰飞去,灰在风里飞又飞。

5. 发废话会花话费，回发废话话费发，发废话花费话费会后悔，回发废话会费话费，花费话费回发废话会耗费话费。

> **学习提示**
>
> 汉字的数量是非常可观的，一个人不可能也没有必要记住所有的汉字。真正常用的汉字数量其实并不是很多，一个人如果能认识1000个汉字，一篇文章他就能看懂70%左右了。所以，我们在分类记忆的时候，一定要多记一些最常用的字，不常用的完全可以先舍弃不记。

第二节 普通话韵母训练

一、什么是韵母

所谓韵母，就是音节的后半部分，声母后面的成分。比如"招"这个音节，zh 是声母，ao 就是韵母；"待"，d 是声母，ai 就是韵母。

韵母主要由元音构成，也有一部分辅音，但辅音只能充当韵尾。普通话中共有 39 个韵母。

二、韵母的结构

韵母的结构可分为韵头、韵腹、韵尾三个部分。

韵头是韵母发音的起点，介于声母和主要元音韵腹之间，又叫介音或介母。由高元音 i、u、ü 充当，它的发音轻短模糊，很快就向另一个元音滑动。如 ia、uei 中的 i、u。

韵腹是韵母中声音最响亮，开口度最大，持续时间最长的元音，是主要元音，如 ai、ua 中的 a。普通话中的 10 个元音都可以充当韵腹。

韵尾是韵母中韵腹后面的部分，又叫尾音，表示韵母发音时候滑动的方向。由元音 i、u(o) 和辅音 n、ng 充当，如 ai、ang 中的 i、ng。

一个韵母可以没有韵头和韵尾，但必须有韵腹。韵母中只有一个元音时，这个元音就是韵腹，如 a、ao、i、iao、ing、ie。

三、韵母的分类

普通话有 39 个韵母，按照不同的分类方法，可以有两种划分方法。首先，按照韵母内部结构分类，可以分为单韵母、复韵母、鼻韵母 3 类。其次，按照韵母发音时开头元音的唇形分类，可以分为开口呼、齐齿呼、合口呼、撮口呼 4 类。

下面我们主要介绍一下按照韵母内部结构划分的分类方式。

（一）单韵母

由一个元音构成的韵母就是单韵母。普通话里共有 10 个，根据发音时舌头起作用的部位和方式的不同，可以分成 3 个小类：

1. 舌面音韵母

舌面音韵母一共有 7 个：a、o、e、i、u、ü、ê

"发达"：韵母是 a。

"泼墨"：韵母是 o。

"隔阂"：韵母是 e。

"激励"：韵母是 i。

"辜负"：韵母是 u。

"须臾"：韵母是 ü。

ê 主要是用来拼复韵母的。比如"也"，拼音写成 yě，后面的音素就是 ê；"绝"，拼音写成 jué，最后的音素也是 ê。

2. 舌尖元音韵母

舌尖元音韵母有两个：舌尖后-i 和舌尖前-i。

"制止"、"迟迟"、"事实"、"日日"：韵母都是-i，国际音标写作[ɿ]。拼音为 zhi、chi、shi、ri，i 的前面省略了一个小短横。小学教拼音时叫做"整体认读的音节"。其实就是不把声母部分和韵母-i 分开读，这个韵母的实际读法，就是把这个音节的声音延长读的读音。

"字词"、"此次"、"私自"：韵母都是-i，国际音标写作[ʅ]，和舌尖后元音不同。拼音写作 zi、ci、si，i 前的小短横也没有了。小学教拼音也把它叫做"整体认读的音节"。而延长部分的音就是它的实际读音。

3. 卷舌元音韵母

er 这个元音是自成音节的，它不同任何声母发生关系。就是"儿"、"耳"、"二"的读法。字非常有限，但很常用。

有时候它还能充当韵尾，这时，它就与前面音节的韵母合并为一个音节，成为"儿化韵尾"了。作韵尾时，er 写作 r，如："花儿"，汉语拼音写成 huār，"桃儿",汉语拼音写成 táor,"甜味儿",汉语拼音写成 tiánwèir,和前面的音节合成一个整体来读。

(二) 复元音韵母

由几个元音组合成的韵母是复元音韵母,共有 13 个复元音韵母。

发单元音时,我们的口型是保持不变的。发复元音时口型要有变化,而且,几个元音之间有主次关系,有主要,有次要。主要元音的发音通常比较响亮,次要元音则相对要轻些。

根据主要元音所处位置的不同,我们把复元音韵母分成 3 类:

1. 前响复韵母

前响复韵母有 4 个:ai、er、ao、ou。

发音时,前一个元音响亮而清晰,是主要元音。后面的元音轻而短。我们把主要元音叫做韵腹,在韵腹后面的就叫韵尾。例如:

"开采":韵母是 ai。

"配备":韵母是 ei。

"高潮":韵母是 ao。

"收购":韵母是 ou。

在发音时韵腹要响亮,韵尾则轻一些。

2. 后响复韵母

后响复韵母有 5 个:ia、ie、ua、uo、üe。

发音时,前面的元音短而弱,后面的元音响亮。前面的我们称为韵头,是韵母的开头,后面的是韵腹。后响复韵母没有韵尾。例如:

"压价":韵母是 ia。

"贴切";韵母是 ie。

"耍滑":韵母是 ua。

"硕果":韵母是 uo。

"雀跃":韵母是 üe。

上面的这些词我们可以读读,是不是后面的音素发音比较响亮?

3. 中响复韵母

中响复韵母有 4 个:iao、iou、uai、uei。

这是由 3 个元音组合在一起的复元音韵母。中间的是韵腹,在它前面的是韵头,在后面的是韵尾。例如:

"巧妙"：韵母是 iao。
"悠久"：韵母是 iou。
"外快"：韵母是 uai。
"追悔"：韵母是 uei。

上面这些词都是中间的音素发音较为响亮。

在写成拼音形式的时候，iou 和 uei 中间的韵腹被省写了。我们看到的拼音是 iu 和 ui 实际上韵腹的读音还是存在的，不能漏读。有些语音书上认为这些韵腹现在已经弱化了，但实际上并没有很弱。如果只读 iu 或 ui 发音就会变得很怪。曾经听一些留学生这样读过，因为他们是看着拼音读的，拼音上不出现的音素，他们也就不去读了。

（三）鼻韵母

由一个或者两个元音加上鼻辅音"n"、"ng"做韵尾组成的音节就是鼻韵母音节。普通话共有两种鼻韵母：以"n"结尾的是前鼻音韵母，以"ng"结尾的是后鼻音韵母。

1. 前鼻音韵母

前鼻音韵母有 8 个：an、en、ian、in、uan、uen、üan、ün。

"斑斓"：韵母是 an。
"分盆"：韵母是 en。
"前面"：韵母是 ian。
"拼音"：韵母是 in。
"婉转"：韵母是 uan。
"昆仑"：韵母是 un。
"源泉"：韵母是 üan。
"军训"：韵母是 ün。

2. 后鼻音韵母

后鼻音韵母有 8 个：ang、iang、uang、eng、ing、ueng、ong、iong。

"帮忙"：韵母是 ang。
"更生"：韵母是 eng。
"响亮"：韵母是 iang。
"晶莹"：韵母是 ing。
"双窗"：韵母是 uang。
"嗡嗡"：韵母是 ueng。

"公众":韵母是 ong。
"汹涌":韵母是 iong。
上面这些词最后的音素都是鼻辅音 ng。

表 3-1 韵母内部结构

按内部结构 (39个)	单韵母(10个)	a o e ê i u ü -i[前] -i[后] er	
	复韵母(13个)	前响复韵母(无韵头):ai ei ao ou	
		中响复韵母(头腹尾齐全):iao iou uai uei	
		后响复韵母(无韵尾):ia ie ua uo üe	
	鼻韵母(16个)	前鼻韵母:元音+n——an en ian in uan uen üan ün	
		后鼻韵母:元音+ng——ang iang uang eng ing ueng ong iong	

表 3-2 韵母开口度

按开口度	开口呼	以 a o e 开头的韵母
	齐齿呼	以 i 开头的韵母
	合口呼	以 u 开头的韵母
	撮口呼	以 ü 开头的韵母

三、难点韵母辨正

(一)发好卷舌单韵母 er——舌头一定要卷好

这个元音是自成音节的,它不同任何声母发生关系。就是"儿"、"耳"、"二"的读法。字非常有限,但很常用。

但是如果卷舌单韵母 er 发不好,后面的儿化韵、儿化词语就发不好。舌头要经常卷一卷,要卷好了卷到位了,不要卷到一半又缩回去了,还有不要学港台地区的"港台腔"。发音介于"二"和"饿"之间。

词语训练

而 二 耳 尔 贰 儿 饵 洱 迩
二千 耳朵 贰拾 儿童 鱼饵 洱海
儿童 耳机 儿女 二胡 儿子 耳目
儿科 儿戏 耳环 偶尔 而且 遐迩

绕口令训练

说"尔"专说"尔"(er)

要说"尔"专说"尔",马尔代夫,喀布尔,阿尔巴尼亚,扎伊尔,卡塔尔,尼泊尔,贝尔哥莱德,安道尔,萨尔瓦多,伯尔尼,利伯维尔,班珠尔,厄瓜多尔,塞舌尔,哈密尔顿,尼日尔,圣彼埃尔,巴斯特尔,塞内加尔的达喀尔,阿尔及利亚的阿尔及尔。

(二)分清前后鼻韵母——舌根抬起找软腭

北方人常常认为上海人只会发后鼻音,实际上上海人后鼻音 eng 和 ing 同样是发不好的。他们一读到 en、in 和 eng、ing 这些音时就都读成中鼻音了。原因就在于上海话在这两组音上确实是发完全一样的音,没有区别的,既不前,也不后。吴方言区的人差不多都是这样。南京话里也是没有后鼻韵母的,南京人会把"朋友"说成"盆友",把"英语"说成"音语"。所以一说普通话,他们就会露出南方人的语音特点来了,"真"和"蒸"是真的分不清楚。

但 en、in 和 eng、ing 的不分,有时确实是要闹出笑话来的。你看,"出门看见牛屎,大吃一惊"和"出门看见牛屎,大吃一斤",如果是完全一样的发音,会不会引起歧义?你会觉得好笑吗?

eng 和 ing 该怎么发?是否也可以找找窍门来发好后鼻音呢?

其实,有的方言区的人士是会发后鼻音的。比如"工",上海话的韵母也同样是 ong;"章",在上海话里韵母也是 ang。在发这两个音时他们的发音都是正确的。请想想这两个音发音时口腔中哪个部分在用力?英语中的"long",最后的归音部分你知道是怎么读吗?是不是都在用舌根去顶或者说去靠"天花板"后面比较软的部分?这个地方,语言学上称之为软腭。发前鼻韵母 n 的时候,最后的归音动作是舌尖抵住上齿龈。发后鼻韵母 ng 的时候,最后归音的动作是舌根隆起,抵住软腭。哪里是软腭呢?前面讲平翘舌声母的时候提到整个口腔上腭的构造,最前面是上齿,然后是硬腭,接着是软腭,最后是咽喉。先来谈谈硬腭,硬腭就是上腭一块有点儿发硬的有棱角的部位,发翘舌声母的时候需要用到这个硬腭部位。而在它之后有一块非常柔软的部位,那就是软腭了。这个舌根抬起去靠软腭的动作很有用,发后鼻韵母时我们必须用到它。发后鼻韵母时,我们先发前面的元音,在元音快读完时把舌根抬起往软腭上靠,让气流从鼻腔里流出来,这就是后鼻韵母了。记住是软腭部位,不能往前,往前是硬腭,也不能太往后,再往后就是咽喉了。其实对很多方言区的

第三章　普通话字词训练

人来说发后鼻韵母是非常别扭,很不习惯的。这是很正常的,因为这个找软腭的动作,是自己方言中所没有的,平时没有这个发音习惯,但只要抽空多练练找软腭的动作,就会习惯这样的发音动作。

过犹不及,发音不到位,找不到软腭,是发不好后鼻韵母的,但是如果太过了,刻意夸张,发音的时候拼命往后靠,超过软腭了,同样是发不好后鼻韵母的。绝不要去刻意夸张。注意听听中央台播音员的广播,你就会发现,现在的后鼻音已经不是很强调了,特别是 ing 不注意听,还不容易听出来。也许,从今后的语音发展的趋势来看,后鼻音很可能会被同化掉。但作为规范的普通话语音,我们还是要学会发好后鼻音。平时可以多听一听中央电台、电视台的天气预报,听听播音员是怎么把后鼻韵母念得发音既到位又自然的。

近来,有考生为了避免说普通话时易出现后鼻音不到位的现象,在发后鼻韵母时,刻意强调夸张,结果除发音生硬外,还出现了加音现象,如 ing 发成 ieng 了;eng 发成了 eang。在发元音的时候,软腭垂下来,打开鼻腔通路使声音不但从口腔出去也从鼻腔出去,形成两个共鸣腔,元音的音色发生变化,带上了鼻音色彩,成为鼻化音。这两种情况都是因为不能正确发好后鼻韵母,过分强调夸张后鼻韵母而造成的错误。

由于很多方言中没有 eng 和 ing,因此,它们一旦出现,原有的发音定势和习惯会干扰说话者,从而失分。有的学生虽意识较强,也会发音,但由于并不能牢固地记清楚某音节是 en、in 还是 eng、ing,结果混淆彼此而失分。还有部分学生意识较强,但对此小心翼翼,害怕老师听不出来或者希望老师听出来他们发的是后鼻音,从而有意识甚至非常夸张地对待后鼻音,以致发音太过而失分。

前后鼻韵母发音混杂是由发音缺陷长期累积形成的。即发音时,一般是前鼻韵尾-n 的发音部位向后偏移,后鼻韵尾-ng 的发音部位向前偏移,最终前后鼻韵尾的两个发音点重合,形成一个不前不后地接近于舌央的央鼻音,由此这个新的央鼻韵尾就替代了前鼻韵尾和后鼻韵尾。这种发音缺陷主要是由于方言区人发音的"惰性"造成的。很多方言区人一般习惯于舌头处在自然状态下的发音,而发前鼻韵尾-n 时,舌要往前伸,舌尖要往上抬,发后鼻韵尾音-ng 时,舌要往后缩,舌根要往上抬,如此发音过程中,拉扯发音器官的肌肉比较多,操作起来比较费力麻烦,人们图省事不愿麻烦,自然会产生发音缺陷,长期发展至严重后,就形成了前后鼻韵母发音混杂的状态。

找到发音部位以后,还需要多去记忆,因为很多方言区的人长期没有后鼻韵母的发音习惯,造成了前后鼻韵母音节辨识不清,所以许多后鼻韵母的字不仅需要多读,形成固定的发音动作,还要入脑记忆。总而言之,普通话前后鼻韵母的辨正应从发音及识记两大方面同时进行。

现在重点训练前后鼻韵母之中最难的三组：an—ang、en—eng、in—ing。

1. an 发音时，先发 a，然后舌尖向上齿龈移动，最后抵住上齿龈，发前鼻音 n。例如"感叹"、"灿烂"的韵母。

ang 发音时，先发 a，舌头逐渐后缩，舌根抵住软腭，气流从鼻腔通过。例如："厂房"、"沧桑"的韵母。

2. en 发音时，先发 e，然后舌尖向上齿龈移动，最后抵住上齿龈，发前鼻音 n。例如"认真"、"根本"的韵母。

eng 发音时，先发 e，舌头逐渐后缩，舌根抵住软腭，气流从鼻腔通过。例如："更正"、"生冷"的韵母。

3. in 发音时，先发 i，然后舌尖向上齿龈移动，最后抵住上齿龈，发前鼻音 n。例如"拼音"、"尽心"的韵母。

ing 发音时，先发 i，舌头逐渐后缩，舌根抵住软腭，气流从鼻腔通过。例如："定型"、"命令"的韵母。

in 和 ing 是所有前后鼻韵母中最难于辨别和学习的一对，要读准这一组韵母，关键是掌握发音时口腔细微的动作。in 和 ing 元音相同，口型大小没有区别，但发 in 的时候，口腔有明显的闭合动作，而发 ing 时，始终保持 i 的口型，下颌、唇部不能有动作。训练时可以用门牙轻轻咬着指头，用指头挡住舌尖靠向齿龈，以强行阻止已经习惯的闭合动作。经过反复体会、练习，就能够体会到发 ing 韵母的基本要领。

词语训练

an—an	惨淡	单产	单干	翻案	反感	寒战	懒汉	烂漫
ang—ang	帮忙	仓房	厂房	上当	烫伤	商场	账房	盲肠
an—ang	担当	班长	南方	繁忙	站岗	反抗	安康	返航
ang—an	商贩	当然	傍晚	畅谈	上班	账单	方案	汤饭
en—en	本分	本人	沉闷	分神	根本	门诊	振奋	深圳
eng—eng	成风	承蒙	逞能	丰登	风声	风筝	更正	生成
en—eng	真诚	本能	神圣	奔腾	真正	纷争	门风	人称
eng—en	成本	承认	城镇	风尘	能人	胜任	正门	证人
in—in	新近	薪金	心音	信心	辛勤	尽心	近邻	贫民
ing—ing	定睛	定性	惊醒	精明	经营	晶莹	叮咛	轻盈
in—ing	心情	禁令	民兵	民警	品行	银杏	心境	聘请

ing—in　　听信　灵敏　清音　挺进　平民　精品　清新　倾心

绕口令训练

1. 陈是陈,程是程,姓陈不能说成姓程,姓程不能说成姓陈。禾旁是程,耳朵是陈。程陈不分,就会认错人。

2. 真冷,真正冷,人人都说冷。猛地一阵风,全身更加冷。

3. 人寻铃声去找铃,铃声紧跟人不停。到底是人寻铃,还是铃寻人。

4. 青松顶,停蜻蜓,蜻蜓停,蜻蜓静,蜻蜓静停青松顶。

5. 小金到北京看风景,小晶到天津买纱巾,看风景,用眼睛,还带一个望远镜。买纱巾,用现金,到了天津把商店进,巾、金、京、津要分清。

6. 天上七颗星,树上七只鹰,梁上七只钉,台上七盏灯。乌云盖了星,举枪打了鹰,用手拔了钉,拿扇扇了灯。

7. 墙上一根钉,钉上挂条绳,绳下吊个瓶,瓶下放盏灯,灯下有个盆。掉下墙上钉,脱掉钉上绳,滑落绳下瓶,打碎瓶下灯,砸破灯下盆。瓶打灯,灯打盆,盆骂灯,灯骂瓶,瓶骂绳,绳骂钉,钉怪绳,绳怪瓶,瓶怪灯,灯怪盆。丁丁当当当丁,乒乒乓乓乓乓乒。

8. 高高棚上挂藤绳,藤绳上面挂风灯。风正猛,风更增。灯碰藤绳绳碰灯。

9. 河里漂着一块冰,冰上插着一根钉,钉钉冰,冰冻钉,水流冰冻钉也动,水停冰静钉也停。钉钉住了冰,冰冻住了钉。

10. 天上看,满天星。地下看,有个坑。坑里看,有盘冰。坑外长着一老松,松上落着一只鹰。松下坐着一老僧,僧前放着一部经,经前点着一盏灯,墙上钉着一根钉,钉上挂着一张弓。说刮风,就刮风,刮得男女老少难把眼睛睁。刮散了天上的星,刮平了地上的坑,刮化了地上的冰,刮倒了坑外的松,刮飞了松上的鹰,刮走了松下的僧,刮乱了松前的经,刮掉了墙上的钉,刮翻了钉上的弓。这是一个星散、坑平、冰化、松倒、鹰飞、僧走、经乱、灯灭、钉掉、弓翻的绕口令。

(三) 注意把归音归好——韵尾不能被吃掉

所谓归音,指的是韵尾的收音部分要收好。普通话的韵尾有两类:元音韵尾和辅音韵尾。元音韵尾有两个:"i"和"u"。辅音韵尾也有两个:"n"和"ng"。前面在讲前、后鼻韵母时已经讲过了辅音韵尾的归音。现在,我们再来看看元音韵尾的归音。

元音韵尾要注意归到"i"和"u"上。虽然说韵尾的声音并不响亮,是逐渐弱化的,但在归音时,必须到达这一个点上,不能还没收到"i"和"u"的位置上,声音就已经完全收掉了,或者说给"吃"掉了。

有些音节比较容易归音,比如只有两个元音的,只要发好韵腹.然后就可以归音。难的是韵头、韵腹、韵尾都有的音节,口型的变化必须由小到大再收到小,有时候不容易归得完美。

在开始训练自己的语音时,口型要尽可能地做好,甚至于可以略为夸张些。绝对不能马虎、随便,随便惯了,就不容易训练好。

吴方言或者湘方言、闽方言等地区的人常常觉得用普通话说话比说家乡话要累得多,这是什么原因呢?

原来,说普通话时嘴巴的开口度大,动作的幅度也大。北方方言区的人已经习惯了用这样的方式来说话,他们并不觉得有什么不舒服,也不会觉得很累。但其他方言区的人平时说话时口型变化要少得多,所以,不少人在说普通话时无意中也在偷懒,口型变化也很少,这当然是一种无意识,但这样来说较为标准的普通话是不正确的。如果平时说话比较随便,说惯了发音不到位的普通话,也就不太可能再把普通话说准确了。所以,大家在平时说话时必须时时注意"拿腔拿调",只有自己对自己严格训练,才能说出一口标准的普通话来。

绕口令训练

1. 哥挎瓜筐过宽沟(ou)

哥挎瓜筐过宽沟,赶快过沟看怪狗。哥看怪狗瓜筐扣,瓜滚筐空哥怪狗。

2. 老老道小老道(ao)

高高山上有座庙,庙里住着俩老道,一个年纪老,一个年纪少。庙前长着许多草,有时候老老道煎药,小老道采药,有时候小老道煎药,老老道采药。

3. 忽听门外人咬狗(ou)

忽听门外人咬狗,拿起门来开开手;拾起狗来打砖头,又被砖头咬了手;从来不说颠倒话,口袋驮着骡子走。

4. 勺舀油(ao iao iou)

铜勺舀热油,铁勺舀凉油,铜勺舀了热油舀凉油,铁勺舀了凉油舀热油。

5. 桥东过来一条狗(ou)

桥东过来一条狗,桥西过来一只猴。狗猴桥上相碰头,彼此匆匆跑回头。狗跑几步望望猴,猴跑几步望望狗,不知是狗怕猴,还是猴怕狗。

(四) 分辨 eng 和 ong——b、p、m、f 只能拼 eng

这两个韵母的发音差异比较大,容易分辨,问题是方言区人很容易把"风"

feng 读成 fong,要改变这种不准确的读音并非难事,只要记住一条规律:声母 b、p、m、f 只能与韵母 eng 相拼,而不能读成 ong,凡错读为 bong、pong、mong、fong 的音节,它们的韵母都应该是 eng,如蹦、碰、梦、风。

词语训练

eng—ong

称颂 chēngsòng	蓬松 péngsōng
成功 chénggōng	疼痛 téngtòng
等同 děngtóng	腾空 téngkōng
耕种 gēngzhòng	赠送 zèngsòng
冷冻 lěngdòng	正中 zhèngzhōng
萌动 méngdòng	正宗 zhèngzōng
能动 néngdòng	郑重 zhèngzhòng

ong—eng

冲锋 chōngfēng	共生 gòngshēng
重逢 chóngféng	红灯 hóngdēng
东风 dōngfēng	空等 kōngděng
公证 gōngzhèng	龙灯 lóngdēng
供奉 gòngfèng	通称 tōngchēng
通风 tōngfēng	同盟 tóngméng
同等 tóngděng	统称 tǒngchēng

(五) 分清 en 和 in——尾音一定要去掉

徐州地区的同学经常会有优越感,因为在江苏省内而言,徐州是最北边的地区,徐州方言是最接近北方话的,所以经常有很多徐州地区的同学觉得徐州话就是普通话,不需要练习,有着天然的优越感。但是其实徐州方言与标准普通话还是有着很多区别的,比如徐州方言中就带有浓厚的尾音,en 和 in 不分,容易把"我们"读成"我民","人们"读成"人民"。一定要把这种尾音去掉,否则方言的色彩就会很浓,会影响整体的语音面貌,很多字都会被判语音缺陷甚至语音错误,导致失分增多。可以多练习一些有针对性的绕口令。

绕口令训练

人是人,银是银,人银要分清。人不是银,银不是人,发不清人银,弄不清语音。

第三节　普通话声调训练

一、什么是声调

什么是声调？

在汉语里，一个音节除了有声母、韵母之外，还有一个贯穿整个字音的高、低、升、降的要素，这就是声调。汉语的一个音节基本上就是一个汉字，所以，声调也可以叫做字调。

声调是汉语音节结构中不可缺少的成分。它同声母、韵母一样，有区别语意的作用。比如"我要汤"和"我要糖"的区别，"买东西"和"卖东西"的区别，我们从它们的汉语拼音音节来看，声母和韵母都是一样的，就是声调不同。声调不同，意思也就完全不一样了。

二、调值和调类

汉语的声调一般可以从调值和调类两个方面来分析。

调值是指音节的高低、升降、曲折、长短的变化形式，即声调的实际读法。

调类是声调的种类，把调值相同的字归在一起所建立的类。普通话有阴平、阳平、上声、去声四种基本调类，每个调类的调值通常用五度标音法来标记。

三、普通话的四声

普通话有四个声调：阴平，就是我们常说的第一声；阳平，也就是第二声。上声（"上"应读作"赏"），就是第三声；去声，就是第四声。

1. **阴平——起音高高一路平**

高平调，阴平在听感上是高而平的，发音时，声带要保持均衡的紧张。

比如："香蕉"这个词，就是两个阴平。我们在读的时候是不是有高高的、平平的感觉？这个声调你可以一直读下去，只要你的气息够。

2. **阳平——由中到高往上升**

中升调，阳平在听感上是由低到高的，发音时，声带由松变紧。

比如："长城"这个词，就是阳平。我们来读读看，是扬上去的吗？

3. 上声——先降后升曲折起

降升调,上声单独使用的时候在听感上是先降而后升,发音时,声带由紧到松再变紧。

比如:"李"这个字是个上声。读的时候有没有拐个弯的感觉?

4. 去声——高起猛降到底层

全降调,去声在听感上是开始的时候音很高,然后下降,发音的时候声带从紧到松。

"浪费"这个词就是两个去声。声音是一路的,你可以试试看。

汉语语音教学上经常使用一种简化的声调标记法,叫做五度标记法。用一根竖线条作为比较线。分五档:高、半高、中、半低、低。用5、4、3、2、1来代表。然后,在比较线的左面用线条来表示音节的高低变化。例如:55表示高平调,是阴平;35表示中升调,是阳平;214表示降升调,是上声;51表示全降调,是去声。

请看下面的图示:

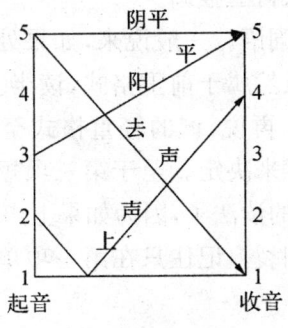

图 3-1

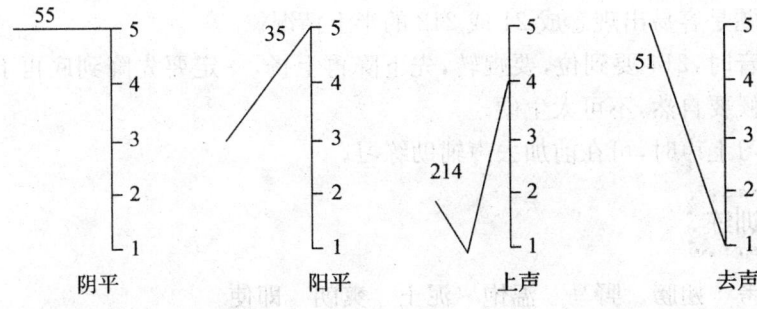

图 3-2

北方方言区中有些方言片的声母、韵母和普通话并没有什么差别,但声调却相差了很多。声调一错,语意就很难弄明白了。所以,即使是北方方言区的人也不能认为自己说的就是普通话了,还得认真学,把声调都搞清楚。

三、难点声调辨正

(一)防止半上现象——上声一定要拐弯

上声的调值是214。这是一个经常处于变动的声调。读成214,或者说读"全上"的机会并不多。在句子的语流中通常读成"半上"21或212,所以很多应试人员在朗读单音节词的时候习惯性地把它读成半上,没有再往上拐,造成了语音缺陷。

在单独念上声字时,正确的读法应该是先往下降,一直降到声音不能再低下去以后再往上扬起来,并且一定要逐渐弱化,也就是先下坡再上坡。

全上在语流中很少读,但在测试的第一部分里却是必须读完整的,必须读全上。很多语音条件很不错的人在第一部分把全上都读成了半上,被扣了不少冤枉分,所以必须和大家再三强调。

测试的第二部分是读词语。一般说来,如果处在第二个音节上也就是词末,必须读全上。有些词虽然属于前重格式,读半上也可以,但如果读成全上并不算错,也不算是缺陷。再说,词的轻重格式至今为止还是无法总结出规律,全凭北京人说话的语感来决定。至于第三项短文朗读和第四项命题说话测试中就不严格考查上声的读法了,因为如果上声全都读全上,将会影响朗读和说话的语速,造成语义割裂。记住只在第一项单念或第二项出现在词末的情况下读全上。

注意,在句子里上声往往是读成半上的,读成全上的往往是在表示强调。

上声,降升调,调值214,它是普通话四个声调中最难学的。上声容易出现的问题是容易出现念成21或212的半上情况。

发音时,214要到位,要婉转,先下降再上扬,一定要先降到底再上扬,转变的时候要自然,不可太生硬。

练习上声时,可在前加去声辅助练习。

词语训练

参考　翅膀　野马　温饱　泥土　爽朗　即使
小品　粉笔　调侃　书法　山谷　没有　汉语

筛选　钢笔　清早　申请　搜索　衰老　宁可
填写　游泳　灵敏　牛奶　情景　从此　后果
地址　历史　美好　整理　水桶　奔跑　憧憬

同音文训练

施氏食狮史
赵元任

石室诗士施氏，嗜狮，誓食十狮。氏时时适市视狮。十时，适十狮适市。是时，适施氏适是市。氏视十狮，恃矢势，使是十狮逝世。氏拾是十狮尸，适石室。食时，始识是十狮尸实十石狮尸。试释是事。

（二）防止入声字——发音绝不能短促

普通话没有入声，但是某些地方的方言里却有，读音短促。这种短促的入声调残留会明显影响普通话的整体语调。

如：黑　急　不吃　不行　毕业　十四　六

吴方言里有一套完整的入声音节，分为阴入和阳入。比如"促"用上海方言读就是阴入；"浊"用上海方言读就是阳入。这两个音节都读得很短促，在收尾部分还有个塞音，像声音被堵住了一样，这就是入声。

入声自古就有。我国古代诗歌历来讲究吟诵，就是因为汉语的音节有高低升降的变化、有舒和促的不同节奏。声调的变化，以及平声的舒缓、入声的急促，形成了各种不同的节奏感，使得诗文语句十分动听，极具美感。

古代的四声概念和现在的不同。古代的四声指的是四个声八个调，那就是阴平、阳平、阴上、阳上、阴去、阳去、阴入、阳入，但后来随着语言的变迁，在北方方言中，入声消失了，平声还分阴平和阳平，上声和去声都不分阴阳了。

普通话是以北方话为基础的，所以它也和北方话一样，只有三个声四个调：阴平、阳平、上声、去声。

在普通话的各个声调里都存在着古代的入声字，这就是所谓的"入派三声"[指进入了平声（阴平、阳平）、上声、去声]，但分布不均匀。在阳平和去声里多一些，在阴平和上声里比较少。比如"哭"，入声，普通话读成阴平；"国"，入声，普通话读成阳平；"谷"，入声，普通话读成上声；"落"，入声，普通话读成去声。如果是有入声的方言语音，一定会和普通话的读音有很大的不同，所以普通话中现在是没有入声调的，只不过古代汉语的入声调还保存在某些地方的方言中。

普通话里没有入声音节,例如"特别",我们用普通话来读,一为去声,一为阳平,但吴语区、粤语区的人在说普通话时常会把方言中的入声带进去,读成两个非常短促的音节,从而使语音产生错误或缺陷。还有读数字的时候也经常容易读成入声字,比如"一"、"六"、"八"、"十",要特别注意,读的时候速度不能快,快了以后容易念成入声。

古入声字举例：

白

柏林　松柏　伯伯　大伯子　停泊　血泊　绢帛　糟粕　被迫　魂魄　拍打

出

咄咄逼人　笨拙　罢黜　委屈　茁壮　相形见绌

各

胳膊　格式　骨骼　阁下　客人　恪守　烙饼　奶酪　洛阳　骆驼　贿赂　侵略　一丘之貉

词语训练

博闻强记	迫不得已	不速之客	披荆斩棘
明哲保身	敷衍塞责	浮光掠影	顾此失彼
怒发冲冠	管窥蠡测	空谷足音	鹤发童颜
适得其反	绰绰有余	作茧自缚	一触即发

第四节　普通话语流音变训练

说话是一句一句说的,所以在大多数情况下,语言并不以音节或词语的形式出现,而是以句子的形式出现的。汉语的每一个字都有固定的读法,人们在说话或诵读时发出的一连串音节,由于音节与音节,音素与音素,声调与声调的相互影响会发生变化,这就是语音的音变现象。

比如"奔跑",拼音写成 bēnpǎo。在说话的语流中,人们有时并不念成 bēnpǎo,而是很可能念成了 bēmpǎo 也就是说,前一个音节的最后归音应该是 n,但事实上念成 n 的人很少,大多数人会把它念成 m。这是什么原因呢？

原来,它是受后面音节的影响,因为后面音节的第一个字母是 p,这是个双唇音。读完 n 马上接 p 就有了两个动作,远不如把最后的 n 音改成 m 音来得快捷。当然,这种改读通常是下意识的,读的人其实自己并不清楚,也没有意识到他已经在改读了。这种情况就是语流产生的音变现象。

所有的语言都会产生这样的语流音变现象。你如果学过英语，那你就一定能知道"would you……"在英语口语朗读时的音变情况了。

普通话里的音变现象主要有变调、轻声、儿化以及语气词"啊"的音变等。

比如：这么件事儿还办不了啊？

　　　轻声　儿化　　轻声、"啊"的音变

这句话中就包含了轻声、儿化以及"啊"的音变等现象。

下面我们选择一些重要的来谈谈。

一、变调

（一）上声的变调——上声常常有变化

上面我们已经谈过上声是个非常不稳定的声调，它经常处在变化状态中。有时念全上，有时念半上，有时又念成了阳平。

有没有一定的规律可循呢？有的。下面，我们分别来看。

1. 全念上

在单独念一个字时，我们读成全上214，如果是双音节词，而上声又是处于后一个音节时，我们一般也读成全上。

2. 念半上

在双音节词里，上声如果处在前面音节的位置上，而后面的音节又不是上声的时候，这个上声就读成半上212或21。

在句子中，上声最普遍的形式是读半上，也就是说，大部分上声在句子中是读半上的。

3. 念阳平

在上上相连的时候，也就是说两个上声连在一起说的时候，前面一个上声变成了跟阳平差不多的声音。

比如"潜水"和"婉转"，前一个词是阳平和上声，后一个词是两个上声，我们在读的时候听感上是一样的。

在句子的语流中，前一个上声还是读成阳平，后一个上声则可改成半上。

三个上声相连，或者三个以上的上声连读应该怎样变调？

三个或三个以上相连时，变调要受到词汇的影响。

首先，需要分段，各段按其结构紧密的程度分组，再来确定怎样变调。

例如"纸老虎"，在这个短语（也可以说是词组）中间，"纸"是修饰或者说是限制"老虎"的。"老虎"的结合紧，先变调成"阳平—上"，"纸"去和后面的词相遇,就变成了"半上—阳平—上"了。这就是单双格上声变调规律:一变半上,二变阳平,三不变。同样的道理,"小雨伞"也应该读成:"半上—阳平—上"。

又如"展览品",在这个短语中间,"展览"的结合紧,变调为"阳平—上"。再去和"品"连读,"览"的上声再变为阳平,所以,这个短语就是"阳平—阳平—上"。这就是双单格上声变调规律:一二变阳,三不变。同样的,"总统府"也要念成:"阳平—阳平—上"。

还有一类是两可的。比如"小组长",这是个有歧义现象的短语,看你怎么去理解。如果你理解成小组的组长,就读成"阳平—阳平—上";如果你理解为小的组长,就读成"半上—阳平—上"。

在实际应用中,我们还会遇到三个以上或者更多上声音节相连的情况,我们可视不同词语的内部组合情况而将它们划分为若干个二字组或三字组,然后按以上归纳的变调规律来进行变调处理。

上声是个很不稳定的声调,真正读成全上的机会很少,大部分是读半上的。有些人习惯读成全上,到读到一半时也不能完全降下来,或者总习惯了要再去扬上去一点,在听感上又成了阳平。这些都是要注意改变的。

文章的朗读一定要多重复,熟才能生巧,语音面貌就会大有改观。所有的测试员之所以普通话说得好,并不是光靠平时多说普通话,而是多朗读文章,在掌握了大量普通话词语的正确读音后,说话时才会慢慢说得标准,说得流畅的。所以说,学习标准的普通话,最关键的、最重要的是学习文章的朗读。

这儿有一个上声变调规律口诀:上声本调降再扬,单念、词尾弯又长。上上相连前变阳,上后非上念半上。多个上声在一起,先分结构再变调。牢记这个口诀,就能熟练掌握上声的变调规律。

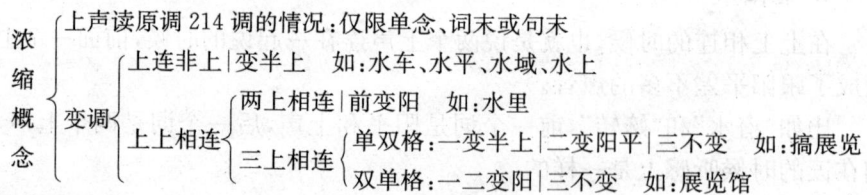

图 3-3 上声变调规律

词语训练

1. 上连非上变半上

上+阴:北京　火车　许多　广播　领先

　　　　　启发　百般　省心　海关　典章
　　上＋阳：祖国　改革　法庭　导航　草原
　　　　　品格　朗读　扫描　满足　感觉
　　上＋去：品位　广大　胆量　晚会　美丽
　　　　　坦率　感谢　保护　彩色　土地
　　上＋轻：好吧　打听　我的　讲究　喇叭
　　　　　比方　耳朵　稿子　脊梁　痞子

2. 上上相连

两上相连前变阳（近阳）即：214＋214──→24＋214

矮小　北纬　比拟　龋齿　襁褓
整理　匕首　处理　梗阻　拱手
骨髓　果脯　海藻　济济　给予
尽管　矩尺　可鄙　懒散　勉强
矢口　数九　萎靡　侮辱　窈窕
咫尺　准予　总得　铁轨　请柬

3. 三上相连

单双格：党小组　李厂长　小拇指
　　　　老保守　很友好　纸老虎
　　　　冷处理　老古董　纸雨伞
双单格：选举法　古典美　勇敢者
　　　　管理组　洗脸水　演讲稿
　　　　保守党　领导组　展览馆

文章训练（注意画线词语的变调）

　　它没有婆娑的姿态，没有屈曲盘旋的虬枝，也许你要说它不美丽——如果美是专指"婆娑"或"横斜逸出"之类而言，那么，白杨树算不得树中的好女子；但是它却是伟岸，正直，朴质，严肃，也不缺乏温和，更不用提它的坚强不屈与挺拔，它是树中的伟丈夫！（摘自作品1号）

（二）"一"、"不"的变调

1. "一"的变调

"一"的本调是阴平，但它常常改变声调. 在不同的声调前面会有变化。主

要有以下的变化:

(1)"一"在单独念、念数字的时候,或者在短语、句子的最后一个音节上,它念原来的声调阴平。例如:

第一　十一个　二分之一　九九归一　始终如一

(2)"一"在后面一个音节是去声的时候,就必须改变其原来的声调,念成阳平。例如:

一件　一样　一定　一副　一切　一夜　一粒

(3)"一"后面的音如果是阴平、阳平、上声,应该变调成为去声。例如:

在阴平前面:一根　一双　一些　一天　一般
在阳平前面:一头　一幅　一钱　一条　一场
在上声前面:一本　一笔　一种　一脚　一碗

(4)"一"夹在重叠词当中的时候就应该念成轻声。例如:

谈一谈　学一学　走一走　跑一跑　想一想　试一试　说一说

2. "不"的变调

"不"的本调是去声。它在单念或者在词、句末尾的时候念本调,在非去声前也念本调。例如:

不　不向　不直　不成　不好　不少

但在下面两种情况下,"不"要变调。

(1)在去声前,变成阳平。例如:

不去　不看　不错　不做　不于　不用　不对　不是

(2)夹在词语中间,变成轻声。例如:

差不多　挡不住　用不着　走不了　行不行　走不走

特别需要注意的是,"一"、"不"的变调要防止读成入声,读的时候速度不能快,快了以后容易念成入声,办法是语速放慢。

浓缩概念
- "一"、"不"读原调的情况
  - 单念、词末、句末读原调　如:一、不、归一
  - 年月日中读原调　如:一九一一年十一月一日
  - 表序、数时读原调　如:初一、第一、一年级
- 变调
  - "一"、"不"加去声｜变阳平　如:一个、不去
  - "一"、"不"加非去｜变去声　如:一起、不好
  - "一"、"不"在词中｜变轻声　如:听一听、尝一口、去不去

图 3-4 "一"、"不"变调

词语训练

1. "一"、"不"加去声,变阳平

一气　一律　一共　一旦　一样　一再
一定　一路　一道　一切　一半　一概
不定　不便　不过　不笑　不怕　不幸
不用　不够　不屑　不当　不适　不错

2. "一"、"不"加非去,变去声

一心　一身　一杯　一边　一根　一般
一天　一生　一经　一朝　一棵　一屋
一同　一旁　一直　一时　一齐　一盒
一如　一头　一连　一年　一准　一无
一本　一口　一手　一统　一百　一体
一总　一起　一早　一桶　一举　不高
不难　不好　不行　不可　不灵　不平
不公　不安　不曾　不久　不妨　不满
不仅　不禁　不如　不止　不足

"不"的原调是去声,故此处省略。

3. "一"、"不"在词中变轻声

唱一唱　跳一跳　说一说　笑一笑　来一碗
去不去　行不行　走不走　看不见　吃不完

[提示]　"一"、"不"在注音时标原调"yī"、"bù",读音时读变调。

绕口令训练

1. 一心一意

　　干什么工作都要一心一意,表里如一,言行一致,一丝不苟。情绪不能一高一低,一好一坏,一落千丈,一蹶不振。做事必须一是一,二是二,一清二楚,说一不二,以一当十,即便一无所有,也要一分为二,要一不做,二不休;一不怕苦,二不怕累,不屈不挠,一切从零开始;绝不能一而再,再而三地叫人摇头说不字。

2. "一"字诗　(清)陈沆

　　一帆一桨一渔舟,一个渔翁一钓钩。一俯一仰一场笑,一江明月一江秋。

3. 王老汉手拿一根不长不短的鞭子,赶着一辆不新不旧的大马车,拉着不计其数的粮食,奔驰在不宽不窄的大道上。

4. 不怕不会,就怕不学。一回学不会,再来一回,一直学到会,我不信不会。

二、轻声

普通话每个音节都有声调。但在说话的语流中,有些音节常会失去原来的声调,读成较轻而短的调子,这就是轻声。

轻声也是一种音变现象,如果是双音节的词,它往往处在后一个音节上。例如"子",作为单音节词,念上声。在双音节词里,它可以念成上声,比如"莲子"、"子孙";也可以念成轻声,比如"儿子"、"鼻子"。这个"子"要比原来的声调轻得多,也短促得多。

轻声有区别语意的作用。比如"东西",后一音节如果读成轻声,它表明是一件物品;如果读成阴平,则表示是东面和西面两个方向。"买卖",后一个音节如果是读轻声,表明是一类工作,如"生意人"。如果读成原调,则是买和卖。读不读轻声意义完全不同。

轻声词没有什么规律可循。

由于不少方言没有轻声,所以这些方言区的人们常搞不清哪些音节是必须念轻声的。对方言区的人来说,轻声确实是很难掌握的,有些轻声音节实在也谈不上什么规律。比如:黄瓜的瓜是念轻声的,但西瓜的瓜却不是念轻声的,也没什么道理可讲,北京人就是这么读的,普通话也就这么读了。

方言区人士没有相应的语音环境,必须去逐个地死记硬背轻声字。但轻声是北京话的特色之一,普通话是以北京语音为标准音的,所以我们必须记住它们。

在众多的轻声字里,有些轻声字是有规律可循的。在无法一下子掌握全部普通话轻声词时,我们可以先掌握其中带有规律的部分。至于其他的轻声音节,多读文章,多接触一些相同的词语后再去逐个地掌握吧。

怎样读轻声音节呢?记住,如果后面的音节要读轻声了,我们就把前面的音稍读得重一些,这样后面的音节就比较容易读轻了。轻声音节要发得又轻又短。在"轻"和"短"这两个要素中,更重要的是"短",只要把轻声音节念得短一些就可以,千万不要不敢发音,读得过轻,发出来的声音轻不可闻,让人听不见,即所谓的"吃字"。

轻声的困难有两个地方:一个是方位词和趋向词。前面我们已经说过,只要在课文朗读的时候再三强调,不怕啰唆,应该可以逐渐注意,并且可以克服的。

另一个就是没有规律的轻声音节。比如"黄瓜"的"瓜"必须是轻声,而"西瓜"倒是念本调,不可念轻声。这就使方言区人丈二和尚摸不着头脑了。

怎么办?路只有一条:死记硬背。读多了,自然就可以找出语感来,慢慢地,也就会读了。所以,最后一个部分的轻声音节朗读就是在一段时间里经常要大家做的口舌操了。只要功夫深,铁杵就能磨成针嘛!

轻声词语和儿化词语相比较而言,好读但是难以分辨。轻声词语主要在测试第二项中考查,它们没有任何标记,应试人员必须在很快的速度下寻找出不少于3个的轻声音节,并把它们读准确,一切以《普通话水平测试用必读轻声词语表》为准。所以在平时就要加强对学生的基本训练,特别是在朗读文章时,教师一定要不厌其烦地不断提醒学生,注意在文章中出现的轻声音节。出现在《普通话水平测试用必读轻声词语表》当中的轻声词语有很多是没有规律的,而且我们平常也不习惯念轻声,但是我们考试的时候必须以这张表为准,即凡是这张表中出现的词语必须念成轻声,我们必须无条件地服从这张表,像背英语单词一样去记这张表中出现的545个轻声词语,没有别的捷径。凡是该表中有(无论《现代汉语词典》中是否标注为轻声)而未读作轻声的判为错误;该表与《现代汉语词典》均未标注为轻声的,如读作轻声,判为错误;该表中没有,而《现代汉语词典》中标注为轻声的,读不读作轻声均不算错误。这就需要大家下功夫去记忆这张轻声词语表,没有别的捷径。

绕口令训练

1. 打南边儿来了个瘸子

打南边儿来了个瘸子,手里托着个碟子,碟子里装着个茄子。地下钉着个橛子,绊倒了拿碟子的瘸子,撒了碟子里的茄子。气得瘸子撇了碟子,拔了橛子,踩了茄子。

2. 天上日头

天上日头,嘴里舌头,地上石头,桌上馒头,掌上指头。

3. 屋子里有箱子

屋子里有箱子,箱子里有匣子,匣子里有盒子,盒子里有镯子,镯子外面有盒子,盒子外面有匣子,匣子外面有箱子,箱子外面有屋子。

4. 打南边来了一个喇嘛

打南边来了一个喇嘛,手里提着蛤蟆;打北边来了一个哑巴,腰里别着个喇叭；手里提着蛤蟆的喇嘛，要拿蛤蟆换哑巴腰里别着的喇叭；腰里别着喇叭的哑巴，不肯拿喇叭换喇嘛手里提着的蛤蟆。手里提着蛤蟆的喇嘛打了腰里别着喇叭的哑巴一蛤蟆，腰里别着喇叭的哑巴打了手里提着蛤蟆的喇嘛一喇叭。

三、儿化

在普通话里"儿"韵的词很少，但这个音可以和其他韵母结合，成为一种卷舌韵尾，这就是所谓的"儿化韵"。

"儿化韵"里的"儿"不是一个独立的音节，而是依附在一个音节的末尾，给这个音节加上个卷舌动作，从而使这个音节因为"儿化"而产生音变。

儿化韵有时有区别语意的作用，比如：画儿、画，前面带儿化的是名词，后面不带儿化的是动词；有门儿、有门，前一个指的是有办法可想，后一个指的是有一扇门。

北京话里儿化韵有很多，普通话因此也吸收了一部分。不少方言里没有"儿化韵"，也就没有了足够的语音条件。方言区的学生学习普通话的重要途径有两条，一是书面语，通过书面语的朗读学习；另外一个就是新闻媒体了。但电视台、电台里播出的新闻稿件中又是少有儿化韵的，没法跟着播音员学。表现北京风貌的电视剧里虽然有很多音有"儿化"，但那是土话还是普通话不得而知；而且语速很快，无法学像。更何况人们看电视主要是看故事情节，注意的是情节的发展，一般不会想到去学这些电视剧里的语音。更何况，南方人长期没有卷舌的习惯，舌头已不容易转弯，所以这是个很大的语音障碍。

但是，儿化是北京话里非常突出的语音现象，它在语言的表达上、在区分同音词方面还是有一定作用的。因此，普通话语音系统中还是给了它一定的地位。怎么看待"儿化韵"？我们认为应该少用些。口语里也许用得多一些，但朗读书面语就要看情况了。科技作品、论文、公文语体都是不能带"儿化"的，古诗文的朗读也不能带儿化。只有描写北方生活、带有较多生活气息的散文、小说里可以适当用一些。

我们可以做这样的处理：如果要区别语意，或者已经被普遍采用了，一定得带；反之，则可以从宽。当然，学会发"儿化韵"还是必要的。

在书面语上有时不能看出"儿化"。比如"这幅画画得真不错"，前面的"画"是名词，在朗读时读成"儿化"。而后面的"画"是动词，不应该"儿化"。

有时在书写时可以在前一个音节的后面加个"儿"，表示要读"儿化"。比如"那朵花儿开得真美"，"哥儿俩挺要好"，这时候，两个汉字就是一个音节。

我们在前面说,基本上一个汉字就是一个音节,而不是说全部,就是因为"儿化韵"音节在书写时有时写成了两个汉字,但它却是属于一个音节的。有的"儿化韵"音节是两个汉字记录一个音节。比如:"花儿",写下来是两个汉字,用音节记录却是一个音节:"huār"。"儿化韵"注音只在基本形式后面加 r,如"小孩子儿 xiaohái r",不标语音上的实际变化。

先请记住一点:"儿化韵"多半发生在名词上,不能什么都带儿化。

"儿化"是一种韵母的音变现象,它不是简单地在韵母的后面加上一个"r"音,这中间包含着一系列的音变。很多学生在朗读"儿化韵"时常读成了两个音节,这是错误的。读的时候必须把卷舌动作柔软地融化在前一个音节上,要读得柔软而自然,不能生硬。

儿化词语与轻声词语相比较而言,容易辨认,不需要记忆,但是不容易念好。

各种韵母的儿化变化有着不同的规律,大致上可以分成以下 6 种类型:

1. 以 a、o、ê、e、u(包括 ao、iao 中的 o)作韵尾的韵母作儿化处理时,其读音变化不太大,卷舌动作与其本身的发音冲突不大,所以儿化时直接带上卷舌音色彩即可。其中,e 的舌位稍稍后移一点,a 的舌位略微升高一点即可。如:

a→ar:	哪儿 nǎr	手把儿 shǒubàr
ia→iar:	叶芽儿 yièyár	钱夹儿 qiánjiár
ua→uar:	画儿 huàr	浪花儿 lànghuār
o→or:	粉末儿 fěnmòr	竹膜儿 zhúmór
uo→ror:	眼窝儿 yǎnwōr	大伙儿 dàhuǒr
e→er:	小盒儿 xiǎohér	硬壳儿 yìngkér
ue→uer:	主角儿 zhǔjuér	木橛儿 mùjuér
ie→ier:	石阶儿 shíjiēr	字帖儿 zìtiēr
u→ur:	泪珠儿 lèizhūr	离谱儿 lípǔr
ao→aor:	小道儿 xiǎodàor	荷包儿 hébāor
ou→our:	老头儿 lǎotóur	路口儿 lùkǒur
iao→iaor:	小调儿 xiǎodiàor	嘴角儿 zuǐjiǎor
iou→iour:	小球儿 xiǎoqiúr	顶牛儿 dǐngniúr

2. 韵母是单元音 i、ü 的,作儿化处理时,因 i、ü 开口度较小,舌高点靠前,i、ü 此时又是韵腹不能丢去,故与卷舌动作有冲突。处理的方法是在主要元音 i、ü 后面加上 er。如:

i→ier：　　　锅底儿 guōdǐr　　　柳丝儿 liǔsīr　　　玩意儿 wányìr
ü→üer：　　　小曲儿 xiǎoqǔr　　　毛驴儿 máolǘr　　　有趣儿 yǒuqùr

3. 韵尾音素为 i 的韵母作儿化处理时，因 i 的发音动作与卷舌有所冲突，儿化时韵尾 i 丢失，在主要元音的基础上卷舌。如：

ai→ar：　　　大牌儿 dàpáir　　　窗台儿 chuāngtáir
ei→er：　　　同辈儿 tóngbèir　　　宝贝儿 bǎobèir
uai→uar：　　糖块儿 tángkuàir　　一块儿 yīkuàir
uei→uer：　　口味儿 kǒuwèir　　　一对儿 yīduìr

4. 韵尾音素为 n 的韵母作儿化处理时，因为 n 的发音妨碍了卷舌动作，所以儿化的韵尾 n 音要丢失，在主要元音基础上卷舌。如：

an→ar：　　　顶班儿 dǐngbānr　　传单儿 chuándānr
en→er：　　　亏本儿 kuīběnr　　　命根儿 mìnggēnr
ian→iar：　　鸡眼儿 jīyǎnr　　　路边儿 lùbiānr
in→iar：　　　用劲儿 yòngjìnr　　手印儿 shǒuyìnr
uan→uar：　　好玩儿 hǎowánr　　拐弯儿 guǎiwānr
uen→uer：　　皱纹儿 zhòuwénr　　开春儿 kāichūnr
üan→üar：　　圆圈儿 yuánquānr　　手绢儿 shǒujuànr
ün→üer：　　合群儿 héqúnr　　　花裙儿 huāqúnr

5. 以舌尖前元音-i 或舌尖后元音-i 作韵尾的韵母作儿化处理时，因其发音的开口度小，且舌尖已接近齿背或前硬腭，已妨碍了卷舌动作，故儿化时应将其变为舌面、央、中、不圆唇元音 e[ə]，再在此基础上进行卷舌。如：

-i→er：　　　找刺儿 zhǎocìr　　　柳丝儿 liǔsīr
-i→er：　　　树枝儿 shùzhīr　　　找事儿 zhǎoshìr

6. 以 ng 为韵尾音素的韵母作儿化处理时，ng 的发音部位在后（并不妨碍卷舌动作），但由于 ng 是鼻音，发音时口腔中没有气流通过，所以卷舌时就不能形成卷舌特点。故作儿化处理时要将 ng 音完全丢失，再在主要元音的基础上卷舌。若主要元音妨碍了卷舌动作的话，就增加一个鼻化的舌面、央、中、不圆唇元音，再在此基础上卷舌。如：

ang→angr：　　茶缸儿 chágāngr　　药方儿 yàofāngr
iang→angr：　 小羊儿 xiǎoyángr　　菜秧儿 càiyāngr
uang→uangr：　竹筐儿 zhúkuāngr　　门窗儿 ménchuāngr
eng→engr：　　跳绳儿 tiàoshéngr　　竹凳儿 zhúdèngr　　裤缝儿 kùfèngr
ong→ongr：　　小洞儿 xiǎodòngr　　抽空儿 chōukòngr　　酒盅儿 jiǔzhōngr

iong→iongr： 小熊儿 xiǎoxióngr

词语训练

慢慢—慢慢儿　早早—早早儿　好好—好好儿
远远—远远儿　中间—中间儿　桑葚—桑葚儿
桃核—桃核儿　自己—自个儿　梨核—梨核儿
挨个儿　白干儿　板擦儿　包干儿　爆肚儿
冰棍儿　岔道儿　打嗝儿　打鸣儿　切把儿
够劲儿　好气儿　奶嘴儿　枪子儿　绕远儿
做活儿　走味儿　抓阄儿　小瓣儿　词儿

绕口令训练

1. 练唱本儿

进了门儿，倒杯水儿，喝了两口儿运运气儿，顺手拿起小唱本儿，唱一曲儿，又一曲儿，练完了嗓子我练嘴皮儿。绕口令儿，练字音儿，还有单弦儿牌子曲儿，小快板儿，大鼓词儿，越说越唱我越带劲儿。

2. 一个老头儿

一个老头儿，上山头儿，砍木头，砍了这头砍那头儿。对面儿来了个小丫头儿，给老头儿送来一盘儿小馒头儿，没留神撞上一块大木头，栽了一个小跟头儿，撒了一地小馒头儿。

3. 乐得我合不上嘴儿

乐得我天天儿合不上嘴儿，忙得我早晚儿歇不了腿儿，东家请我描花样儿，西院让我挑桶水儿，老太太短不了我帮忙儿，小孩儿们缠着我讲故事儿，哪家婆媳拌了嘴儿，我还得去当个调停人儿。

4. 小哥儿俩

小哥儿俩，红脸蛋儿，手拉手儿，一块儿玩儿。小哥儿俩，一个班儿，一路上学唱着歌儿。学造句儿，一串串儿，唱新歌儿，一段段儿，学画画儿，不贪玩儿。画小猫儿，钻圆圈儿，画小狗儿，蹲庙台儿，画只小鸡儿吃小米儿，画条小鱼儿吐水泡儿。小哥儿俩，对脾气儿，上学念书不费劲儿，真是父母的好宝贝儿。

5. 学画画儿

小小子儿,不贪玩儿。画小猫儿,钻圆圈儿;画小狗儿,蹲小庙儿,画小鸡儿,吃小米儿;画个小虫儿,顶火星儿。

6. 小杂货摊儿

我们那儿有个王小三儿,在门口儿摆着一个小杂货摊儿,卖的是酱油、火柴、烟卷儿、草纸,还有关东烟儿、红糖、白糖、花椒、大料瓣儿、鸡子儿、挂面、酱、醋和油盐,冰糖葫芦一串儿又一串儿,花生、瓜子儿还有酸杏干儿。王小三儿,不识字儿,算账、记账,他净闹稀罕事儿,街坊买了他六个大鸡子儿,他就在账本上画了六个大圆圈儿。过了两天,人家还了他的账,他又在圆圈上画了一大道儿,可到了年底他又跟人家去讨账钱儿,鸡子儿的事早就忘在脑后边儿。人家说:"我们还了账。"他说人家欠了他一串儿糖葫芦儿,没有给他钱儿。

7. 吃仁儿不吃皮儿

吃仁儿不吃皮儿,吐皮儿不吐仁儿。磕下皮儿,吃了仁儿,吃了仁儿,吐了皮儿,吐皮儿吃仁儿皮儿里没仁儿。

8. 眼皮儿

上有上眼皮儿,下有下眼皮儿,左眼上眼皮儿打左眼下眼皮儿,右眼上眼皮儿打右眼下眼皮儿。左眼上眼皮儿打不着右眼下眼皮儿,右眼下眼皮儿打不着左眼上眼皮儿,左眼下眼皮儿打不着右眼上眼皮儿,右眼上眼皮儿打不着左眼下眼皮儿。

四、"啊"的音变

句尾语气词"啊",常受到前一个音节末尾音素的影响,发生语音上的变化。这些音变并不是随意的,而是有一定的规律可循的。

下面我们分别看看:

1. "a、o、(ao、iao 除外)e、i、ê、ü"+a 读作"ya",汉字可写作"呀"。

   如:鲜花啊 山坡啊 好乐啊 土地啊 红叶啊 金鱼啊

2. "u(包括 ao、iao)"+a 读作"wa",汉字可写作"哇"。

   如:五啊 六啊 好啊

3. "n"+a 读作"na",汉字可写作"哪"。

   如:天啊

4. "ng"+a 读作"nga",汉字仍写作"啊"。

   如:党啊 亲爱的妈妈 好香啊

5. "-i(前)＋a"读作"[z]a",汉字仍写作"啊"。

如:宋词啊 老四啊

6. "-i(后)＋a"读作"ra",汉字仍写作"啊"。所有的儿化词语都归入到这一条规律。

如:儿啊 吃啊

提示:"啊"的音变六条规律中,只需牢记第一条,其余五条规律不需要死记硬背,只要自然连读即可,"啊"和前面一个字的韵尾连成什么音,就读什么音。

表3-3 "啊"的音变规律

序号	"啊"前面音节末尾的音素	"啊"的音变	汉字写法	举 例
1	a、o、e、ê、i、ü	ya	呀	红花呀 菠萝呀 唱歌呀 半截呀 大衣呀 吃鱼呀
2	u(包括 ao、iao)	wa	哇	别哭哇 好笑哇 快跑哇 加油哇
3	n	na	哪	好难哪 冷饮哪 真欢哪 亲人哪
4	ng	nga	啊	真香啊 红娘啊 多清啊 老翁啊
5	-i(后)、er	ra	啊	电视啊 老师啊 老二啊 没门儿啊
6	-i(前)	[za]	啊	写字啊 老四啊 工资啊 有刺啊

词语训练

a＋a→ya	喝茶啊	快划啊	回家啊	种花啊
o＋a→ya	上坡啊	菠萝啊	广播啊	大伙啊
e＋a→ya	合格啊	祝贺啊	唱歌啊	黄河啊
i＋a→ya	早起啊	可爱啊	快来啊	喝水啊
ê＋a→ya	逛街啊	快写啊	白雪啊	节约啊
ü＋a→ya	你去啊	金鱼啊	有余啊	扫雪啊
u(ao)＋a→wa	别哭啊	好笑啊	跳舞啊	快走啊
n＋a→na	咱们啊	真准啊	好人啊	弹琴啊
ng＋a→nga	小熊啊	好清啊	动听啊	是冷啊
-i[前]＋a→[z]a	写字啊	几次啊	自私啊	工资啊
-i[后]＋a→ra	节日啊	老师啊	小曲儿啊	女儿啊

绕口令训练

1. 鸡鸭猫狗

鸡啊、鸭啊、猫啊、狗啊,一块儿在水里游啊!牛啊、羊啊、马啊、骡啊,一块进鸡窝啊!狼啊、虎啊、熊啊、豹啊,一块儿在街上跑啊!兔儿啊、鼠儿啊、虫儿啊、鸟儿啊,一块儿上窗台儿啊!

2. 张果老

啪!啪!啪!你是谁啊?我是张果老啊!你怎么不进来啊?我怕被狗咬啊!你兜里装的是什么啊?装的是大酸枣啊!你怎么不吃啊?我怕牙酸倒!胳肢窝里夹的什么啊?一件破皮袄啊!你怎么不穿啊?我怕虱子咬啊!怎么不叫你老伴儿拿拿啊?老伴儿早死了!你怎么不哭啊?盆儿啊!罐儿啊!我的亲老伴儿啊!

对话训练

1. 甲:请问,到图书馆怎么走啊?

乙:咳!原来是你啊!真巧啊!我也正想去图书馆呢,咱们一起去吧!

甲:好啊!哟!那儿怎么那么多人啊?

乙:是啊!真热闹啊!买书的呗!什么诗歌啊,小说啊,报告文学啊,散文啊,全有!

甲:那么多啊!那咱们也去看看吧!我想买本杂志啊!

乙:不行啊!我正急着去图书馆啊!

甲:是嘛!那咱们快跑啊!

2. 甲:这些孩子啊,真可爱啊!

乙:那还用说啊,不然,怎么叫模范幼儿园啊!

甲:你看啊,他们多高兴啊!

乙:是啊!他们又作诗啊,又画画儿啊,老师教得多好啊!

甲:你还没见啊,他们唱啊、跳啊,简直像一群小鸟啊!

乙:是啊!他们多幸福啊!

文章训练

桂林的山真奇啊,桂林的山真秀啊,桂林的山真险啊,漓江的水真清啊,漓江的水真静啊,漓江真像一首诗啊!大家一定要去一次啊!

歌曲训练

八月十五月儿明啊!爷爷为我打月饼啊!

月饼圆圆甜又香啊!一块月饼一片情啊!

普通话水平测试 60 篇朗读作品中"啊"的变读

作品 3 号:这使我们都很惊奇,这又怪又丑的石头,原来是天上的**啊**(ya)!

作品 5 号:推开门一看,嗬!好大的雪**啊**(ya)!

作品 16 号:然而,火光**啊**(nga)……毕竟……毕竟就在前头!

作品 22 号:清晨,当第一束阳光射进舷窗时,它便敞开美丽的歌喉,唱**啊**(nga)唱,嘤嘤有韵,宛如春水淙淙。

是**啊**(ra),我们也有自己的祖国,小鸟也有它的归宿,人和动物都是一样啊,哪儿也不如故乡号!

作品 25 号:我想张开双臂抱住她,但这是怎样一个妄想**啊**(nga)。

大约潭是很深的,故能蕴蓄着这样奇异的绿;仿佛蔚蓝的天融了一块在里面似的,这才这般的鲜润**啊**(na)。

作品 27 号:在它看来,狗该是多么庞大的怪物**啊**(wa)!

是**啊**(ra),请不要见笑。我崇敬那只小小的、英勇的鸟儿,我崇敬它那种爱的冲动和力量。

作品 39 号:我调查过了,你用泥块砸那些男生,是因为他们不守游戏规则,欺负女生;你砸他们,说明你很正直善良,且有批评不良行为的勇气,应该奖励你**啊**(ya)!

陶……陶校长你打我两下吧!我砸的不是坏人,而是自己的同学**啊**(ya)……

五、形容词的生动形式的发音

形容词的生动形式主要指 ABB 式和 AABB 式。

普通话的语音标准是北京语音,但是从语音现实看,北京人发形容词的生动形式时有不同的读法。

"ABB"的后两个音节,北京人大都读成阴平,但也有人读成本调。如作品 3 号中的"黑黝黝"可以读成 hēiyōuyōu，也可以读成 hēiyǒuyǒu。

"AABB"式，北京人有的读成"原调＋轻声＋阴平＋阴平"，有的统统读成原调。如作品 4 号中的"舒舒服服"，可以读成 shūshūfūfū，也可以读成 shūshūfúfú。

但也有一些形容词的生动形式是绝对不能读成阴平调的。如"金灿灿"应读成 jīncàncàn，不能读成 jīncāncān，"纷纷扬扬"应读成 fēnfēnyángyáng，不能读成 fēnfēnyāngyāng。

因此，北京以外地区的人学习普通话时，遇到形容词的生动形式，如果没有把握改变声调，还是一律读成原调比较保险。

音变综合训练

小鸟给远航生活蒙上了一层浪漫色调，返航时，人们爱不释手，恋恋不舍地想把它带到异乡。可小鸟憔悴了，给水，不喝！喂肉，不吃！油亮的羽毛失去了光泽。是啊，我们有自己的祖国，小鸟也有它的归宿。（摘自作品 22 号）

第五节　普通话水平测试单音节字词、多音节词语应试指导

一、单音节字词应试指导

普通话水平测试第一项读单音节字词，大多是单音词，如"学"；有的不是词，如"琵"，要和别的字组合在一起才能成为词，如"琵琶"。

读单音节字词是普通话水平测试中的基础检测。读单音节字词，就是检测应试人用普通话读常用字词的规范程度，检测每个字词的声韵调是否准确。一个音节的声母、韵母、声调是一个整体，任何一项读错了，这个音节就算语音错误；如果读得不到位、不完整、不标准，就算语音缺陷。语音错误每个扣 0.1 分，语音缺陷每个扣 0.05 分。不要小看这每一个 0.1 分、0.05 分，积少就会成多。

（一）声韵调要读标准

1. 声母要发准

声母要发准，是指发音要找准部位，方法正确。

2. 韵母要到位

韵母有单韵母、复韵母和鼻韵母。单韵母要单纯，发出来的音要吐字如珠，一个就是一个，不拖泥带水。复韵母和鼻韵母都要有发音动程，要有变化；变化要自然、和谐，归音要到位，发出来的音要圆润。

3. 声调要发全

读单音节字词时，普通话的4个声调一定要发全。阴平的调值是55，发音时保持自始至终是高而平；阳平调的调值是35，读时要注意上扬的起点和终点的音高；去声的调值是51，是全降调，下降的幅度要较大。这里重点要强调上声字的发音。上声容易出现的问题：降升调，调值214，它是普通话四个声调中最难学的，容易出现念成21或212的半上情况。发音时，214要到位，要婉转，先下降再上扬，一定要先降到底再上扬，转变的时候要自然，不可太生硬。读单音节字词时，要求读成全上214，读成半上算缺陷。上声字的全上读法只在第一项读单音节字词和第二项读多音节词语中考查，在朗读短文和命题说话中可以视情况读成半上。

（二）字词要从左向右横向朗读

单音节字词100个，测试题一般分为10排，每排10个字。朗读时必须从第一排起从左至右横向朗读，切忌竖着念。

（三）多音字可以选读一音

单音节字词中有一些多音字，朗读时念任何一个音都是对的。不必浪费时间琢磨到底读哪一个音，以免分散精力，影响情绪。

（四）速度要适中

读单音节字词，只要每个音节读完整，一个接一个地往下读，就不会超时。有的人担心时间不够，快速抢读，有的字没有读完全，发音不到位，降低了准确率，出现了不该出现的缺陷甚至是错误，因此切忌抢读。朗读也不能太慢，不能每个字都揣摩或试读，因为超时要扣分。《普通话水平测试大纲》中规定此项限时3分钟，超过1分钟以内，扣0.5分；超时1分钟以上，扣1分。

（五）读错了及时纠正

如果因为口误把字读错了，允许立即改读一次，以第二次读音为准，隔字词改读无效。但是没有把握时不要纠正，因为以第二次读音为评分依据。如果有的字没有把握读错了，不必再去想它，以免影响后面的朗读。

二、多音节词语应试指导

普通话水平测试第二项读多音节词语100个,大多是二字词语,也有三字或四字的词组,大概是四十几组词语。读多音节词语与单音节字词基本相同,但比读单音节字词的测查项目更多一些。评分仍按错误和缺陷两个项目进行。一个词语当中的任何一个评分项读错了,扣0.2分,缺陷扣0.1分。结合测试,要注意以下一些要求:

(一) 读多音节词语要连贯

多音节词语一般是两个语素组合表示一个意义,也有的是两个音节构成的单纯词,分开不表示任何意义,因此,朗读时不能把它们割裂开来,一个字一个字地按音节崩读。

(二) 上声字出现在词末要念全上

上声字出现在词末要念全上。多音节词语两个音节都是上声的,前一个上声变读成阳平,后一个上声要读全上,上声与上声相连的词语不少于3个;多音节词语前一个音节不是上声,后一个音节是上声的,上声也要读全,上声与非上声相连的词语不少于4个。

(三) 轻声词语要准确判断

四十几组多音节词语中会出现轻声词语不少于3个。轻声词语好念但是不容易辨认。这些轻声词语分散排列在中间,因此要准确判断哪些词是轻声词,并按照正确的音高和时长变化朗读。轻声词语的判断一切以《普通话水平测试用必读轻声词语表》为准。凡是该表中有(无论《现代汉语词典》中是否标注为轻声)而未读作轻声的判为错误;该表与《现代汉语词典》均未标注为轻声的,如读作轻声,判为错误;该表中没有,而《现代汉语词典》中标注为轻声的,读不读作轻声均不算错误。读轻声词还要避免把轻声词读得过轻,让人听不见,即所谓的"吃字"。

(四) 儿化词语要把卷舌的色彩自然柔软地"化"在第二个音节上

四十几组多音节词语中会出现儿化词语不少于4个。儿化词语有明显的特征,在第二个音节的末尾写有"儿"。朗读时不要把"儿"当作第三个音节来读,要把"儿"自然柔软地化在第二个音节的韵尾中。

(五) 读错了及时纠正

同第一项一样,如果因为口误把字读错了,允许立即改读一次,以第二次读音为准,隔字词改读无效。但是没有把握时不要纠正,因为以第二次读音为评分依据。如果有的字没有把握读错了,不必再去想它,以免影响后面的朗读。

(六)读准多音节词语中的多音字

多音节词语中的多音节字要据词定音,音随意转。

(七)异读词要以《普通话异读词审音表》为准

《普通话异读词审音表》是国家语言文字工作委员会、国家教育委员会、广播电视部于1985年12月联合发布的,但是有不少人不知道这个审音表,不知道一些异读词的正确读音,仍然按没有修订的字典的注音念读,这会影响普通话水平测试的成绩。比如"卓越"的"卓",原读 zhuō,现读 zhuó;"呆"原读"呆ái板",现读"dāi"。

第六节 语音训练

一、必读单音节字词表

mō 摸	náng 囊	zhāo 招	méi 酶	yè 曳	ēn 恩	xuǎn 选
sài 赛	biē 鳖	yuè 阅	chuī 吹	rěn 忍	chī 吃	shuàn 涮
sī 丝	pò 破	guǐ 轨	xì 戏	huǎng 谎	cái 财	gǎo 搞
qiā 掐	màn 曼	wāi 歪	réng 仍	qì 砌	wǒ 我	yòng 用
guǒ 裹	chēn 抻	yuè 岳	zhuā 抓	táo 桃	shuǐ 水	yān 淹
hàn 憾	liáo 辽	nà 纳	áng 昂	pǐn 品	fàn 饭	měi 美
cè 侧	běi 北	jiē 揭	guǎi 拐	fèi 费	nuǎn 暖	wài 外
pén 盆	cháo 潮	sǎn 伞	nóng 浓	qiǎo 巧	wáng 王	mǎi 买
liú 流	qǔ 娶	bí 鼻	láng 廊	cǎi 踩	zàng 葬	chún 唇

jiǎ	zhuì	dòng	kǎo	yuàn	zhé	qià
甲	坠	栋	烤	院	哲	洽
xǔ	téng	huǎn	fān	róng	wén	yuè
许	滕	缓	翻	容	闻	悦
wéi	bō	xìn	míng	ōu	cè	fū
围	波	信	铭	欧	测	敷
rùn	cháo	zì	pī	wēng	liàng	shēn
闰	巢	字	披	翁	辆	申
àn	juān	qí	hēi	yǎo	piē	hè
按	捐	旗	黑	咬	瞥	贺
shī	guǎng	shài	bīng	guà	bá	jūn
失	广	晒	兵	卦	拔	君
xiōng	zhuàng	fēi	móu	zhāo	lǎn	tuō
胸	撞	非	眸	昭	览	脱
nèn	suǒ	dé	liǔ	yàn	shuǎi	bào
嫩	所	德	柳	砚	甩	豹
rǎng	còu	kēng	jiǎo	cuī	chū	bì
壤	凑	坑	绞	崔	初	蔽
yún	lǚ	qiāng	chái	dā	qióng	dǒng
匀	铝	枪	柴	搭	穷	董
chí	kuǎn	zá	cǐ	sōu	fěn	kuò
池	款	杂	此	艘	粉	阔
nín	měi	lián	xiè	dī	jiǎn	hún
您	镁	帘	械	堤	捡	魂
tǎng	qué	zhù	yóu	chǔn	gù	jiǎ
躺	瘸	蛀	游	蠢	固	钾
suān	mò	pěng	duì	shuǎ	chuài	ér
酸	莫	捧	队	耍	踹	儿
bēng	xiǎng	gōng	láo	pǐ	kǎn	dūn
崩	饷	攻	劳	匹	坎	蹲
nǚ	hèn	cuān	qiào	fēi	piàn	fēng
女	恨	蹿	窍	飞	骗	封
zuàn	zhú	cāng	háo	shā	wěn	qú
攥	竹	苍	嚎	纱	吻	渠
gǒu	kuí	shǔ	lěi	yán	jiǎng	é
狗	奎	署	垒	阎	蒋	额

dàn 淡	fáng 房	lǒng 拢	jué 爵	měng 猛	ér 而	jūn 军
làn 滥	wáng 亡	ruǎn 软	xià 下	sú 俗	bǐng 禀	shì 氏
jiǒng 窘	diū 丢	tǒng 捅	xún 寻	bèi 贝	tái 台	zì 自
qīn 侵	rù 入	píng 凭	duǒ 朵	tiáo 条	zhà 诈	huái 淮
zōng 棕	huá 滑	zhuàng 状	chā 插	yǒu 有	líng 龄	zhàng 账
kuǎ 垮	qū 趋	xué 穴	bǐ 彼	fū 孵	kǎn 砍	tí 蹄
zhěng 整	xiù 锈	yàng 漾	yuē 曰	mó 膜	cài 蔡	ràng 让
bī 逼	xiù 袖	cāng 仓	chǐ 尺	diē 跌	chóu 绸	rǔ 汝
xióng 雄	mài 迈	gé/hé 颌	biǎn 贬	nóng 农	zèng 赠	yuán 原
jūn 均	píng 平	zhǔn 准	qún 群	chāo 抄	zé 责	zhài 寨
qín 秦	zhǔ 嘱	èr 二	guǒ 果	fàn 泛	kuān 宽	tǎng 淌
zǐ 子	piān 篇	chá 察	qiú 囚	bāo 胞	zé 则	sù 诉
zhēng 睁	liǎn 敛	dǎo 导	lí 厘	yùn 运	shuān 拴	liè 裂
shuō 说	nóng 脓	hǒu 吼	jī 姬	fù 附	cháng 肠	níng 凝
wēn 温	tuán 团	jiàn 键	shū 书	tǒng 筒	lù 录	jué 厥
là 腊	cǎi 彩	dūn 吨	qiǎn 遣	xú 徐	jìn 进	dǔ 堵
huī 挥	yuǎn 远	bèn 笨	méi 霉	cè 册	piān 偏	yá 芽
dài 代	suǒ 锁	gōu 沟	cháng 尝	rǎo 扰	liú 硫	zhuī 追

péng 棚	wā 蛙	kòu 扣	zhuāng 桩	dàn 蛋	fǎng 纺	guài 怪
jiáo/jiǎo 矫	ruì 瑞	lóu 楼	ān 安	shì 示	céng 层	liè 劣
hóng 虹	chāo 超	mín 民	bā 巴	mì 蜜	xià 夏	yāng 秧
páo 袍	sāi 鳃	cí 磁	tǒng 统	lüè 掠	kuò 廓	fēng 峰
jí 急	tuì 蜕	qī 漆	chuí 垂	fèn 份	lǔ 卤	dòu 痘
huān 欢	kěn 垦	lǒng 陇	zhuī 椎	shuǎng 爽	dēng 蹬	zéi 贼
gàn 赣	tiǎn 舔	jú 局	zěn 怎	wā 挖	héng 衡	sǐ 死
niáng 娘	shòu 兽	yǒu 友	tū 凸	shā 杀	xián 衔	guāng 光
qù 去	sūn 孙	dǎo 蹈	kě 渴	ōu 鸥	miào 庙	zhī 脂
là 辣	gōng 弓	sǎ 洒	hé 盒	tuì 退	miè 篾	zài 再
yuán 元	bīn 滨	hào 耗	xūn 熏	pá 爬	rì 日	niǎo 鸟
tóu 投	jǐng 景	suí 随	fèng 奉	cún 存	dǒng 懂	shēng 笙
zhěn 诊	cí 词	zhàng 胀	yá 牙	bǐng 丙	róu 柔	tǐng 艇
rè 热	jiàn 箭	chí 持	jù 惧	chuǎng 闯	péng 彭	nèi 内
rǔ 乳	zhè 浙	àn 黯	táng 唐	zhèng 郑	lóng 龙	kuā 夸
yǒng 永	chén 尘	xuě 雪	ǎo 袄	jiū 揪	xǐng 醒	fèn 粪
biē 憋	pí 脾	fǔ 腐	lí 离	sōu 搜	zhuó 灼	lāo 捞
jiǎo 缴	hú 胡	jué 蕨	biān 鞭	piáo 瓢	zhù 驻	dān 丹

niǔ 扭	zá 砸	gòu 构	quán 权	diǎn 点	wěn 稳	pǔ 浦
shùn 舜	qiè 窃	xīn 心	cáo 曹	wà 袜	kěn 啃	dié 蝶
cān 餐	ěr 耳	jiǎng 讲	gēn 跟	xiǎn 险	zòu 揍	qīng 卿
píng 评	jì 忌	héng 恒	pài 派	quán 全	cì 次	tiě 铁
huāng 荒	duǒ 躲	zhé 辙	gōu 钩	ái 癌	shā 砂	lí 梨
táng 糖	háng 航	gēn 根	róng 融	shuì 税	lǚ 旅	ān 庵
fù 妇	cǎn 惨	xùn 训	ná 拿	hōng 烘	miè 灭	zhēn 臻
tián 田	yā 鸭	shǐ 始	wèi 位	qiāo 跷	mǐ 米	chuān 穿
miǎo 秒	kōu 抠	bǎi 摆	sì 四	cuō 搓	zhàng 帐	kuáng 狂
wèng 瓮	qì 泣	yǔ 语	lèng 愣	gǔ 谷	pín 贫	tān 摊
qǔ 取	juē 撅	chí 迟	rùn 润	yān 焉	sāi 腮	féng 冯
dào 稻	wēn 瘟	léi 镭	yún 云	jiǔ 灸	zú 族	fǎng 访
liáng 梁	bǎ 靶	zhuō 桌	bǎo 饱	cèng 蹭	míng 明	fěi 匪
kuài 快	jiǎng 奖	pǔ 圃	yè 夜	máo 矛	tǒng 桶	qiè 怯
bǔ 捕	zōng 鬃	fàn 范	xī 夕	jǐng 井	shè 涉	xíng 型
róng 绒	ān 氨	huái 怀	huǒ 伙	bà 坝	jiū 纠	chè 掣
quē 缺	wǔ 伍	jīn 襟	diào 掉	pā 趴	cǎo 草	kuò 括
cū 粗	tián 填	xiǎng 响	dìng 锭	kuāng 筐	wěi 委	hài 害

sháo 勺	zhǎng 掌	jí 极	zūn 遵	gé/gě 葛	niē 捏	ào 澳
chuō 戳	sǒng 耸	zhòu 皱	guō 郭	fēn 酚	yǒu 酉	diē 爹
wéi 维	yè 液	bìn 鬓	píng 萍	dèng 凳	kūn 坤	miàn 面
tī 梯	yǔ 羽	gěng 耿	duān 端	pī 批	huáng 簧	gǎn 赶
wén 文	jiāng 江	zūn 尊	liàng 亮	chén 陈	fāng 方	chì 赤
fǎ 法	zhān 沾	jiē 皆	qín 琴	cōng 葱	rú 儒	duó 夺
fù 复	téng 藤	cáo 槽	cā 擦	qí 鳍	shù 束	chǒu 丑
ruò 弱	lín 临	gǔ 股	zhái 宅	shǎng 赏	tài 太	háng 杭
xiā 虾	shào 哨	biāo 膘	xiǔ 朽	nài 耐	mán 蛮	yōng 拥
néng 能	mò 末	fēng 丰	é 鹅	tǎ 塔	gēng 羹	ruì 锐
guān 关	lài 癞	xiǎng 想	ruò 若	chè 澈	niān 蔫	chuáng 床
zhān 毡	qī 欺	hún 浑	yuàn 愿	dùn 炖	dīng 盯	yán 岩
kàng 炕	mí 迷	dǎng 挡	mìng 命	tún 屯	mù 目	shuāng 霜
dāi 呆	gǔ 古	líng 伶	qí 其	zhì 至	téng 疼	gé 隔
zhāi 摘	shēng 生	pèng 碰	zuǐ 嘴	qún 裙	xiàng 项	zuǒ 佐
hòu 后	fēng 蜂	miù 谬	liáo 疗	chǎng 厂	tàn 叹	zhōng 忠
liē/liě 咧	xīng 腥	qū 驱	duó 踱	yū 迂	xié 鞋	dùn 盾
shī 师	gǒng 拱	diàn 电	guó 国	huī 徽	suì 岁	jié 竭

fěi 翡	jǐ 脊	zhuāng 妆	jū 驹	chōng 春	mǐn 闽	zhuàn 篆
kěn 肯	shēng 升	ěr 尔	wō 涡	shāo 烧	chǐ 齿	cāng 舱
gài 概	sēng 僧	wèn 问	máng 忙	pō 坡	tóng 铜	diāo 叼
dòng 动	tōu 偷	zhù 柱	hǎn 罕	mì 密	shǔn 吮	ài 爱
róu 揉	xiàng 象	qiú 球	kù 库	xuán 悬	sāo 缫	shèn 慎
zhǒu 肘	jì/qí 齐	lǒng 垄	yuán 缘	tián 甜	jù 聚	qià 恰
lǜ 氯	xiāng 厢	zhě 褶	tāi 胎	chén 臣	yuè 粤	dàng 荡
huāng 慌	suàn 算	shēn 砷	rú 如	nà 捺	xù 绪	dié 碟
léng 棱	tè 特	zāi 栽	dǐ 抵	fáng 防	luò 洛	yǔ 雨
shèng 圣	mù 暮	wǎn 晚	zhēng 争	chóu 筹	guā 刮	zhěn 枕
cái 材	zhì 制	nào 闹	shǎ 傻	bìng 并	péi 赔	é 俄
jīn 津	lú 驴	zhuō 拙	qīng 倾	wǎ 瓦	sè 涩	guǐ 鬼
xùn 逊	tiān 添	yǎn 衍	zuì 醉	tuī 推	péi 陪	zǎi 宰
lù 鹿	niú 牛	jiè 戒	bàng 棒	dǒu 抖	chú 雏	zāo 糟
niǎn 捻	xiào 效	wǎn 皖	pàn 畔	zhǒng 肿	tiān 天	zhě 者
chéng 诚	fǎng 仿	píng 坪	pì 僻	nǐ 拟	diāo 貂	yuán 源
jiàn 剑	huó 活	quǎn 犬	suō 梭	hài 氦	běn 苯	dūn 墩
chàng 唱	lüè 略	zhōu 州	táo 逃	zǔ 组	lǜ 滤	jiāo 礁

shì 世	líng 铃	zhēng 征	fén 坟	bì 闭	qiāng 腔	tái 抬
bēi 杯	zǎo 藻	chéng 惩	yǎn 演	guàn 惯	shǒu 手	sǎng 嗓
liàn 恋	yà 亚	lín 林	tí 啼	wū 屋	zhuō 捉	yǎo 舀
fá 罚	xī 溪	zhēng 蒸	hé 合	rào 绕	tā 她	mǎn 满
zǎo 早	huǒ 火	shuāi 衰	qiàn 歉	lǔ 鲁	yòu 幼	dùn 顿
chén 沉	yán 延	cái 才	dèng 邓	piǎo 瞟	bàng 傍	guǎn 馆
bǐng 饼	pō 颇	kòu 叩	tiē 贴	qiáng 墙	ruǐ 蕊	shòu 瘦
niàn 念	móu 谋	gù 雇	lóng 聋	ǒu 偶	suì 穗	mǐn 抿
fèi 吠	lǐ 礼	chéng 橙	zhù 祝	lán 栏	zhǎ 眨	zú 足
bǎo 宝	yú 渔	huī 辉	wàn 万	kē 柯	tàng 烫	zhǎi 窄
diàn 垫	hán 含	mèng 孟	gē 歌	fān 帆	róng 荣	fá 乏
jī 饥	yáo 窑	suī 虽	mào 冒	wèi 魏	rě 惹	cāi 猜
méi 煤	sǔn 笋	fěng 讽	yù 愈	yǎ 哑	bèi 钡	tú 涂
chēng 撑	zhuàn 撰	jǐn 锦	liáng 良	zè 仄	wān 弯	lòu 漏
zhí 值	lì 历	zuì 最	lái 来	wù 物	hěn 狠	tàn 探
dǐng 顶	guà 挂	sāo 骚	yóu 油	yáng 阳	xū 虚	jiǎn 简
tī 踢	yuè 月	jū 居	qiào 俏	tòng 痛	láo 牢	gān 肝
yuán 猿	jī 基	chuāng 窗	piāo 飘	juàn 倦	wō 窝	shé 舌

tuō 拖	mù 募	kān 堪	mī 眯	niǎn 碾	zhèn 阵	pēi 胚
zhù 住	bó 博	yuán 袁	jì 髻	liǎn 脸	shè 设	yán 炎
kū 窟	gāi 该	ráo 饶	kǒng 恐	wàng 忘	dōu 兜	chě 扯
wèi 喂	cóng 从	miǎn 免	hěn 很	chuān 川	cù 簇	sǔn 损
guǎ 寡	xiǎng 享	chá 苲	sōng 松	xiè 蟹	dēng 登	kuài 块
gān 柑	fá 伐	chóu 愁	shēn 伸	xí 习	zhè 这	tā 他
miǎo 渺	jiǎn 拣	yuè 跃	liǎng 两	yuán 圆	shāo 梢	biāo 标
dòu 豆	hú 糊	jiā 家	kòng 控	fù 负	diāo 刁	zhào 赵
xún 驯	kuī 亏	mǒu 某	jié 捷	chè 撤	niān 拈	pǐ 癖
fàng 放	fèi 滚	liǔ 绺	shè 射	mǐn 皿	xiāng 香	zhǐ 指
shéng 绳	kǔn 捆	hén 痕	kuàng 框	jǐn 谨	diān 巅	wèi 畏
zhǐ 纸	cuī 催	yǐng 影	qiāo 锹	zǒu 走	yuè 越	fǎn 反
bǎn 版	dù 杜	chuàn 串	jīng 荆	xū 须	shuā 刷	wù 勿
bǐ 笔	hūn 婚	lǜ 律	tā 塌	cūn 村	shǔ 暑	nuó 挪
mí 弥	lín 霖	mài 麦	jī 肌	zhèn 震	qiè 妾	tán 潭
qì 弃	huán 环	chè 彻	gǒng 廾	jué 决	zhǎn 斩	niè 啮
bèi 倍	nù 怒	chéng 程	shāo 稍	lián 怜	zhē 遮	zǒng 总
fú 浮	měi 每	jué 绝	zhān 瞻	mài 卖	tū 突	wú 吴

xīn 薪	fēng 锋	píng 瓶	kào 靠	mí 谜	huà 画	luán 峦
pà 帕	fǎn 返	wǎn 碗	hù 户	qī 期	fàn 犯	jiāng 缰
juàn 绢	huī 灰	bì 碧	zhū 猪	liàn 练	shèn 肾	yīng 膺
lìng 另	pàn 判	méi 眉	mǎ 码	huáng 皇	wò 卧	shī 嘘
jì 既	shàng 尚	gēng 耕	cán 蚕	bó 帛	lín 鳞	gǎo 稿
zhè 蔗	tān 滩	chóng 虫	tǔ 土	sè 瑟	tuō 托	duī 堆
chún 醇	qián 钱	xiǎo 小	niè 聂	dòng 洞	bān 斑	zhá 闸
bīng 冰	lán 拦	zhuī 锥	wǔ 五	gù 顾	suǐ 髓	jù 巨
kǒng 孔	shì 市	féng 逢	wǎn 挽	yóu 铀	táo 陶	yì 溢
là 蜡	qiú 求	mǎo 卯	kào 靠	gōng 功	dì 帝	péng 蓬
àn 岸	yǔ 禹	hóng 洪	cù 促	gùn 棍	lài 赖	jiè 届
tiào 跳	zhuì 赘	qǐng 请	ǒu 藕	hé 河	zhuāng 装	līn 拎
xiāng 镶	zhèn 镇	liú 留	kuò 扩	fán 烦	xū 需	qiàn 欠
jiē 秸	xiè 屑	jǐng 警	dié 迭	tì 剃	dǒu 陡	pāo 抛
ní 倪	cù 醋	xiàng 向	qiū 秋	duàn 断	jiā 加	bìng 病
suō 缩	hòu 候	qiān 迁	tíng 廷	fán 凡	chǔ 储	sāo 搔
shān 衫	fǔ 府	xiǎn 显	guī 归	záo 凿	wěi 苇	pí 皮
ào 奥	dí 嫡	hé 禾	guān 官	huā 花	niè 镍	jǐn 紧

duì 兑	róng 熔	cùn 寸	zōng 踪	àn 暗	nì 溺	bèi 辈
liáo 聊	quàn 劝	kàng 抗	bó 箔	shī 诗	cè 策	wù 雾
jiāo 浇	wā 洼	qí 棋	suǒ 索	bì 避	diāo 雕	què 确
zhá 铡	bǐng 柄	dài 戴	gū 孤	niǎn 撵	jīng 睛	duǎn 短
wán 丸	zhì 志	méng 萌	yòu 右	xùn 迅	bīn 宾	yì 翼
shǔ 蜀	bèi 备	zǔ 阻	shěn 沈	tíng 停	zhuāng 庄	chù 触
qí 骑	jú 菊	biān 边	jiǔ 酒	qiān 牵	hǎn 喊	qiáo 乔
zhī 知	huáng 黄	tóu 头	yíng 盈	dài 袋	qī 七	gāng 刚
bèng 蹦	dàn 氮	jié 洁	jiāng 僵	xiù 秀	jiàn 谏	qǐ 起
pōu 剖	zǎi 崽	bó 搏	shěn 婶	hú 弧	shǎn 闪	guā 瓜
yǐn 瘾	bāo 苞	lì 利	kǎo 考	sù 速	tóng 童	shuān 栓
tòu 透	jià 价	jīn 筋	xīn 辛	gù 故	zhī 枝	mù 墓
mèng 梦	nì 腻	yì 义	zhōu 周	gòu 购	zé 泽	jiān 煎
méi 梅	chāng 昌	kǎo 考	fēng 疯	wěi 纬	qí 畦	děng 等
lián 联	yóu 犹	dàn 旦	táo 淘	suí 隋	diào 钓	pān 潘
sāng 桑	fú 氟	dìng 订	huài 坏	lú 颅	wǎng 网	mèi 昧
ní 尼	míng 鸣	pái 牌	biǎo 表	hōng 轰	gài 钙	miào 妙
yōu 忧	jià 架	zhù 铸	shuì 睡	duǒ 躲	fèi 肺	liè 列

qǐn 寝	shì 是	bǐ 比	gěng 埂	wāng 汪	zòu 奏	cóng 丛
tún 臀	fǔ 甫	pàn 盼	duì 对	shú 赎	yán 沿	hài 骇
yā 押	yàng 样	chuāng 疮	bān 般	dǐ 底	niè 孽	shùn 顺
tán 谭	gē 割	yù 誉	jué 掘	wàng 旺	róng 溶	luò 摞
jié 劫	pái 排	wén 纹	zā 咂	tīng 厅	chūn 春	huì 绘
qiū 邱	guì 桂	zhī 支	xùn 汛	suí 绥	liào 料	shū 输
yíng 萤	zhèng 证	jiān 坚	tǐ 体	shū 梳	wù 晤	xiū 休
lán 兰	jǐn 仅	mǎng 蟒	xiàn 腺	shé 蛇	xiāo 销	gěng 梗
bó 脖	zhī 之	xùn 讯	zhōng 钟	hòu 厚	pū 扑	bàn 伴
qí 祈	yáng 扬	bèi 被	qián 潜	shì 室	mì 觅	yín 吟
cuàn 窜	fú 幅	jiǎng 桨	kòu 寇	biān 编	suì 碎	láng 狼
liè 猎	jué 诀	lǚ 履	dǎo 岛	xì 细	gǔ 鼓	rǔ 辱
pán 盘	jū 拘	mó 摹	nǎi 乃	mào 帽	shāng 伤	guāi 乖
mǎ 马	zhí 直	huàn 唤	yáng 羊	dié 叠	fēng 风	zhòng 众
lín 磷	shī 施	shū 疏	yōu 优	dòu 逗	gǎi 改	kuàng 况
yāo 邀	jù 拒	bó 膊	jù 距	shā 沙	xǐ 洗	chāo 钞
yòu 佑	yào 耀	fén 焚	zòng 纵	xiáng 详	guǎn 管	fá 筏
xiàn 线	dú 独	yíng 营	xiōng 凶	qǐ 启	chì 翅	qiān 签

dào 盗	máo 锚	rēng 扔	chéng 承	dì 递	zhì 致	shān 山
luó 锣	gé 阁	áo 鳌	yǐn 尹	gǎn 秆	dōng 东	hūn 昏
xù 叙	yí 仪	jù 剧	zhì 治	jiàn 舰	xiāng 箱	kào 靠
jiāo 跤	liè 烈	lí 犁	huǐ 毁	tāo 涛	bèng 泵	jiǎn 减
léi 雷	wán 玩	xiě 写	zhōng 盅	dù 渡	jì 季	yíng 赢
guī 硅	qū 屈	yù 郁	zhì 质	běn 本	zhài 债	diǎn 碘
shǐ 使	míng 名	fú 扶	xǐ 喜	gōng 宫	yù 谕	tà 榻
gǎng 港	qìn 沁	kāi 开	jiǎn 茧	jiǎo 脚	hóu 侯	zhuì 缀
rán 然	zì 渍	kāng 糠	bǎn 板	huà 桦	chuí 捶	nǎi 奶
guì 跪	chū 出	mà 骂	bō 菠	lòu 陋	shāi 筛	liàng 晾
yì 意	yǎn 眼	zhǎn 展	huí 回	yòu 又	jù 句	huái 槐
wò 握	tāo 掏	yào 药	nián 年	lǐng 岭	xī 息	wú 吾
kāi 揩	kè 客	xiān 先	fú 伏	dēng 灯	biàn 辨	lèi 泪
liàn 炼	tā 它	bō 播	tuǐ 腿	xī 锡	ròu 肉	āi 哀
jí 瘠	dài 带	zhuān 砖	shù 述	páng 庞	jīng 精	zǔ 祖
féi 肥	gòng 贡	què 却	sū 酥	zōng 宗	sù 素	shí 时
jià 嫁	háo 壕	lǐng 领	cì 赐	gāo 高	bù 部	jǔ 举
mò 墨	yè 业	wǎng 枉	guī 规	tí 题	hè 鹤	bó 铂

zhà 乍	sòng 宋	gāng 纲	yāo 妖	jué 攫	zhèn 振	luǎn 卵
shāng 商	màn 漫	shǒu 首	kū 枯	qíng 情	kě 可	dí 敌
sì 寺	cháng 常	zhōng 终	yǎng 养	qióng 琼	hàn 旱	pǔ 普
shè 摄	guō 锅	bǎng 榜	jiāo 焦	xiū 修	rǎn 染	ào 傲
shèng 剩	bà 霸	yóu 尤	tú 徒	māo 猫	wǔ 午	hóu 喉
liú 刘	shī 湿	jīn 巾	guàn 灌	rǎn 染	shù 竖	zhǔ 拄
yán 严	chǒng 宠	shí 食	miáo 苗	qiào 撬	liáng 粮	suàn 蒜
liú 瘤	biǎn 匾	pí 疲	tǎo 讨	dǎn 掸	fù 赋	hǔ 唬
yǐ 乙	hūn 荤	bào 爆	xiàn 陷	qín 勤	kāng 康	jù 具
làn 烂	jiū 究	yù 浴	miáo 瞄	wǔ 舞	cuī 摧	lǚ 缕
dú 犊	qín 噙	xiāo 消	fēng 枫	qiáo 瞧	zhāng 张	cuò 错
shòu 授	dǎo 捣	tīng 听	shuāng 双	jiǎn 柬	yǎng 仰	tuó 驼
nǎo 脑	mù 牧	fàn 贩	hè 褐	wǎng 往	xiáng 祥	wù 务
nì 逆	táng 塘	pín 频	xìng 姓	wěi 伟	yě 野	tíng 亭
sòng 送	shuāi 摔	yǐn 隐	qī 戚	è 饿	yāng 央	yǎn 掩
jiē 接	zū 租	máng 盲	zhà 榨	shàn 善	kǔ 苦	jiù 就
táng 堂	cái 裁	gǎn 敢	lì 吏	xún 巡	fù 腹	xīn 芯
jiù 救	xián 贤	péi 培	kuàng 旷	kē 科	mán 瞒	zhuàn 赚

第三章 普通话字词训练

yǎng 痒	kù 裤	xié 斜	lǚ 屡	máo 毛	bà 爸	chá 茶
fū 夫	bēi 碑	wù 误	yǎng 氧	zhù 注	jì 剂	guàng 逛
diǎn 典	kuàng 矿	nǐ 你	wàng 望	zài 在	mǐn 敏	xìng 性
diào 吊	jiān 歼	tàn 炭	yū 淤	chǎng 敞	yìng 映	zhū 朱
pēn 喷	mián 绵	chán 缠	shǐ 史	xiē 歇	zhuó 酌	chǎo 炒
xiù 嗅	xuē 薛	gàng 杠	gōng 公	duàn 缎	lì 立	mù 穆
shù 术	fù 赴	wū 乌	yóu 由	biàn 遍	pān 攀	zhǎo 找
kān 刊	chún 纯	lán 篮	zōng 综	jǔ 矩	xīng 星	làng 浪
zhuàng 壮	tóng 佟	kē 棵	gān 竿	qíng 擎	hǎi 海	zēng 增
fèng 凤	lì 隶	àn 案	yì 逸	jiào 较	zhù 助	liú 留
xiè 泄	guì 柜	hè 赫	dàng 档	shì 势	wèi 卫	shēng 声
qū 躯	chuán 船	yuán 园	bì 币	miáo 描	qīng 清	yùn 韵
kuì 愧	chú 除	yē 噎	lē/lèi 肋	bì 毙	zhēn 珍	zuì 罪
dù 镀	bài 败	gāng 缸	hù 互	gōng 工	zhōu 舟	qì 气
diān 颠	lǎn 缆	mén 门	huì 惠	cán 残	jìng 境	chǔ 楚
kù 酷	mián 眠	bài 拜	chōng 充	mù 幕	jī 机	shuò 硕
xiè 谢	xíng 刑	chèn 趁	shěn 审	luǒ 裸	bēi 悲	yīn 阴
diān 滇	gǎn 感	páng 旁	yǐ 倚	kē 磕	zhǔ 煮	qiú 裘

85

yè	xiā	jí	pāi	lú	fǔ	zhēn
页	瞎	即	拍	炉	辅	真
liàn	wéi	pìn	yāo	zhàn	kuàng	yàn
链	违	聘	腰	站	眶	焰
biàn	chén	xiù	mán	xún	lì	wéi
辨	辰	绣	鳗	旬	例	唯
jìn	jiǎn	wá	dǔ	lú	xián	sān
晋	检	娃	睹	卢	弦	三
huò	báo	bà	fèi	miǎn	bǔ	xué
货	雹	罢	废	勉	补	学
dōng	hán	wěi	hé	gòu	bǐ	kào
冬	函	伪	何	够	鄙	靠
yù	zhū	méi	guàn	pù	shén	chuǎn
狱	诸	媒	罐	瀑	神	喘
xìng	hǔ	tàn	huò	dǎng	fú	qián
幸	虎	碳	获	党	拂	前
jiǔ	yuān	shēn	péng	zhū	qiáo	gōng
久	渊	身	篷	诛	桥	龚
fù	dīng	gé	xiào	kuì	xún	nǎi
富	叮	革	啸	溃	循	氖
zāo	hàn	bàn	dǎn	yí	qì	xiàn
遭	汉	扮	胆	疑	汽	献
tài	zhǎn	gāo	zhù	nà	sù	cuì
泰	盏	篙	贮	钠	塑	瘁
yuē	dòu	yù	qī	zēng	jiàn	xī
约	窦	育	沏	憎	涧	昔
zhàng	lún	zhān	jiě	chuí	pèi	guì
仗	轮	詹	姐	锤	配	贵
péng	lǐ	dì	shàn	bó	shí	nǎo
硼	鲤	缔	膳	驳	石	恼
xiè	má	zhàng	mì			
卸	麻	丈	幂			

二、必读多音节词语表（注："一""不"的变调，按照变化后的读音标调。）

lìngwài 另外	cóngxiǎo 从小	fēnpèi 分配	réngrán 仍然	jiāngjūn 将军
gǎnkǎi 感慨	liángshuǎng 凉爽	gǔsuǐ 骨髓	gàikuò 概括	pèitào 配套
bōlí 玻璃	tànsuǒ 探索	chuàngzuò 创作	xiàyóu 下游	quántǐ 全体
chūnguāng 春光	yùndòng 运动	ángshǒu 昂首	shuāibiàn 衰变	yúkuài 愉快
máfan 麻烦	dǐhuǐ 诋毁	hēi'àn 黑暗	wāku 挖苦	fāpiào 发票
pínqióng 贫穷	huàirén 坏人	nüèdài 虐待	jiǒngpò 窘迫	gěiyǐ 给以
zhànlüè 战略	ángrán 昂然	fēnbié 分别	zǔzōng 祖宗	kuàngqiě 况且
piēkāi 撇开	huàjiā 画家	zǒufǎng 走访	yīn'ér 因而	shēnbiān 身边
míngcí 名词	hésuàn 核算	quánshēn 全身	duàncéng 断层	yǔnxǔ 允许
zhàng'ài 障碍	mìnglìng 命令	tèbié 特别	fóxué 佛学	dǎsuan 打算
láilín 来临	mièwáng 灭亡	cuòzhé 挫折	cuīhuǐ 摧毁	yāpò 压迫
zhìjīn 至今	jiǎnqīng 减轻	zuì'è 罪恶	jiàoxùn 教训	qiāndìng 签订
zhòngliàng 重量	gàosu 告诉	hēiyè 黑夜	píjuàn 疲倦	diànhuà 电话
kǒuwěn 口吻	bīnguǎn 宾馆	wùjià 物价	gōngnǚ 宫女	huāngmiù 荒谬
sīxiǎng 思想	qióngkǔ 穷苦	tiāoti 挑剔	cóngróng 从容	zhēnchá 侦查
zuòyòng 作用	wánshuǎ 玩耍	chuāngzi 窗子	qiānwǎ 千瓦	fóxiàng 佛像

lóngzi 笼子	zhuīqiú 追求	fójiào 佛教	bāozi 包子	yuánzé 原则
rèliàng 热量	nóngcūn 农村	lǚxíng 履行	cāozòng 操纵	dàniáng 大娘
qīnzhàn 侵占	chíjiǔ 持久	bīnkè 宾客	gāngtiě 钢铁	zhuāhuò 抓获
yīngxióng 英雄	zhìliàng 质量	xuǎnjǔ 选举	huánghūn 黄昏	zhàqǔ 榨取
méitóu 眉头	cāozuò 操作	zūnzhào 遵照	wéichí 维持	zhōunián 周年
shuāngqīn 双亲	bièniu 别扭	quánlì 权力	dǎdǎo 打倒	liúsuān 硫酸
bìxū 必须	mù'ǒu 木偶	bēngkuì 崩溃	fùnǚ 妇女	yìzhí 一直
bāngmáng 帮忙	nánguài 难怪	chǎngsuǒ 场所	kànfǎ 看法	cuàngǎi 篡改
quāntào 圈套	qúntǐ 群体	xiàolǜ 效率	sīwéi 思维	niúdùn 牛顿
chōngshuā 冲刷	jīnrì 今日	liúchuán 流传	táocuàn 逃窜	qīngkuài 轻快
duōme 多么	àomì 奥秘	kuīsǔn 亏损	zhuàngkuàng 状况	jūnshì 军事
fójīng 佛经	chéngběn 成本	guīnǚ 闺女	qiángdiào 强调	qīnlüè 侵略
néngliàng 能量	háohuá 豪华	kuàngzi 框子	hòutiān 后天	huáibào 怀抱
rénqún 人群	jiāzhǎng 家长	hécháng 何尝	kěyǐ 可以	rán'ér 然而
xiōngpú 胸脯	dàozéi 盗贼	shāobing 烧饼	guówáng 国王	chǎnpǐn 产品
diàotóu 掉头	xùnsù 迅速	zāoshòu 遭受	yālì 压力	cáiliào 材料
shōucáng 收藏	áoxiáng 翱翔	yǒngyuǎn 永远	fódiǎn 佛典	shāchén 沙尘
cúnzài 存在	qǐngqiú 请求	léizhui 累赘	fālèng 发愣	wàimiàn 外面

sìhū 似乎	zěnme 怎么	péicháng 赔偿	mǐngǎn 敏感	kānchá 勘察
fáng'ài 妨碍	biànbié 辨别	tiáozhěng 调整	shàonǚ 少女	wánquán 完全
tōngxùn 通讯	fēngkuáng 疯狂	cóng'ér 从而	rùxué 入学	kuājiǎng 夸奖
huíqù 回去	cuànduó 篡夺	nǎifěn 奶粉	xióngwěi 雄伟	yīng'ér 婴儿
qúnzhòng 群众	diànyā 电压	chǎojià 吵架	xiàjì 夏季	liánxù 连续
zhěntou 枕头	xīnniáng 新娘	hángkōng 航空	fùwēng 富翁	jiérì 节日
shàngcéng 上层	wúqióng 无穷	xíjuǎn 席卷	yúshì 于是	dǒupō 陡坡
fánróng 繁荣	yāngge 秧歌	zhènyā 镇压	xuānchuán 宣传	mǔzhǐ 拇指
ānwèi 安慰	sìzhōu 四周	ǎixiǎo 矮小	nǐmen 你们	zuòmèng 做梦
fēifǎ 非法	quánmiàn 全面	hòuniǎo 候鸟	xiéshāng 协商	shǒushi 首饰
róuruǎn 柔软	cìjī 刺激	kuāzhāng 夸张	érqiě 而且	xiàjiàng 下降
nánnǚ 男女	quēfá 缺乏	ángguì 昂贵	pínlǜ 频率	huāniǎo 花鸟
nèiwài 内外	fànzi 贩子	chābié 差别	jiémù 节目	cūlüè 粗略
zǎochūn 早春	shànliáng 善良	gōngzuò 工作	cuīcán 摧残	gàizi 盖子
cíchǎng 磁场	chéngpǐn 成品	fēikuài 飞快	shuōhuà 说话	géwài 格外
jiāchù 家畜	língmǐn 灵敏	quánbù 全部	zhèngzhuàng 症状	qūxiàng 趋向
jíshí 及时	tàntǎo 探讨	zuòfēng 作风	értóng 儿童	mǎyǐ 蚂蚁
mùjiàn 目见	qīngchu 清楚	tiáohé 调和	qiāoshēng 悄声	shàngxià 上下

yōngyǒu	bǔding	qiáojuàn	zàihu	huáiniàn
拥有	补丁	侨眷	在乎	怀念
wánbèi	jiāoào	shāhài	qióngrén	chuīniú
完备	骄傲	杀害	穷人	吹牛
tuǒdang	zuòpǐn	fósì	miùlùn	xiānnǚ
妥当	作品	佛寺	谬论	仙女
shǒuwěi	zhémó	ānquán	gèbié	bēnpǎo
首尾	折磨	安全	个别	奔跑
rúxià	guānqiǎ	rìyì	wādì	xǐhuan
如下	关卡	日益	洼地	喜欢
jūnfá	xiàoguǒ	shétou	bàngwǎn	miǎnqiǎng
军阀	效果	舌头	傍晚	勉强
shuàilǐng	mǔqīn	suíbiàn	ángyáng	zhàlan
率领	母亲	随便	昂扬	栅栏
xuánzhuǎn	yuányīn	jiàgé	dìng'é	zhuāngbèi
旋转	原因	价格	定额	装备
jùzi	shǒugǎo	guānchá	xiézuò	shuāilǎo
句子	手稿	观察	协作	衰老
xùnliàn	cōngmíng	kèběn	huíguī	shēnhuà
训练	聪明	课本	回归	深化
qiángdù	biǎopí	chángchéng	tiānxià	miànqián
强度	表皮	长城	天下	面前
miùwù	cóngcǐ	guànchè	tǔfěi	bìngrén
谬误	从此	贯彻	土匪	病人
shāngbiāo	xìqǔ	tóngbàn	shōuhuí	yànjuàn
商标	戏曲	同伴	收回	厌倦
suīshuō	jūnduì	rónghé	xiōngyǒng	chéngmíng
虽说	军队	融合	汹涌	成名
yìsi	réngjiù	qīngshuǎng	quánlì	zhōngshēn
意思	仍旧	清爽	权利	终身
niǔzhuǎn	pòhuài	bīnzhǔ	jiàzhí	shuāxīn
扭转	破坏	宾主	价值	刷新
àihǎo	línchuáng	gǒngqiáo	xúnhuán	késou
爱好	临床	拱桥	循环	咳嗽
wǔdǎo	xiāofèi	qiàhǎo	wǎngfǎn	biāozhì
舞蹈	消费	恰好	往返	标志

yǐwài	dǐngdiǎn	hétong	lüèduó	fófǎ
以外	顶点	合同	掠夺	佛法
zànměi	sùlǜ	ēnqíng	wènjuǎn	rénmín
赞美	速率	恩情	问卷	人民
yuánsù	gāo'áng	chěpí	miánhuā	cáichǎn
元素	高昂	扯皮	棉花	财产
dīngzi	fēngbì	shūtan	ānpái	dìcéng
钉子	封闭	舒坦	安排	地层
zhīchí	wánghòu	xiàtiān	sīsuǒ	nánfāng
支持	王后	夏天	思索	南方
zǒng'é	jiāxiāng	jǐnquē	gǒuqiě	nàcuì
总额	家乡	紧缺	苟且	纳粹
wěndang	qūbié	bàngchui	cúnwáng	bānyùn
稳当	区别	棒槌	存亡	搬运
chuíwēi	kāiyè	héngsǎo	fěnsuì	hékuàng
垂危	开业	横扫	粉碎	何况
quēdiǎn	liánlei	dìnglǜ	qiángbì	guǎnlǐ
缺点	连累	定律	墙壁	管理
diūdiào	ànniǔ	qiàdàng	fēngmǎn	nüèji
丢掉	按钮	恰当	丰满	疟疾
biǎoyǎn	jiāgōng	kāiwài	xúnzhǎo	shàngdiào
表演	加工	开外	寻找	上吊
huāliǎn	fěitú	zhuīzi	kòngzi	guāngguāng
花脸	匪徒	锥子	空子	观光
ruòdiǎn	yóuyú	shèntòu	hóngrùn	bōxuē
弱点	由于	渗透	红润	剥削
lǎoye	piāodài	pīnmìng	méiren	báisè
老爷	飘带	拼命	媒人	白色
juànliàn	fēngōng	pèihé	hóngjūn	chuàngzào
眷恋	分工	配合	红军	创造
gēnjù	huāpíng	shěnměi	yīngyòng	kuàilè
根据	花瓶	审美	应用	快乐
jūnliáng	yuèfèn	sǎozi	bēi'āi	zuàntóu
军粮	月份	嫂子	悲哀	钻头
shōucheng	chuànlián	kāihuì	zhèngquán	miànkǒng
收成	串联	开会	政权	面孔

xuānbù 宣布	kèqi 客气	guàshuài 挂帅	kāikěn 开垦	hóngniáng 红娘
kèchéng 课程	zūnxún 遵循	fēnggé 风格	bàofèi 报废	zhuǎzi 爪子
jūnyún 均匀	hòumiàn 后面	biānxiě 编写	Xī Ōu 西欧	fākuáng 发狂
zhǎngguǎn 掌管	xuèyè 血液	qiàqiǎo 恰巧	lǔshuǐ 卤水	wèisuì 未遂
niúdú 牛犊	shìde 似的	chǎozuǐ 吵嘴	chéngkěn 诚恳	jiànquán 健全
shòuyǔ 授予	lìliàng 力量	cāngqióng 苍穹	téngtòng 疼痛	huànsuàn 换算
wēndài 温带	bùfen 部分	zhēnchá 侦察	fènyǒng 奋勇	guómín 国民
wàijiè 外界	qióngkùn 穷困	bǐngzi 饼子	dǎngwěi 党委	báoruò 薄弱
liūda 溜达	zhèxiē 这些	rìshí 日食	zēngqiáng 增强	juéwù 觉悟
yāoguài 妖怪	píngjūn 平均	shānqū 山区	huǎnjiě 缓解	shēngcún 生存
Dōng Ōu 东欧	píngyuán 平原	wèicéng 未曾	chuántái 船台	zuòguài 作怪
chāo'é 超额	dàizi 袋子	lěngshuǐ 冷水	luòrì 落日	sōuguā 搜刮
jìnkǒu 进口	kāifàng 开放	chéngguǒ 成果	wùpǐn 物品	xiāoxi 消息
qiángdào 强盗	zhǔzhāng 主张	yǐndǎo 引导	chúncuì 纯粹	gébì 隔壁
xiàmiàn 下面	tèzhēng 特征	fābiǎo 发表	yùnshū 运输	tiánchōng 填充
shuǎngkuai 爽快	shuāngqī 霜期	pāishè 拍摄	zhuānmén 专门	rùnhuá 润滑
céngcì 层次	chā'é 差额	biànzhèng 辩证	shíliu 石榴	dǎohuǐ 捣毁
kuàisù 快速	mínjiān 民间	shàngkōng 上空	míngtang 名堂	guànjūn 冠军

第三章 普通话字词训练

xiūyǎng 修养	duōguǎ 多寡	ānpéi 安培	niǔqū 扭曲	lìyòng 利用
mǔtǐ 母体	fèishuǐ 废水	bōcháng 波长	wàibù 外部	cānjiā 参加
ǒu'ěr 偶尔	yuànyì 愿意	shēnfèn 身份	dòuzi 豆子	āichóu 哀愁
fánzhí 繁殖	bēnyǒng 奔涌	mǎpǐ 马匹	fákuǎn 罚款	shōugòu 收购
zhǔzǎi 主宰	tāmen 她们	piāodòng 飘动	qīnqiē 亲切	mìngyùn 命运
shānchuān 山川	shuāngchóng 双重	sǎngzi 嗓子	qíguài 奇怪	huàtǒng 话筒
jiānchí 坚持	gāncuì 干脆	xiānsheng 先生	pīncòu 拼凑	jiāoliú 交流
chéngwéi 成为	sīrén 私人	niàndao 念叨	cáizhèng 财政	biànbó 辩驳
dǎjī 打击	guīgé 规格	zuòzhě 作者	sūnnǚ 孙女	shuǐniǎo 水鸟
xiāomiè 消灭	sīkǎo 思考	cèlüè 策略	zhōngwài 中外	zāinàn 灾难
àngrán 盎然	tiān'é 天鹅	guīlǜ 规律	cūnzi 村子	wǎsī 瓦斯
pǐnwèi 品位	xuèguǎn 血管	réncái 人才	jiāhuo 家伙	měijiǔ 美酒
shūjuàn 书卷	zhèngquè 正确	miáotou 苗头	àiguó 爱国	wēnróu 温柔
qiǎngxiǎn 抢险	ànzhào 按照	gāozhǎng 高涨	zǒngjié 总结	cāobàn 操办
nièpán 涅槃	wèile 为了	wōniú 蜗牛	màizi 麦子	bùliáng 不良
lǚguǎn 旅馆	rényuán 人员	rìlì 日历	shuǎnglǎng 爽朗	zuòzhàn 作战
piāorán 飘然	shēn'ào 深奥	bìngtà 病榻	xiǎochǒu 小丑	xiàmǎ 下马
shǎonián 少年	tuìhuà 退化	cūnzhuāng 村庄	chuāngbā 疮疤	míngtiān 明天

gānzào	dìqiú	gēnqián	páichì	zhèngcè
干燥	地球	跟前	排斥	政策
jūnyòng	jiānglái	lǎoshi	jiǎruò	xuéshuō
军用	将来	老实	假若	学说
bǐcǐ	tāntā	yúncai	chāoguò	yōngjǐ
彼此	坍塌	云彩	超过	拥挤
diànnéng	qīngwā	suīrán	zhàoliào	gòuchéng
电能	青蛙	虽然	照料	构成
sāngzàng	lüèwēi	zhuǎnliǎn	qiángdà	kuàngchǎn
丧葬	略微	转脸	强大	矿产
dòngchuāng	húqin	xǔjiǔ	zhènghǎo	rènshi
冻疮	胡琴	许久	正好	认识
lùyòng	xìjūn	gòngcún	tǎohǎo	cuòbài
录用	细菌	共存	讨好	挫败
bǐzhě	tǐngbá	bù'ān	zǔlán	lièrì
笔者	挺拔	不安	阻拦	烈日
guàiwu	fēixíng	jī'áng	miǎoxiǎo	huángsè
怪物	飞行	激昂	渺小	黄色
bǎoxiǎn	shāngpǐn	juéxīn	pàngzi	bōduàn
保险	商品	决心	胖子	波段
tòngkuài	shíyòng	hòuhuǐ	zūnshǒu	wǒmen
痛快	食用	后悔	遵守	我们
jiārù	sēnlín	cuīhuà	tóngxué	shēncéng
加入	森林	催化	同学	深层
hēibǎn	quánjú	tǔrǎng	yīnxiǎng	nánguā
黑板	全局	土壤	音响	南瓜
fāng'àn	rénmen	guāngmíng	wǎnhuí	wàiguó
方案	人们	光明	挽回	外国
zǒngzhī	suǒyǐ	zhuānyòng	shuāibài	pǐzi
总之	所以	专用	衰败	痞子
bōtāo	lìhai	rìjiàn	yòushǒu	díquè
波涛	厉害	日见	右手	的确
fāyáng	lùnwén	pēnsǎ	xífu	gāo'ào
发扬	论文	喷洒	媳妇	高傲
liàn'ài	huāruǐ	gēnsuí	nǚláng	guàiyì
恋爱	花蕊	跟随	女郎	怪异

第三章 普通话字词训练

dàizi 带子	xùshù 叙述	ěrduo 耳朵	zāipéi 栽培	chóngdié 重叠
hóngsè 红色	zhèngmiàn 正面	jǐngquǎn 警犬	huángguā 黄瓜	rìyòng 日用
huǒzhǒng 火种	shìqing 事情	kuānkuò 宽阔	cáinéng 才能	chóuhèn 仇恨
tóuzī 投资	zhàngpeng 帐篷	méijiè 媒介	wénxiàn 文献	shōusuō 收缩
gùlǜ 顾虑	huǒhou 火候	shūniǔ 枢纽	qǐjū 起居	xiāohuà 消化
chuánshuō 传说	xiǎndé 显得	dùrì 度日	lèisì 类似	shēnzi 身子
cāngsāng 沧桑	pénzi 盆子	zhǎnlǎn 展览	pèi'ǒu 配偶	fāngbiàn 方便
shíyòng 实用	zhème 这么	zǒngchēng 总称	xuékē 学科	cúnkuǎn 存款
zàichǎng 在场	pūgai 铺盖	wǎnshang 晚上	chénchóng 沉重	jírì 即日
miǎnhuái 缅怀	yāojing 妖精	yǐngzi 影子	hǎodǎi 好歹	míngnián 明年
suànzhàng 算账	nǚxu 女婿	bànsuí 伴随	róuměi 柔美	tǐwēn 体温
jiǒngpò 窘迫	zhǒngqún 种群	cuòshāng 挫伤	zōnghé 综合	mínzhǔ 民主
tiějiang 铁匠	chéngnián 成年	yònglì 用力	gémìng 革命	jiǎntǎo 检讨
jiārè 加热	kuādà 夸大	yuèliang 月亮	xuésheng 学生	jūnrén 军人
biàngēng 变更	yùnxíng 运行	mázuì 麻醉	bōwén 波纹	pípá 琵琶
liángshi 粮食	zhāngtiē 张贴	bìngbiàn 病变	yóuyǒng 游泳	bàomíng 报名
dòngyuán 动员	qióngjìn 穷尽	láiwǎng 来往	ànzhōng 暗中	shān'ào 山坳
kāipì 开辟	shānghài 伤害	xiǎotuǐ 小腿	xuéshù 学术	rè'ài 热爱

95

mǎchē	shuāiruò	tòumíng	jiāyǐ	làngfèi
马车	衰弱	透明	加以	浪费
niánlíng	yǐngxiǎng	dōngtiān	yuángù	xǐzǎo
年龄	影响	冬天	缘故	洗澡
shànzi	xiànquān	bāguà	gǒngshǒu	huāwén
扇子	线圈	八卦	拱手	花纹
dīwā	nàshuì	bēnzǒu	hángdang	gōngmín
低洼	纳税	奔走	行当	公民
zūyòng	tiānzhēn	bāzhang	cìrì	kǔnǎo
租用	天真	巴掌	次日	苦恼
shuǐguǒ	dàliàng	xuéxí	tiěqīng	huìhuà
水果	大量	学习	铁青	绘画
wángcháo	kèguān	wénmíng	huǒkēng	xiàwǔ
王朝	客观	文明	火坑	下午
guīzé	chuándǎo	tōngyòng	hòutou	cíhuì
规则	传导	通用	后头	词汇
fǎnxǐng	tiēqiè	nàme	dàzhàn	chǔyú
反省	贴切	那么	大战	处于
gōngsī	cāngbái	suíhòu	wàidì	kǒuqiāng
公司	苍白	随后	外地	口腔
nuóyòng	yuánliào	juéyì	yíngyǎng	guìbīn
挪用	原料	决议	营养	贵宾
shēngzhǎng	wánchéng	shuǐxiāng	dōngfāng	chuànglì
生长	完成	水箱	东方	创立
niánqīng	yònghù	bìbō	quēkǒu	dǎdǔ
年轻	用户	碧波	缺口	打赌
tīnghuà	tāmen	báirì	yīncǐ	shuōfǎ
听话	它们	白日	因此	说法
qiángqiú	kùnnan	niēzào	sāorǎo	guīju
强求	困难	捏造	骚扰	规矩
róngqià	ōugē	tānzi	pǐnzhǒng	diànliú
融洽	讴歌	摊子	品种	电流
xūyào	chéngshòu	gùshi	fēnbiàn	sēngní
需要	承受	故事	分辨	僧尼
gǎnshāng	wánměi	zhàomíng	duì'ǒu	rúcǐ
感伤	完美	照明	对偶	如此

yuánlái 原来	jiàrì 假日	qíngkuàng 情况	liánghǎo 良好	chēzi 车子
píngmiàn 平面	qiàtán 洽谈	xìnyòng 信用	nǎlǐ 哪里	zhàokāi 召开
xìngzi 性子	ránshāo 燃烧	zhěnglǐ 整理	gēqǔ 歌曲	gūniang 姑娘
sòngbié 送别	dàguà 大褂	jièyòng 借用	shuāijiāo 摔跤	wàibīn 外宾
hóngshuǐ 洪水	cānkǎo 参考	nánwei 难为	kètáng 课堂	zuǐba 嘴巴
zuòjiā 作家	chíxù 持续	diūliǎn 丢脸	bǐfǎ 笔法	xiàqù 下去
tōngcháng 通常	diǎnyǎ 典雅	yuèbing 月饼	bānyòng 搬用	zhíwù 植物
jiǔjīng 酒精	piàoliang 漂亮	zūnzhòng 尊重	gǎixiě 改写	niúpí 牛皮
chūntiān 春天	qíngcāo 情操	tuǐjiǎo 腿脚	quēshǎo 缺少	jìxù 继续
kuòzhāng 扩张	xiàlái 下来	bódòu 搏斗	zhèngcháng 正常	sècǎi 色彩
èhuà 恶化	zhàizi 寨子	nánběi 南北	kǒnglóng 恐龙	yīxué 医学
míngquè 明确	kǎohuǒ 烤火	jiāsù 加速	zhàopiàn 照片	bōjí 波及
zhuājǐn 抓紧	nǎosuǐ 脑髓	xiāngsì 相似	zǒngtǒng 总统	guānyā 关押
zuǐchún 嘴唇	xiūgǎi 修改	yǎnghuó 养活	lúnliú 轮流	yīyuàn 医院
yòngtú 用途	liánrì 连日	zuōfang 作坊	kuángxiào 狂笑	jiēqià 接洽
shíhou 时候	zhèngdǎng 政党	liǎngbiān 两边	yòunián 幼年	sāhuǎng 撒谎
qínghuái 情怀	wǎngrì 往日	wòshǒu 握手	hòudao 厚道	pángtīng 旁听
báijing 白净	xiàliè 下列	fēiyuè 飞跃	chuántǒng 传统	chéngxù 程序

huàmiàn	néngnài	xuéxiào	bāohan	kuǐlěi
画面	能耐	学校	包涵	傀儡
biānzuǎn	guāngzé	yīngyǒng	rénkǒu	xìnyǎng
编纂	光泽	英勇	人口	信仰
wàikē	píngxíng	biāozhǔn	mùjuān	zhuānjiā
外科	平行	标准	募捐	专家
bó'ài	shǒufǎ	kāfēi	lǐjiě	miànlín
博爱	手法	咖啡	理解	面临
zēngzhǎng	tánhuáng	huàfēn	yǎnqián	jué·de
增长	弹簧	划分	眼前	觉得
dàoguà	shírì	luǒtǐ	suìshu	dàduō
倒挂	时日	裸体	岁数	大多
wēnnuǎn	pēitāi	méitàn	yōuliáng	tiàozao
温暖	胚胎	煤炭	优良	跳蚤
miáoxiě	nǚgōng	shìjì	cèmiàn	kuàbāo
描写	女工	世纪	侧面	挎包
xīn si	xiàoyòng	cuìruò	zhāngluo	yīnyuè
心思	效用	脆弱	张罗	音乐
nǎohǎi	láibīn	shǒudū	guǐliǎn	rìjì
脑海	来宾	首都	鬼脸	日记
fēnchéng	xiāngguān	yǎnjing	huàféi	tiěxiān
分成	相关	眼睛	化肥	铁锨
quèdìng	shèbèi	wéijiǎo	tiěguǐ	bōfēng
确定	设备	围剿	铁轨	波峰
fùyōng	wāqián	dǒusou	hánhu	gǎngkǒu
附庸	挖潜	抖擞	含糊	港口
suōduǎn	juānzèng	rìjiàn	lín zi	fēnsàn
缩短	捐赠	日渐	林子	分散
cōngmáng	héliú	fēngshèng	xuézhě	tú'àn
匆忙	河流	丰盛	学者	图案
cānguān	kuàijì	gēngzuò	gāoshàng	rè'nao
参观	会计	耕作	高尚	热闹
hǎozhuǎn	zuò'è	sìliào	qūfú	rìchéng
好转	作恶	饲料	屈服	日程
dǐzi	fēngsuǒ	gōngyòng	qícì	bǎocún
底子	封锁	功用	其次	保存

第三章 普通话字词训练

tàipíng 太平	fàngshè 放射	jiětuō 解脱	bómǔ 伯母	zhuànyou 转悠
zéguài 责怪	tiāntǐ 天体	zhuǎnbō 转播	àomàn 傲慢	xiǎodé 晓得
kuāyào 夸耀	shǐyòng 使用	shāngliang 商量	duǒshǎn 躲闪	fēicháng 非常
bǐfang 比方	kūnchóng 昆虫	rènéng 热能	cǎiqǔ 采取	jiāqiáng 加强
zhuózhòng 着重	rìhòu 日后	juédìng 决定	jiātíng 家庭	piānjiàn 偏见
zhōngyú 终于	bódà 博大	rìguāng 日光	qiángliè 强烈	hánliàng 含量
cèliáng 测量	guìxìng 贵姓	chuāngkǒu 窗口	bāozhuāng 包装	wàzi 袜子
lànyòng 滥用	màijìn 迈进	yángguāng 阳光	biāoyǔ 标语	zhēngfā 蒸发
hūnyīn 婚姻	juécè 决策	rènhé 任何	yányòng 沿用	tuīsuàn 推算
gāocháo 高潮	xiàoróng 笑容	huádòng 滑动	zhèngmíng 证明	shèhuì 社会
xiāngxia 乡下	méiyǒu 没有	jìngzi 镜子	bǔcháng 补偿	shāfā 沙发
huǒchē 火车	sǐbǎn 死板	jiāopiàn 胶片	juānkuǎn 捐款	zhànyòng 占用
bōgǔ 波谷	fēnmì 分泌	ruǎngǔ 软骨	ànzi 案子	qiàrú 恰如
guāngzhào 光照	qūyù 区域	bīnyú 濒于	páilou 牌楼	tiáokuǎn 条款
shùliàng 数量	bēicǎn 悲惨	xiǎoqi 小气	chéngchóng 成虫	cùyōng 簇拥
xīhan 稀罕	dǎkāi 打开	huàjuàn 画卷	yuèqiú 月球	zhǔnxǔ 准许
wèishēng 卫生	yāohe 吆喝	yōngdài 拥戴	zánmen 咱们	chéngfèn 成分
jǐyǔ 给予	bǐjiān 笔尖	mántou 馒头	qǐtǎo 乞讨	jǐngguān 景观

shēnhòu	wěntuǒ	záfèi	zhédié	nóngmín
深厚	稳妥	杂费	折叠	农民
yōnghù	guànniàn	zēngduō	háizi	kāishè
拥护	挂念	增多	孩子	开设
kuǎtái	wēiruò	zhǔtǐ	xiàncún	qiānguà
垮台	微弱	主体	现存	牵挂
yìrì	kuàiyào	shǎnguāng	zhírì	juésè
翌日	快要	闪光	值日	角色
bódé	shǎguā	róngdiǎn	chéngjiù	lìluo
博得	傻瓜	熔点	成就	利落
shàngbān	yuānwang	hǎiguān	àosàng	bìngyòng
上班	冤枉	海关	懊丧	并用
yùcè	xǐqìng	bójī	mùtou	wénxué
预测	喜庆	搏击	木头	文学
yěshēng	huángdòu			
野生	黄豆			

miàntiáor	hóngbāor	xìnr	jiānr
面条儿	红包儿	送信儿	坎肩儿
āigèr	tiàogāor	dòulèr	dàguàr
挨个儿	跳高儿	逗乐儿	大褂儿
tíchéngr	xiànzhóur	lèizhūr	dēngpàor
提成儿	线轴儿	泪珠儿	灯泡儿
miánqiúr	dànhuángr	máhuār	yáshuār
棉球儿	蛋黄儿	麻花儿	牙刷儿
dàwànr	xiǎoxiér	niántóur	dòuyár
大腕儿	小鞋儿	年头儿	豆芽儿
liáotiānr	suìbùr	lǎotóur	zuòhuór
聊天儿	碎步儿	老头儿	做活儿
máolǘr	túdīngr	yáqiānr	bèiwōr
毛驴儿	图钉儿	牙签儿	被窝儿
xiǎoshuōr	huāpíngr	huǒmiáor	xiǎotōur
小说儿	花瓶儿	火苗儿	小偷儿
dàshěnr	shōutānr	míngpáir	lǎoběnr
大婶儿	收摊儿	名牌儿	老本儿
nǎoguār	shālúnr	bàndàor	ěrchuír
脑瓜儿	砂轮儿	半道儿	耳垂儿

méipǔr 没谱儿	wéizuǐr 围嘴儿	hútòngr 胡同儿	luòkuǎnr 落款儿
yàofāngr 药方儿	xiǎochǒur 小丑儿	wányìr 玩意儿	fànhér 饭盒儿
zhǎochár 找茬儿	méndòngr 门洞儿	huǒguōr 火锅儿	hòugēnr 后跟儿
guǎiwānr 拐弯儿	xiǎowèngr 小瓮儿	chànggēr 唱歌儿	mìzǎor 蜜枣儿
liǎnpánr 脸盘儿	zàizhèr 在这儿	huǒxīngr 火星儿	lòuxiànr 露馅儿
dǎgér 打嗝儿	kāiqiàor 开窍儿	bíliángr 鼻梁儿	rényǐngr 人影儿
dàhuǒr 大伙儿	gēmenr 哥们儿	jiǔzhōngr 酒盅儿	shǒujuànr 手绢儿
yǒujìnr 有劲儿	kuàibǎnr 快板儿	diàojiàr 掉价儿	dànjuér 旦角儿
zhuājiūr 抓阄儿	chūquānr 出圈儿	méicír 没词儿	tiānchuāngr 天窗儿
tányúr 痰盂儿	ménlíngr 门铃儿	yānjuǎnr 烟卷儿	dùqír 肚脐儿
xiǎoqǔr 小曲儿	ménkǎnr 门槛儿	nàmènr 纳闷儿	shànmiànr 扇面儿
shǒutàor 手套儿	dǎmíngr 打鸣儿	jìshìr 记事儿	jiàohǎor 叫好儿
guārángr 瓜瓤儿	yǔdiǎnr 雨点儿	zhēnbír 针鼻儿	jiāsāir 加塞儿
méizhǔnr 没准儿	ménkǒur 门口儿	bīnggùnr 冰棍儿	chōukòngr 抽空儿
shízǐr 石子儿	xīnyǎnr 心眼儿	xiǎocōngr 小葱儿	juézhāor 绝着儿
lāliànr 拉链儿	pǎotuǐr 跑腿儿	suànbànr 蒜瓣儿	xiàohuar 笑话儿
gāngbèngr 钢镚儿	héqúnr 合群儿	yìdiǎnr 一点儿	màojiānr 冒尖儿
dāorènr 刀刃儿	yóuchuōr 邮戳儿		

jīxièhuà 机械化	dìxiàshuǐ 地下水	biāozhǔnhuà 标准化	pīngpāngqiú 乒乓球
zìránjiè 自然界	tàiyángxì 太阳系	cānyìyuàn 参议院	chuánrǎnbìng 传染病
shìjièguān 世界观	láodòngzhě 劳动者	wàngyuǎnjìng 望远镜	gōngchéngshī 工程师
niúzǎikù 牛仔裤	chángjǐnglù 长颈鹿	suǒyǒuzhì 所有制	zhǔrénwēng 主人翁
gēnjùdì 根据地	zhuómùniǎo 啄木鸟	lùyīnjī 录音机	gōngyǒuzhì 公有制
māotóuyīng 猫头鹰	guówùyuàn 国务院	láibují 来不及	kēxuéjiā 科学家
chuàngzàoxìng 创造性	bàngōngshì 办公室	jìnhuàlùn 进化论	zérèngǎn 责任感
bàndǎotǐ 半导体	ǒuránxìng 偶然性	shēngchǎnlì 生产力	hāmìguā 哈密瓜
qīngméisù 青霉素	tàiyángnéng 太阳能	hónglǐngjīn 红领巾	shǒugōngyè 手工业
zìzhìqū 自治区	biànzhèngfǎ 辩证法	tǐyùguǎn 体育馆	xiǎnwēijìng 显微镜
jīnsīhóu 金丝猴	níhóngdēng 霓虹灯	yíngguāngpíng 荧光屏	liúshēngjī 留声机
yíbèizi 一辈子	bāxiānzhuō 八仙桌	shénjīngzhì 神经质	fāngfǎlùn 方法论
nánbànqiú 南半球	kàobuzhù 靠不住	yìshùjiā 艺术家	gòngchǎndǎng 共产党
qīngyīnyuè 轻音乐	hézuòshè 合作社	dàxuéshēng 大学生	jīběngōng 基本功
wéishēngsù 维生素	láodònglì 劳动力	liǎngkǒuzi 两口子	yánjiūshēng 研究生
dǎnxiǎoguǐ 胆小鬼	chūfādiǎn 出发点	pànjuéshū 判决书	diànshìtái 电视台
měnggǔbāo 蒙古包	yòu'éryuán 幼儿园	rǎnsètǐ 染色体	huàwàiyīn 画外音
luóxuánjiǎng 螺旋桨			

yìsībùgǒu	búsùzhīkè	bùyán'éryù
一丝不苟	不速之客	不言而喻
yímùliǎorán	zhōu'érfùshǐ	fènbúgùshēn
一目了然	周而复始	奋不顾身
dúyīwú'èr	fēngqǐyúnyǒng	fēitóngxiǎokě
独一无二	风起云涌	非同小可
fēngchídiànchè	huànrányìxīn	dàxiāngjìngtíng
风驰电掣	焕然一新	大相径庭
hànliújiābèi	détiāndúhòu	hǎishìshènlóu
汗流浃背	得天独厚	海市蜃楼
yǔzhòngxīncháng	yǔrìjùzēng	chūlèibácuì
语重心长	与日俱增	出类拔萃
chàngsuǒyùyán	bùyuē'értóng	bùyǐwéirán
畅所欲言	不约而同	不以为然
yìyángdùncuò	yǒudìfàngshǐ	céngchūbùqióng
抑扬顿挫	有的放矢	层出不穷
déxīnyìngshǒu	chìshǒukōngquán	zìshǐzhìzhōng
得心应手	赤手空拳	自始至终
zhèn'ěryùlóng	zhūrúcǐlèi	fāngxīngwèi'ài
震耳欲聋	诸如此类	方兴未艾
gùmíngsīyì	gāogēnrxié	
顾名思义	高跟儿鞋	

第四章 朗读短文训练

第一节 朗读概说

一、什么是朗读

关于朗读,通常的定义是指把书面语言转化为发音规范的有声语言的一种再创作活动。把"朗读"定义到了"创作"的高度,很容易让普通话水平低的人对朗读心存畏惧。《现代汉语词典》把朗读解释为"清晰响亮地把文章念出来",简单明了,通俗易懂。这种解释更能体现普通话水平测试中朗读的特点,"清晰响亮"要求朗读者读音准确、规范、清晰,"念出来"就是通过朗读传情达意,回归到了朗读的自然面目。

朗读是朗读者在理解作品的基础上用语音塑造形象、反映生活、说明道理,基本要求是声音清晰、发音准确、语调自然、停连得当、节奏适中。

二、朗读的技巧

(一)语言表达的内部技巧

语言表达的内部技巧是正确理解作品。

在朗读前充分熟悉作品,了解作品的内容,把握作品的基调,在朗读中融入情感,准确表情达意,明确朗读的目的,心中有听者,产生对象感。

如果不理解作品的内容,拿来就读,会给人以有音无意,有声无情,有句无篇,支离破碎的感觉。朗读不是机械地单纯念字、见字出音,而是在语音规范的基础上更丰富、更完美地表情达意、言志传神地读。好的朗读能生动、准确、清晰地反映出书面语言所蕴含的信息和精神实质,从而加深听者对文章的理解,引发听者感情上的共鸣。

(二)语言表达的外部技巧

语言表达的外部技巧主要指朗读的语言表达技巧,就是抑、扬、顿、挫、轻、重、缓、急在语调上的运用,具体地说它包括停连、重音、语气、节奏、语速等。

停连包括两个方面,停指停顿、中止;连指连接、延续。停和连是有声语言的"标点符号",它不仅是朗读者、听众心理及生理上的自然要求,也是语义表达的重要手段。运用停连的原则是按文意、合文气、顺文势。停连在朗读中有调节气息、显示语气、突出重点等作用。合理的停连,可使话语表意清楚,有节奏感,增加有声语言的影响和魅力;不当的停连,会影响听者的理解,甚至会产生歧义和误解。

重音是指朗读或说话时,为突出地表达具体的语言目的和具体的思想感情,某些音节或词语发得比较重,这些着重强调的词或词组就是重音。一篇作品是由许多语句组成的,语句中的词或词组并不处于完全并列、同等重要的地位,其中,有的重要,有的次要,对那些重要的、主要的词或词组,朗读时要着重强调一下,以便突出地、明晰地表达出具体的语言目的和具体的思想感情。

语气是指一句话中能够表达说话人感情和态度的声音形式。每个语句既有内在的思想感情的色彩和分量,又有其外在的高低、强弱、快慢、虚实的声音形式,综合这两方面,我们称之为"语气"。语气是帮助传情达意的重要手段,不同的语气可以表达不同的思想感情,反映说话人对事物的不同态度。作品的思想感情诉诸词章文采,朗读时思想感情也诉诸声音气息。

语言的节奏就是指话语的徐疾、高低、长短、抑扬、轻重、虚实及音色的异同等对立因素,在一定时间内有规律地回环交替往复的声音组合形式。大千世界,事物本身就有各自的节奏,音乐舞蹈有节奏,人体运动有节奏,天体运行、江河奔流都有一定的节奏。朗读的节奏是指朗读者思想感情的波涌起伏在语音上形成的抑扬顿挫、轻重缓急、回环往复。

语速是指朗读时语言的快慢,它是体现语音节奏,表达作品思想感情的重要手段。语速有个人的特点,但在朗读中,语速快慢变化要适宜,否则会影响表达效果。如一味地开快车,听者思维会跟不上,来不及接受和理解,且容易发音不到位或读错。如一味地赶老牛车,一直低音匀读,像老和尚念经,听众会内心发急,提不起精神。快慢有节,才能很好地传情达意。

第二节 怎样准备短文朗读

一、从评分标准中得到启示

普通话水平测试中第三题,朗读短文1篇,400个音节,限时4分钟,共30分。测查应试人使用普通话朗读书面作品的水平。测查声母、韵母、声调读音准确程度的同时,重点测查连读音变、停连、语调以及流畅程度。评分标准是,每错一个音节扣0.1分,漏读或增读1个音节扣0.1分,声母或韵母的系统性缺陷视程度扣0.5分、1分;语调偏误视程度扣0.5分、1分、2分;停连不当视程度扣0.5分、1分、2分;朗读不流畅(包括回读)视程度扣0.5分、1分、2分;超时扣1分。

分析评分标准我们可以看出,第一,发音准确是重中之重。应试人应注意声母、韵母、声调的发音准确,在平时的训练中,要根据自己方言的特点,强化训练自己的难点音(如平翘舌音、边鼻音、前后鼻音等)和声调的准确、到位,尽可能避免语音系统性缺陷和语调偏误。第二,读音正确。要充分梳理作品60篇,注意生僻字、多音字、形近字等的读音,有针对性地找出重点难点字词,注意找出轻声、儿化、语流音变等内容,能准确地读出。第三,注意停连得当、朗读流畅。应试人应熟悉作品、正确理解作品,整体把握、反复试读,读准确、读清晰、读熟练,尽可能避免错读、漏读、增读、回读。

二、准备短文朗读的基本策略

(一)记忆生僻字

这类字词因为不太常用,所以很容易读错。应试人应把60篇作品中自己不认识的字词特别标记,集中起来逐一去记。

(二)留意多音字

在测试过程中,稍不留神就会把多音字一个音读成了另一个音,应该在平时多留意,多积累。

(三)区分形近字

在普通话水平测试中经常有应试人把一些字读混成形近字,有时是因为紧张,有时是因为粗心。在平时的训练准备过程中,应该有意识地去区分一些形近字,注意比较它们字形和发音的不同。

(四) 找出轻声词

方言区的人多数没有形成普通话轻声词的语感,很容易忽略一些常见的轻声词。轻声词有一定的规律可循,但也有不少需要我们去记。基础差的应试人最好把所有带轻声词的句子,集中起来,加强练习。

(五) 熟读外国人名地名

测试中外国人名地名经常被读错,一是因为陌生,二是因为比较长。训练的方法是熟读到顺口为止。以下是60篇作品中出现的一些较容易读错的外国人名和地名:布鲁诺、莱伊恩、彼得·弗雷特、列夫·托尔斯泰、里约热内卢、让·彼浩勒。

(六) 注意儿化、变调、变读

儿化是不少人朗读的难点,首先要掌握儿化发音的规律,找准舌位,反复练习。在60篇作品中,儿化词的出现有一定频率,出现较多的是作品5号,总共出现了4个,7次,如一阵儿、银条儿(2次)、雪球儿(3次)、雪末儿。儿化发音不到位的应试人,要多加强训练。

变调、变读也是朗读的难点,作品中主要有"一"、"不"的变调和"啊"的变读,其中"一"、"不"的变调几乎贯穿所有的60篇作品,需要重点掌握,最好的办法是掌握变调的规律,参照标注的拼音,多听录音,反复练习形成语感,直到脱口而出发出正确的读音。

(七) 总结作品中出现的语音难点

应试者可以在60篇作品中找出一些包含有某一语音难点的有代表性的句子,反复练习,以点带面,通过这些句子的练习带动整个语音面貌的改观。具体的训练方法是,反复练习带有该难点的词语,然后再在句子中不断练习,努力做到读得流利准确。

(八) 甩掉方言语调

方言语调是一个比较复杂的问题。朗读中声母的误读、韵母的误读、声调、轻重格式、语速、停顿等都能表现出方言语调的痕迹。甩掉方言语调是一个艰巨的任务,没有捷径可走,最好的办法是根据标准的普通话朗读作品录音多听、多练、多模仿,在直接的语感中去掌握标准的发音。

第三节 普通话水平测试朗读短文应试指导

朗读短文是培养普通话语感的有效途径。普通话水平测试第三项短文朗读测试应试人用普通话朗读书面材料的水平。朗读篇目由应试人从《普通话水平测试用朗读材料(60)篇》中随机抽取。评分以朗读材料的前400个音节为限,但应试人应将第400个音节所在的句子读完整。每错、漏、增、改一个音节,扣0.1分;声韵母系统性缺陷、语调偏误、停连不当、朗读不流畅(包括回读)都要视程度扣0.5分、1分、2分等;超时扣1分。

一、朗读要准确、清晰

(一)朗读要准确

准确,一是指普通话语音要准确,要把普通话语音的标准和规范放在首位,不能因注意内容和感情而忽略字音的准确性,或夹有大量的方音或完全用方言朗读。二是要完全忠于原文,按原文的语句去朗读,不掉字,不加字,不改字。记住,在普通话水平测试前两项中如果念错了字词允许及时改读一次,在第三项短文朗读中,就不允许改读了,错、漏、增、改,都算一个音节的错。所以,如果应试人有说话回读的习惯,请一定要克制,如果发现念错了,千万不能回读,否则只能是错上加错。

(二)字音要清晰

朗读的时候字音要清晰,防止把语流中间的某些字音"吃"掉,或读得含混不清。语流中的音变也较复杂,受前后音节的影响,上声、"一"、"不"、轻声、儿化、语气词"啊"的变读,还有不同的语气语调,都会影响朗读的语音面貌,因此朗读要清晰。

二、朗读要自然、流畅,语速适中

(一)朗读要自然

一要避免按字朗读的"念字式"朗读或"小和尚念经式"朗读,那样会割裂文章的语意,要把握好感情表达的分寸。短文朗读测试不同于朗诵表演,它主要是检测应试人的普通话水平,因此感情的表达要适度,既不可平直单调,又不可过于夸张,尤其不能过于追求形似,忽高忽低,或用虚声朗读,做出似乎感情十分丰富的样子。

(二)朗读要流畅

流畅是指不要中断,不要重复,语速不能过快或过慢。为了做到连贯流畅,朗读时视觉一定要有所提前。语言文字是信息的载体,语意之间是有联系的,当视觉看着文字符号,思维里已经存储了言语信息并随声读出,视觉又搜索着新的文字符号,这样循环往复,使朗读得以顺利进行。朗读时的视觉提前量一般是 3 至 5 个字,不能看到哪儿读到哪儿,要逼着视觉往前走。尤其不能用手指着读。要眼脑口并用,同步动作,让"看—想—说"在瞬间完成。另外,在学习训练过程中,要尽可能多地熟读 60 篇短文,不能存在侥幸心理,这样才能保证测试时的流畅。

(三)语速要适中

语速太快,容易出现含混不清的现象,或发音不到位,或两个音节合成一个音(比如西安念成 xiān),或出现错、漏、增、改的现象,导致失分增多;语速太慢,停顿过多,则容易将语句读得支离破碎,言不达意,影响整体的流畅度。

三、朗读不要出现方言语调

语调是所有语音现象在语流中整体的、综合的反映,涉及声韵、音调、轻重音、停连音变、语速和语气。如果这些因素都处理得当,符合普通话语音规范,就不会出现方言语调。如果这些因素有几项不规范,并且重复出现,就会给人以方言语调浓重的感觉。声调和语气在语调中是主要因素,因此,在训练中要特别注意声调的连续和语气配合的训练。

四、朗读短文测试的准备

(一)分析每一篇文章

朗读短文测试的准备主要在于平时的朗读训练。平时应对规定的朗读篇目从语音语调、结构层次、节奏停顿、语速快慢、感情基调等方面进行细致的分析,做到心中有数,甚至在书上画一些记号。同时每个应试人应该针对自己的实际,确定自己练习的重点,攻破自己的难点。比如有的人普通话某一方面的问题大,有的人语速把握不好等,应调整好自己的训练点,进行针对性训练。

(二)熟读每一篇文章

对规定的每一篇文章都要熟读。每一篇文章的分析和朗读是结合在一起进行的,边分析边朗读,边朗读边分析,对作品的内容才有深刻的理解,才能烂熟于心。不仅要熟读,还要对规定的朗读篇目有计划地安排,每一篇文章都要读上好几遍,不要存在侥幸心理,要打有准备之仗。

（三）每篇只念400个音节

60篇朗读作品篇幅长短不一,但是每一篇文章的中后段都有双斜线"//"标志,表示到此处即为400字。我们平常训练的时候只要念到双斜线为止就可以了。正式测试时,多读不会给你加分,但是少念肯定要被扣分。

第四节　朗读作品60篇及难点提示

为了方便学习者和应试者,我们对**新大纲普通话水平测试朗读作品六十篇**中的一些难点字词进行了注音。相关说明如下:

1. 轻声不标调。可轻可不轻的加间隔号,标调号,如"因为"标为yīn·wèi。

2. 儿化韵在原拼音后加"r",但必须按照儿化的音变规律发音。

3. 两个上声连读,"一"、"不"变调,按照变化后的读音标调。如"厂长"chǎngzhǎng→chángzhǎng、"一点"yīdiǎn→yìdiǎn、"不怕"bùpà→búpà。

4. 上声在非上声前,两个去声相连,依然标原调,但要注重按照变调的规律朗读。

作品1号

那是力争上游的一种树,笔直的干(gàn),笔直的枝。它的干呢,通常是丈把高,像是加以人工似的(shìde),一丈以内,绝无旁枝;它所有的桠枝(yāzhī)呢,一律向上,而且紧紧靠拢,也像是加以人工似的,成为一束,绝无横斜逸出;它的宽大的叶子也是片片(piàn)向上,几乎(jīhū)没有斜生的,更不用说倒垂了;它的皮,光滑而有银色的晕圈(yùnquān),微微泛出淡青色。这是虽在北方的风雪的压迫下却保持着倔强(juéjiàng)挺立的一种树！哪怕只有碗来粗细罢,它却努力向上发展,高到丈许,两丈,参天耸立,不折不挠(náo),对抗着西北风。

这就是白杨树,西北极普通的一种树,然而绝不是平凡的树！

它没有婆娑(pósuō)的姿态,没有屈曲(qūqū)盘旋的虬枝(qiúzhī),也许你要说它不美丽,——如果美是专指"婆娑"或"横斜逸出"之类而言,那么,白杨树算不得树中的好女子(nǚzǐ);但是它却是伟岸,正直,朴质,严肃,也不缺乏温和,更不用提它的坚强不屈与挺拔,它是树中的伟丈夫(zhàngfu)！当你在积雪初融的高原上走过,看见平坦的大地上傲然挺立这么一株或一排白杨树,难道你就只觉得树只是树,难道你就不想到它的朴质,严肃,坚强不屈,至少也象征了北方的农民;难道你竟一点儿(yìdiǎnr)也不联想到,在敌后的广大土//地上,到处有坚强不屈,就像这白杨树一样傲然挺立的守卫他们家乡的哨兵!难道你又不更远一点想到这样枝枝叶叶靠紧团结,力求上进的白杨树,宛然象征了今天在华北平原纵横决荡用血(xuè)写出新中国历史的那种精神(jīngshén)和意志。

节选自茅盾《白杨礼赞》

作品2号

两个同龄的年轻人同时受雇于一家店铺(diànpù),并且拿同样的薪水(xīnshuǐ)。可是一段时间后,叫阿诺德(Ā'nuòdé)的那个小伙子青云直上,而那个叫布鲁诺(Bùlǔnuò)的小伙子却仍(réng)在原地踏步。布鲁诺很不满意老板的不公正待遇。终于有一天他到老板那儿(nàr)发牢骚(láo·sāo)了。老板一边耐心地听着他的抱怨,一边在心里盘算(pánsuan)着怎样(zěnyàng)向他解释清楚(qīngchu)他和阿诺德之间的差别(chābié)。

"布鲁诺先生,"老板开口说话了,"您现在到集市上去一下,看看今天早上(zǎoshang)有什么(shénme)卖的。"

布鲁诺从集市上回来向老板汇报说,今早集市上只有一个农民拉了一车土豆在卖。

"有多少?"老板问。

布鲁诺赶快戴上帽子又跑到集上,然后回来告诉老板一共四十袋土豆。

"价格是多少?"

布鲁诺又第三次跑到集上问来了价格。

"好吧,"老板对他说,"现在请您坐到这把椅子上一句话也不要说,看看阿诺德怎么说。"

阿诺德很快就从集市上回来了。向老板汇报说到现在为止只有一个农民在卖土豆,一共四十口袋(kǒudai),价格是多少多少;土豆质量(zhìliàng)很不错,他带回来一个让老板看看。这个农民一个钟头(zhōngtóu)以后还会弄(nòng)来几箱西红柿,据他看价格非常公道(gōngdào)。昨天他们铺子的西红柿卖得很快,库存已经不//多了。他想这么便宜(piányi)的西红柿,老板肯定会要进一些的,所以他不仅带回了一个西红柿做样品,而且把那个农民也带来了,他现在正在外面等回话呢。

此时老板转向了布鲁诺,说:"现在您肯定知道为什么阿诺德的薪水比您高了吧!"

节选自张健鹏、胡足青主编《故事时代》中《差别》

作品 3 号

我常常遗憾我家门前那块丑石:它黑黝黝(hēiyōuyōu 或 hēiyǒuyǒu)地卧在那里,牛似的(shìde)模样(múyàng);谁也不知道是什么(shénme)时候(shíhou)留在这里的,谁也不去理会它。只是麦收时节,门前摊了麦子,奶奶总是说:这块丑石,多占地面呀,抽空把它搬走吧。

它不像汉白玉那样的细腻(xìnì),可以刻字雕花,也不像大青石那样的光滑,可以供(gōng)来浣纱(huànshā)捶布。它静静地卧在那里,院边的槐阴没有庇覆(bìfù)它,花儿(huā'ér)也不在它身边生长。荒草便繁衍(fányǎn)出来,枝蔓(zhīmàn)上下,慢慢地,它竟锈上了绿苔(lǜtái)、黑斑。我们这些做孩子的,也讨厌起它来,曾合伙要搬走它,但力气(lìqi)又不足;虽时时咒骂(zhòumà)它,嫌弃(xiánqì)它,也无可奈何,只好任它留在那里了。

终有一日,村子里来了一个天文学家。他在我家门前路过,突然发现了这块石头,眼光立即(lìjí)就拉直了。他再没有离开,就住了下来;以后又来了好些人,都说这是一块陨石(yǔnshí),从天上落下来已经有二三百年了,是一件了不起(liǎobuqǐ)的东西(dōngxi)。不久便来了车,小心翼翼地将它运走了。

这使我们都很惊奇。这又怪又丑的石头,原来是天上的啊(ya)!它补过天,在天上发过热、闪过光,我们的先祖或许仰望过它,它给了他们光明、向往、憧憬(chōngjǐng);而它落下来了,在污土里,荒草里,一躺就//是几百年了!

我感到自己的无知,也感到了丑石的伟大,我甚至怨恨它这么多年竟会默默地忍受着这一切!而我又立即深深地感到它那种不屈于误解、寂寞的生存的伟大。

节选自贾平凹《丑石》

作品 4 号

在达瑞(Dáruì)八岁的时候(shíhou),有一天他想去看电影。因为(yīn·wèi)没有钱,他想是向爸妈要钱,还是自己挣钱(zhèngqián)呢?最后他选择了后者。他自己调制(tiáozhì)了一种汽水,向过路的行人出售。可那时正是寒冷的冬天,没有人买,只有两个人例外——他的爸爸和妈妈。

他偶然得到一个和非常成功的商人谈话的机会。当他对商人讲述了自己的"破产史"后,商人给了他两个重要的建议:一是尝试为别人解决一个难题;二是把精力集中在你知道的、你会的和你拥有的东西(dōngxi)上。

这两个建议很关键。因为对于一个八岁的孩子而言,他不会做的事情(shìqing)很多。于是他穿过大街小巷,不停地思考:人们会有什么(shénme)难题,他又如何利用这个机会?

一天,吃早饭时父亲(fù·qīn)让达瑞去取报纸。美国的送报员总是把报纸从花园篱笆(líba)的一个特制的管子里塞(sāi)进来。假如你想穿着睡衣舒舒服服(shūshūfúfú 或 shūshūfūfú)地吃早饭和看报纸,就必须离开温暖的房间,冒着寒风,到花园去取。虽然路短,但十分麻烦(máfan)。

当达瑞为父亲取报纸的时候,一个主意(zhǔyi 或 zhúyi)诞生了。当天(dàngtiān)他就按响邻居(línjū)的门铃,对他们说,每个月只需付给他一美元,他就每天早上把报纸塞到他们的房门底下。大多数人都同意了,很快他有//了七十多个顾客。一个月后,当他拿到自己赚(zhuàn)的钱时,觉得自己简直是飞上了天。

很快他又有了新的机会,他让他的顾客每天把垃圾(lājī)袋放在门前,然后由他早上运到垃圾桶里,每个月加一美元。之后他还想出了许多孩子赚钱的办法,并把它集结(jíjié)成书,书名为《儿童挣钱的二百五十个主意》。为此,达瑞十二岁时就成了畅销书作家,十五岁有了自己的谈话节目,十七岁就拥有了几百万美元。

节选自[德]费舍尔《达瑞的故事》,刘志明译

作品5号

这是入冬以来,胶东半岛上第一场雪。

雪纷纷扬扬(fēnfēnyángyáng),下得很大。开始还伴着一阵儿(yízhènr)小雨,不久就只见大片大片的雪花,从彤云(tóngyún)密布的天空中飘落下来。地面上一会儿(yíhuìr)就白了。冬天的山村,到了夜里就万籁俱寂(wànlài-jùjì),只听得雪花簌簌地(sùsù de)不断往下落,树木的枯枝被雪压断了,偶尔咯吱一声响。

大雪整整下了一夜。今天早晨,天放晴了,太阳出来了。推开门一看,嗬!

好大的雪啊(ya)！山川、河流、树木、房屋,全都罩上了一层厚厚的雪,万里江山,变成了粉妆玉砌的世界。落光了叶子的柳树上挂满了毛茸茸(máoróngróng)亮晶晶的银条儿(yíntiáor);而那些冬夏常青的松树和柏树(bǎishù)上,则挂满了蓬松松沉甸甸(chéndiàndiàn)的雪球儿(xuěqiúr)。一阵风吹来,树枝轻轻地摇晃,美丽的银条儿和雪球儿簌簌地落下来,玉屑(yùxiè)似的(shìde)雪末儿(xuěmòr)随风飘扬,映着清晨的阳光,显出一道道五光十色的彩虹。

大街上的积雪足有一尺多深,人踩上去,脚底下发出咯吱咯吱的响声。一群群孩子在雪地里堆雪人、掷(zhì)雪球儿,那欢乐的叫喊声,把树枝上的雪都震落下来了。

俗话说,"瑞雪兆丰年"。这个话有充分的科学根据,并不是一句迷信的成语。寒冬大雪,可以冻死一部分越冬的害虫;融化了的水渗(shèn)进土层深处,又能供应(gōngyìng)∥庄稼(zhuāngjia)生长的需要。我相信这一场十分及时的大雪,一定会促进明年春季作物,尤其是小麦的丰收。有经验的老农把雪比做是"麦子的棉被"。冬天"棉被"盖得越厚,明春麦子就长得越好,所以又有这样一句谚语:"冬天麦盖三层被,来年枕着馒头(mántou)睡。"

我想,这就是人们为什么(wèishénme)把及时的大雪称为"瑞雪"的道理吧。

节选自峻青《第一场雪》

作品6号

我常想读书人是世间幸福人,因为(yīn·wèi)他除了拥有现实的世界之外,还拥有另一个更为(gèngwéi)浩瀚(hàohàn)也更为丰富的世界。现实的世界是人人都有的,而后一个世界却为(wéi)读书人所独有。由此我想,那些失去或不能阅读的人是多么的不幸,他们的丧失(sàngshī)是不可补偿的。世间有诸多(zhūduō)的不平等,财富的不平等,权力的不平等,而阅读能力的拥有或丧失却体现为精神的不平等。

一个人的一生,只能经历自己拥有的那一份欣悦,那一份苦难,也许再加上他亲自闻知的那一些关于自身以外的经历和经验。然而,人们通过阅读,却能进入不同时空的诸多他人的世界。这样,具有阅读能力的人,无形间获得(huòdé)了超越有限生命的无限可能性。阅读不仅使他多识了草木虫鱼之名,而且可以上溯(shàngsù)远古下及未来,饱览存在的与非存在的奇风异俗。

　　更为重要的是,读书加惠于人们的不仅是知识(zhīshi)的增广,而且还在于精神的感化与陶冶(táoyě)。人们从读书学做人,从那些往哲先贤以及当代才俊的著述中学得(xuédé)他们的人格。人们从《论语》(Lúnyǔ)中学得智慧的思考,从《史记》中学得严肃的历史精神,从《正气歌》中学得人格的刚烈,从马克思(Mǎkèsī)学得人世//的激情,从鲁迅学得批判精神,从托尔斯泰(Tuō'ěrsītài)学得道德的执着(zhízhuó)。歌德(Gēdé)的诗句刻写着睿智(ruìzhì)的人生,拜伦(Bàilún)的诗句呼唤着奋斗的热情。一个读书人,一个有机会拥有超乎个人生命体验的幸运人。

——节选自谢冕《读书人是幸福人》

作品7号

　　一天,爸爸下班回到家已经很晚了,他很累也有点儿(yóudiǎnr)烦,他发现五岁的儿子(érzi)靠在门旁正等着他。

　　"爸,我可以问您一个问题吗?"

　　"什么(shénme)问题?""爸,您一小时可以赚多少钱?""这与(yǔ)你无关,你为什么问这个问题?"父亲生气地说。

　　"我只是想知道,请告诉我,您一小时赚多少钱?"小孩儿(xiǎohái r)哀求道。"假如你一定要知道的话,我一小时赚二十美金。"

　　"哦,"小孩儿低下了头,接着又说,"爸,可以借我十美金吗?"父亲发怒了:"如果你只是要借钱去买毫无意义的玩具的话,给我回到你的房间睡觉去。好好想想为什么你会那么自私。我每天辛苦工作,没时间和你玩儿(wánr)小孩子(xiǎoháizi)的游戏。"

　　小孩儿默默地回到自己的房间关上门。

　　父亲坐下来还在生气。后来,他平静下来了。心想他可能对孩子太凶了——或许孩子真的很想买什么东西,再说他平时很少要过钱。

　　父亲走进孩子的房间:"你睡了吗?""爸,还没有,我还醒着。"孩子回答。

　　"我刚才可能对你太凶了,"父亲说,"我不应该(yīnggāi)发那么大的火儿(huǒr)——这是你要的十美金。""爸,谢谢您。"孩子高兴地从枕头(zhěntou)下拿出一些被弄皱的钞票,慢慢地数着。

　　"为什么你已经有钱了还要?"父亲不解地问。

　　"因为(yīn·wèi)原来不够,但现在凑够了。"孩子回答:"爸,我现在有//

二十美金了,我可以向您买一个小时的时间吗?明天请早一点儿(yìdiǎnr)回家——我想和您一起吃晚餐。"

节选自唐继柳编译《二十美金的价值》

作品8号

我爱月夜,但我也爱星天。从前在家乡七八月的夜晚在庭院里纳凉的时候,我最爱看天上密密麻麻(mìmìmámá)的繁星。望着星天,我就会忘记一切,仿佛(fǎngfú)回到了母亲的怀里似的(shìde)。

三年前在南京我住的地方(dìfang)有一道后门,每晚我打开后门,便看见一个静寂(jìngjì)的夜。下面是一片菜园,上面是星群密布的蓝天。星光在我们的肉眼里虽然微小,然而它使我们觉得(juéde)光明无处不在。那时候我正在读一些天文学的书,也认得(rènde)一些星星(xīngxing),好像它们就是我的朋友(péngyou),它们常常在和我谈话一样。

如今在海上,每晚和繁星相对,我把它们认得(rènde)很熟(shú)了。我躺在舱面上,仰望(yǎngwàng)天空。深蓝色的天空里悬着无数半明半昧(bànmíngbànmèi)的星。船在动,星也在动,它们是这样低,真是摇摇欲坠(yáoyáoyùzhuì)呢!渐渐地我的眼睛模糊(móhu)了,我好像看见无数萤火虫在我的周围飞舞。海上的夜是柔和的,是静寂的,是梦幻的。我望着许多认识(rènshi)的星,我仿佛看见它们在对我眨眼(zhǎyǎn),我仿佛听见它们在小声说话。这时我忘记了一切。在星的怀抱中我微笑着,我沉睡着。我觉得自己是一个小孩子,现在睡在母亲的怀里了。

有一夜,那个在哥伦波(Gēlúnbō)上船的英国人指给我看天上的巨人。他用手指着://那四颗明亮的星是头,下面的几颗是身子(shēnzi),这几颗是手,那几颗是腿和脚,还有三颗星算是腰带。经他这一番指点,我果然看清楚(qīngchu)了那个天上的巨人。看,那个巨人还在跑呢!

节选自巴金《繁星》

作品9号

假日(jiàrì)到河滩上转转,看见许多孩子在放风筝(fēngzheng)。一根根长长的引线,一头(yìtóu)系(jì)在天上,一头系在地上,孩子同风筝都在天与地之间悠荡,连心也被悠荡得恍恍惚惚了,好像又回到了童年。

儿时放的风筝,大多是自己的长辈或家人编扎(biānzā)的,几根削(xiāo)得很薄(báo)的篾(miè),用细纱线扎成各种鸟兽的造型,糊(hú)上雪白的纸片,再用彩笔勾勒出面孔与翅膀的图案。通常扎得最多的是"老雕""美人儿(rénr)""花蝴蝶"等。

我们家前院就有位叔叔,擅扎风筝,远近闻名。他扎的风筝不只体型好看,色彩艳丽,放飞得高远,还在风筝上绷一叶用蒲苇(púwěi)削成的膜片,经风一吹,发出"嗡嗡(wēngwēng)"的声响,仿佛(fǎngfú)是风筝的歌唱,在蓝天下播扬,给开阔的天地增添了无尽的韵味,给驰荡的童心带来几分疯狂。

我们那条胡同(hútong)的左邻右舍的孩子们放的风筝几乎(jīhū)都是叔叔编扎的。他的风筝不卖钱,谁上门去要,就给谁,他乐意自己贴钱买材料。

后来,这位叔叔去了海外,放风筝也渐与孩子们远离了。不过年年叔叔给家乡写信,总不忘提起儿时的放风筝。香港回归之后,他的家信中说到,他这只被故乡放飞到海外的风筝,尽管飘荡游弋(yóuyì),经沐(mù)风雨,可那线头儿(xiàntóur)一直在故乡和//亲人手中牵着,如今飘得太累了,也该要回归到家乡和亲人身边来了。

是的。我想,不光是叔叔,我们每个人都是风筝,在妈妈手中牵着,从小放到大,再从家乡放到祖国最需要的地方去啊(ya)!

节选自李恒瑞《风筝畅想曲》

作品10号

爸不懂得(dǒngdé)怎样表达爱,使我们一家人融洽(róngqià)相处(xiāngchǔ)的是我妈。他只是每天上班下班,而妈则把我们做过的错事开列清单,然后由他来责骂我们。

有一次我偷了一块糖果,他要我把它送回去,告诉(gàosu)卖糖的说是我偷来的,说我愿意替他拆箱卸货(xièhuò)作为赔偿。但妈妈(māma)却明白(míngbai)我只是个孩子(háizi)。

我在运动场打秋千跌断了腿,在前往医院的途中一直抱着我的,是我妈。爸把汽车停在急诊室(shì)门口,他们叫他驶开,说那空位(kòngwèi)是留给紧急车辆停放的。爸听了便叫嚷道:"你以为这是什么(shénme)车?旅游车?"

在我生日会上,爸总是显得有些不大相称(xiāngchèn)。他只是忙于吹气球,布置餐桌,做杂务。把插着蜡烛的蛋糕推过来让我吹的,是我妈。

我翻阅照相册时,人们总是问:"你爸爸(bàba)是什么样子的?"天晓得!他老是忙着替别人拍照。妈和我笑容可掬(xiàoróng-kějū)地一起拍的照片(zhàopiàn),多得不可胜数(bùkě-shèngshǔ)。

我记得妈有一次叫他教(jiāo)我骑自行车。我叫他别放手,但他却说是应该放手的时候(shíhou)了。我摔倒之后,妈跑过来扶我,爸却挥手要她走开。我当时生气极了,决心要给他点儿(diǎnr)颜色看。于是我马上爬上自行车,而且自己骑给他看。他只是微笑。

我念大学时,所有的家信都是妈写的。他//除了寄支票外,还寄过一封短柬(duǎnjiǎn)给我,说因为(yīn·wèi)我不在草坪上踢足球了,所以他的草坪长得很美。

每次我打电话回家,他似乎(sìhū)都想跟我说话,但结果(jiéguǒ)总是说:"我叫你妈来接。"

我结婚(jiéhūn)时,掉眼泪的是我妈。他只是大声擤(xǐng)了一下鼻子(bízi),便走出房间。

我从小到大都听他说:"你到哪里去?什么时候回家?汽车有没有汽油?不,不准去。"爸完全不知道怎样表达爱。除非……

会不会是他已经表达了而我却未能察觉?

节选自[美]艾尔玛·邦贝克《父亲的爱》

作品 11 号

一个大问题一直盘踞在我脑袋(nǎodai)里:

世界杯怎么(zěnme)会有如此巨大的吸引力?除去足球本身的魅力之外,还有什么超乎其上而更伟大的东西(dōngxi)?

近来观看世界杯,忽然从中得到了答案:是由于一种无上崇高的精神(jīngshén)情感——国家荣誉感!

地球上的人都会有国家的概念,但未必时时都有国家的感情。往往人到异国,思念家乡,心怀故土,这国家概念就变得有血(xiě)有肉,爱国之情来得非常具体。而现代社会,科技昌达,信息快捷,事事上网,世界真是太小太小,国家的界限似乎(sìhū)也不那么清晰了。再说足球正在快速世界化,平日里各国球员频繁转会(zhuǎnhuì),往来随意,致使越来越多的国家联赛都具有国际的因素。球员们不论国籍,只效力于自己的俱乐部,他们比赛时的激情中完全没有爱国主义的因子(yīnzǐ)。

第四章　朗读短文训练

　　然而,到了世界杯大赛,天下大变。各国球员都回国效力,穿上与光荣的国旗同样色彩的服装。在每一场比赛前,还高唱国歌以宣誓对自己祖国的挚爱(zhì'ài)与忠诚。一种血缘(xuèyuán)情感开始在全身的血管(xuèguǎn)里燃烧起来,而且立刻热血(rèxuè)沸腾。

　　在历史时代,国家间经常发生对抗,好男儿(nán'ér)戎装(róngzhuāng)卫国。国家的荣誉往往需要以自己的生命去换//取。但在和平时代,唯有这种国家之间大规模对抗性的大赛,才可以唤起那种遥远而神圣的情感,那就是:为祖国而战!

节选自冯骥才《国家荣誉感》

作品12号

　　夕阳落山不久,西方的天空,还燃烧着一片橘红色的晚霞。大海,也被这霞光染成了红色,而且比天空的景色更要壮观。因为(yīn·wèi)它是活动的,每当一排排波浪涌起的时候(shíhou),那映照在浪峰上的霞光,又红又亮,简直就像一片片霍霍燃烧着的火焰,闪烁着,消失了。而后面的一排,又闪烁着,滚动着,涌了过来。

　　天空的霞光渐渐地淡下去了,深红的颜色变成了绯红(fēihóng),绯红又变为(wéi)浅红。最后,当这一切红光都消失了的时候,那突然显得高而远了的天空,则呈现(chéngxiàn)出一片肃穆的神色。最早出现的启明星,在这蓝色的天幕上闪烁起来了。它是那么大,那么亮,整个广漠的天幕上只有它在那里放射着令人注目的光辉,活像一盏悬挂在高空的明灯。

　　夜色加浓,苍空中的"明灯"越来越多了。而城市各处的真的灯火也次第亮了起来,尤其是围绕(wéirào)在海港周围山坡上的那一片灯光,从半空倒映在乌蓝的海面上,随着波浪,晃动着,闪烁着,像一串流动着的珍珠,和那一片片密布在苍穹(cāngqióng)里的星斗(xīngdǒu)互相辉映,煞(shà)是好看。

　　在这幽美的夜色中,我踏着软绵绵(ruǎnmiánmián)的沙滩,沿着海边,慢慢地向前走去。海水,轻轻地抚摸着细软的沙滩,发出温柔的//刷刷声。晚来的海风,清新而又凉爽。我的心里,有着说不出的兴奋(xīngfèn)和愉快。

　　夜风轻飘飘地吹拂(chuīfú)着,空气中飘荡着一种大海和田禾相混合(hùnhé)的香味儿,柔软的沙滩上还残留着白天太阳炙晒(zhìshài)的余温。那些在各个工作岗位上劳动了一天的人们,三三两两地来到这软绵绵的沙滩

· 119 ·

上,他们浴着凉爽的海风,望着那缀满了星星的夜空,尽情地说笑,尽情地休憩(xiūqì)。

节选自峻青《海滨仲夏夜》

作品 13 号

　　生命在海洋里诞生绝不是偶然的,海洋的物理和化学性质,使它成为孕育(yùnyù)原始生命的摇篮。

　　我们知道,水是生物的重要组成部分,许多动物组织的含水量在百分之八十以上,而一些海洋生物的含水量高达百分之九十五。水是新陈代谢(xīnchéndàixiè)的重要媒介(méijiè),没有它,体内的一系列生理和生物化学反应就无法进行,生命也就停止。因此,在短时期内动物缺水要比缺少食物更加危险。水对今天的生命是如此重要,它对脆弱的原始生命,更是举足轻重(jǔzúqīngzhòng)了。生命在海洋里诞生,就不会有缺水之忧。

　　水是一种良好的溶剂。海洋中含有许多生命所必需的无机盐,如氯化钠(lǜhuànà)、氯化钾、碳酸盐、磷酸盐(línsuānyán),还有溶解氧,原始生命可以毫不费力地从中吸取它所需要的元素。

　　水具有很高的热容量,加之海洋浩大,任凭夏季烈日曝晒(pùshài),冬季寒风扫荡,它的温度变化却比较(bǐjiào)小。因此,巨大的海洋就像是天然的"温箱"。是孕育原始生命的温床。

　　阳光虽然为(wéi)生命所必需,但是阳光中的紫外线却有扼杀(èshā)原始生命的危险。水能有效地吸收紫外线,因而(yīn'ér)又为(wèi)原始生命提供(tígōng)了天然的"屏障"(píngzhàng)。

　　这一切都是原始生命得以产生和发展的必要条件。//

节选自童裳亮《海洋与生命》

作品 14 号

　　读小学的时候(shíhou),我的外祖母去世了。外祖母生前最疼爱我,我无法排除自己的忧伤,每天在学校的操场上一圈儿(yìquānr)又一圈儿地跑着,跑得累倒在地上,扑在草坪上痛哭。

　　那哀痛的日子(rìzi),断断续续(duànduànxùxù)地持续了很久,爸爸(bàba)妈妈(māma)也不知道如何安慰我。他们知道与其(yǔqí)骗我说外祖母睡着(shuìzháo)了,还不如对我说实话:外祖母永远不会回来了。

"什么(shénme)是永远不会回来呢?"我问着。

"所有时间里的事物,都永远不会回来。你的昨天过去,它就永远变成昨天,你不能再回到昨天。爸爸以前也和你一样小,现在也不能回到你这么(zhème)小的童年了;有一天你会长大,你会像外祖母一样老;有一天你度过了你的时间,就永远不会回来了。"爸爸说。

爸爸等于给我一个谜语,这谜语比课本上的"日历挂在墙壁,一天撕去一页,使我心里着急(zháojí)"和"一寸光阴一寸金,寸金难买寸光阴"还让我感到可怕;也比作文本上的"光阴似(sì)箭,日月如梭"更让我觉得(jué·dé)有一种说不出的滋味。

时间过得那么飞快,使我的小心眼儿(xīnyǎnr)里不只是着急,还有悲伤。有一天我放学回家,看到太阳快落山了,就下决心说:"我要比太阳更快地回家。"我狂奔回去,站在庭院前喘气的时候,看到太阳//还露着(lòuzhe)半边脸,我高兴地跳跃(tiàoyuè)起来,那一天我跑赢了太阳。以后我就时常做那样的游戏,有时和太阳赛跑,有时和西北风比快,有时一个暑假(shǔjià)才能做完的作业,我十天就做完了;那时我三年级,常常把哥哥五年级的作业拿来做。每一次比赛胜过时间,我就快乐(kuàilè)得不知道怎么(zěnme)形容。

如果将来我有什么要教(jiāo)给我的孩子,我会告诉(gàosu)他:假若(jiǎruò)你一直和时间比赛,你就可以成功!

节选自林清玄《和时间赛跑》

作品15号

三十年代初,胡适(Hú Shì)在北京大学任教授。讲课时他常常对白话文大加称赞(chēngzàn),引起一些只喜欢文言文而不喜欢白话文的学生(xuésheng)的不满。

一次,胡适正讲得得意的时候(shíhou),一位姓魏的学生突然站了起来,生气地问:"胡先生,难道说白话文就毫无缺点吗?"胡适微笑着回答说:"没有。"那位学生更加激动了:"肯定有!白话文废话太多,打电报用字多,花钱多。"胡适的目光顿时变亮了。轻声地解释说:"不一定吧!前几天有位朋友(péngyou)给我打来电报,请我去政府部门工作,我决定不去,就回电拒绝了。复电是用白话写的,看来也很省字。请同学们根据我这个意思(yìsi),用文言文写一个回电,看看究竟是白话文省字,还是文言文省字?"胡教授刚说完,同学们立刻认真地写了起来。

十五分钟过去,胡适让同学举手,报告用字的数目,然后挑了一份用字最少的文言电报稿,电文是这样写的:

"才疏学浅,恐难胜任,不堪从命。"白话文的意思是:学问不深,恐怕很难担任这个工作,不能服从安排。

胡适说,这份写得确实不错,仅用了十二个字。但我的白话电报却只用了五个字:

"干不了(gànbuliǎo),谢谢(xièxie)!"

胡适又解释说:"干不了"就有才疏学浅、恐难胜任的意思;"谢谢"既//对朋友的介绍表示感谢,又有拒绝的意思。所以,废话多不多,并不看它是文言文还是白话文,只要注意选用字词,白话文是可以比文言文更省字的。

节选自陈灼主编《实用汉语中级教程》(上)中《胡适的白话电报》

作品 16 号

很久以前,在一个漆黑的秋天的夜晚,我泛舟在西伯利亚一条阴森森的河上。船到一个转弯处,只见前面黑黢黢(hēiqūqū)的山峰下面一星火光蓦地(mòdì)一闪。

火光又明又亮,好像就在眼前……

"好啦,谢天谢地!"我高兴地说,"马上(mǎshàng)就到过夜的地方(dìfang)啦!"

船夫扭头朝身后的火光望了一眼,又不以为然地划起桨来。

"远着呢!"

我不相信他的话,因为(yīn·wèi)火光冲破朦胧(ménglóng)的夜色,明明在那儿(nàr)闪烁(shǎnshuò)。不过船夫是对的,事实上,火光的确(díquè)还远着呢。

这些黑夜的火光的特点是,驱散黑暗,闪闪发亮,近在眼前,令人神往。乍一看,再划几下就到了……其实却还远着呢!……

我们在漆黑如墨的河上又划了很久。一个个峡谷和悬崖,迎面驶来,又向后移去,仿佛(fǎngfú)消失在茫茫的远方,而火光却依然停在前头(qiántou),闪闪发亮,令人神往——依然是这么近,又依然是那么远……

现在,无论是这条被悬崖峭壁(qiàobì)的阴影笼罩的漆黑的河流,还是那一星明亮的火光,都经常浮现在我的脑际,在这以前和在这以后,曾有许多火光,似乎(sìhū)近在咫尺(zhíchǐ),不止使我一人心驰神往。可是生活之河却仍然在那阴森森的两岸之间流着,而火光也依旧非常遥远。因此,必须加劲划桨……

然而,火光啊(nga)……毕竟……毕竟就//在前头(qiántou)!……

节选自[俄]柯罗连科《火光》,张铁夫译

作品17号

对于一个在北平住惯的人,像我,冬天要是不刮风,便觉得(juéde)是奇迹;济南(Jǐnán)的冬天是没有风声的。对于一个刚由伦敦回来的人,像我,冬天要能看得见日光,便觉得是怪事;济南的冬天是响晴的。自然,在热带的地方(dìfang),日光永远是那么(nàme)毒,响亮的天气,反有点儿(yóudiǎnr)叫人害怕。可是,在北中国的冬天,而能有温晴的天气,济南真得(děi)算个宝地。

设若单单是有阳光,那也算不了(suànbuliǎo)出奇。请闭上眼睛(yǎnjing)想:一个老城,有山有水,全在天底下晒着阳光,暖和(nuǎnhuo)安适地睡着,只等春风来把它们唤醒,这是不是理想的境界?小山整把济南围了个圈儿(quānr),只有北边缺着点口儿(kǒur)。这一圈小山在冬天特别可爱,好像是把济南放在一个小摇篮里,它们安静不动地低声地说:"你们放心吧,这儿(zhèr)准保暖和。"真的,济南的人们在冬天是面上含笑的。他们一看那些小山,心中便觉得有了着落(zhuóluò),有了依靠。他们由天上看到山上,便不知不觉地想起:"明天也许就是春天了吧?这样的温暖,今天夜里山草也许就绿起来了吧?"就是这点儿幻想不能一时实现,他们也并不着急(zháojí),因为(yīn·wèi)这样慈善的冬天,干什么(shénme)还希望别的呢!

最妙的是下点儿小雪呀。看吧,山上的矮松越发的青黑,树尖儿(jiānr)上//顶着一髻儿(jìr)白花,好像日本看护妇(kānhùfù)。山尖儿全白了,给蓝天镶(xiāng)上一道银边(yínbiān)。山坡上,有的地方雪厚点儿,有的地方草色还露(lòu)着;这样,一道儿白,一道儿暗黄,给山们穿上一件带水纹儿(shuǐwénr)的花衣;看着看着,这件花衣好像被风儿(fēng'ér)吹动,叫你希望看见一点儿更美的山的肌肤。等到快日落的时候(shíhou),微黄的阳光斜射在山腰上,那点儿薄(báo)雪好像忽然害羞,微微露(lòu)出点儿粉色。就是下小雪吧,济南是受不住(shòubuzhù)大雪的,那些小山太秀气(xiùqi)。

节选自老舍《济南的冬天》

作品 18 号

　　纯朴的家乡村边有一条河,曲曲弯弯(qūqūwānwān),河中架一弯石桥,弓样的小桥横跨两岸。

　　每天,不管是鸡鸣晓月、日丽中天,还是月华泻地,小桥都印下串串足迹(zújì),洒落串串汗珠。那是乡亲(xiāngqīn)为了追求多棱(duōléng)的希望,兑现(duìxiàn)美好的遐想(xiáxiǎng)。弯弯小桥,不时荡过轻吟低唱,不时露出(lùchū)舒心的笑容。

　　因而,我稚小(zhìxiǎo)的心灵,曾将心声献给小桥:你是一弯银色的新月,给人间普照光辉;你是一把闪亮的镰刀,割刈(gēyì)着欢笑的花果;你是一根晃悠悠的扁担(biǎndan),挑起(tiāoqǐ)了彩色的明天!哦,小桥走进我的梦中。

　　我在飘泊(piāobó)他乡的岁月,心中总涌动(yǒngdòng)着故乡的河水,梦中总看到弓样的小桥。当我访南疆探北国,眼帘闯进座座雄伟的长桥时,我的梦变得丰满了,增添了赤橙黄绿青蓝紫。

　　三十多年过去,我带着满头霜花回到故乡,第一(dì-yī)紧要的便是去看望小桥。

　　啊!小桥呢?它躲起来了?河中一道长虹,浴着朝霞熠熠(yìyì)闪光。哦,雄浑的大桥敞开胸怀,汽车的呼啸、摩托(mótuō)的笛音、自行车的叮铃,合奏着进行交响乐;南来的钢筋、花布,北往的柑橙、家禽,绘出交流欢悦图……

　　啊!蜕变(tuìbiàn)的桥,传递了家乡进步的消息(xiāoxi),透露了家乡富裕的声音。时代的春风,美好的追求,我蓦地(mòdì)记起儿时唱//给小桥的歌,哦,明艳艳(míngyànyàn)的太阳照耀了,芳香甜蜜的花果捧来了,五彩斑斓(bānlán)的岁月拉开了!

　　我心中涌动的河水,激荡起甜美的浪花。我仰望一碧蓝天,心底轻声呼喊:家乡的桥啊(wa),我梦中的桥!

节选自郑莹《家乡的桥》

作品 19 号

　　三百多年前,建筑设计师莱伊恩(Láiyī'ēn)受命设计了英国温泽(Wēnzé)市政府大厅。他运用工程力学的知识(zhīshi),依据自己多年的实践,巧妙地设计了只用一根柱子支撑(zhīchēng)的大厅天花板。一年以后,市政府权威人士进行工程验收时,却说只用一根柱子支撑天花板太危险,要求莱伊恩再多加几根柱子。

莱伊恩自信只要一根坚固的柱子足以保证大厅安全,他的"固执(gùzhí)"惹恼(rě'nǎo)了市政官员,险些被送上法庭。他非常苦恼,坚持自己原先的主张吧,市政官员肯定会另找人修改设计;不坚持吧,又有悖(yǒubèi)自己为人(wéirén)的准则。矛盾了很长一段时间,莱伊恩终于想出了一条妙计,他在大厅里增加了四根柱子,不过这些柱子并未与天花板接触,只不过是装装样子(yàngzi)。

三百多年过去了,这个秘密(mìmì)始终没有被人发现。直到前两年,市政府准备修缮(xiūshàn)大厅的天花板,才发现莱伊恩当年的"弄虚作假"。消息(xiāoxi)传出后,世界各国的建筑专家和游客云集,当地政府对此也不加掩饰(yǎnshì),在新世纪到来之际,特意将大厅作为一个旅游景点对外开放,旨(zhǐ)在引导人们崇尚(chóngshàng)和相信科学。

作为一名建筑师,莱伊恩并不是最出色的。但作为一个人,他无疑非常伟大,这种//伟大表现在他始终恪守(kèshǒu)着自己的原则,给高贵的心灵一个美丽的住所:哪怕是遭遇到最大的阻力,也要想办法抵达胜利。

节选自游宇明《坚守你的高贵》

作品20号

自从传言有人在萨文河(Sàwénhé)畔(pàn)散步时无意发现了金子(jīnzi)后,这里便常有来自四面八方的淘金者。他们都想成为富翁,于是寻遍了整个河床,还在河床上挖出很多大坑,希望借助它们找到更多的金子。的确(díquè),有一些人找到了,但另外一些人因为(yīn·wèi)一无所得而只好扫兴归去。

也有不甘心落后的,便驻扎(zhùzhā)在这里,继续寻找。彼得·弗雷特(Bǐdé Fúléitè)就是其中一员。他在河床附近买了一块没人要的土地,一个人默默(mòmò)地工作。他为了找金子,已把所有的钱都押在这块土地上。他埋头苦干了几个月,直到土地全变成了坑坑洼洼(kēngkengwāwā),他失望了——他翻遍了整块土地,但连一丁点儿(yìdīngdiǎnr)金子都没看见。

六个月后,他连买面包的钱都没有了。于是他准备离开这儿(zhèr)到别处去谋生。

就在他即将(jíjiāng)离去的前一个晚上(wǎnshang),天下起了倾盆

(qīngpén)大雨,并且一下就是三天三夜。雨终于停了,彼得走出小木屋,发现眼前的土地看上去好像和以前不一样:坑坑洼洼已被大水冲刷平整,松软的土地上长出一层绿茸茸(lùróngróng)的小草。

"这里没找到金子,"彼得忽有所悟地说,"但这土地很肥沃,我可以用来种花,并且拿到镇上去卖给那些富人(fùrén),他们一定会买些花装扮他们华丽的客厅。//如果真是这样的话,那么(nàme)我一定会赚(zhuàn)许多钱。有朝一日我也会成为富人……"

于是他留了下来。彼得花了不少精力培育花苗,不久田地里长满了美丽娇艳的各色鲜花。

五年以后,彼得终于实现了他的梦想——成了一个富翁。"我是唯一的一个找到真金的人!"他时常不无骄傲地告诉(gàosu)别人,"别人在这儿找不到金子后便远远地离开,而我的'金子'是在这块土地里,只有诚实的人用勤劳才能采集到。"

节选自陶猛译《金子》

作品 21 号

我在加拿大(Jiānádà)学习期间遇到过两次募捐,那情景至今使我难以忘怀。

一天,我在渥太华(Wòtàihuá)的街上被两个男孩子(háizi)拦住去路,他们十来岁,穿得整整齐齐,每人头上戴着个做工精巧、色彩鲜艳的纸帽,上面写着"为帮助患小儿麻痹(xiǎo'érmábì)的伙伴募捐"。其中的一个,不由分说(bùyóu-fēnshuō)就坐在小凳上给我擦起皮鞋来,另一个则彬彬有礼地发问:"小姐,您是哪国人?喜欢渥太华吗?""小姐,在你们国家有没有小孩儿(xiǎoháir)患小儿麻痹?谁给他们医疗费?"一连串的问题,使我这个有生以来头一次在众目睽睽(zhòngmùkuíkuí)之下让别人擦鞋的异乡人,从近乎狼狈的窘态(jiǒngtài)中解脱出来。我们像朋友(péngyou)一样聊起天儿(tiānr)来……

几个月之后,也是在街上。一些十字路口处或车站坐着几位老人。他们满头银发(yínfà),身穿各种老式军装,上面布满了大大小小形形色色的徽章、奖章,每人手捧一大束鲜花,有水仙、石竹、玫瑰(méiguī)及叫不出名字(míngzi)的,一色(yísè)雪白。匆匆过往的行人纷纷止步,把钱投进这些老人身旁的白色木箱内,然后向他们微微鞠躬,从他们手中接过一朵花。我看了一会儿(yíhuìr),有人投一两元,有人投几百元,还有人掏出支票填好后投进木箱。那些老军人毫不注意人们捐多少钱,一直不//停地向人们低声道谢。同行(tóngxíng)的朋友告诉我,这是为纪念二次大战中参战的勇士,募捐救济残废军人和烈士遗孀(yíshuāng),每年一次;认捐的人可谓踊跃(yǒngyuè),而且秩序井然,气氛(qìfēn)庄严。有些地方(dìfang),人们还耐心地排着队。我想,这是因为他们都知道(zhīdào):正是这些老人们的流血(liúxuè)牺牲换来了包括他们信仰自由在内的许许多多。

我两次把那微不足道的一点儿(yìdiǎnr)钱捧给他们,只想对他们说声"谢谢(xièxie)"。

节选自青白《捐诚》

作品22号

没有一片绿叶,没有一缕(yìlǚ)炊烟,没有一粒泥土,没有一丝花香,只有水的世界,云的海洋。

一阵台风袭(xí)过,一只孤单的小鸟无家可归,落到被卷到洋里的木板上,乘(chéng)流而下,姗姗(shānshān)而来,近了,近了!……

忽然,小鸟张开翅膀(chìbǎng),在人们头顶盘旋了几圈儿(quānr),"噗啦(pūlā)"一声落到了船上。许是累了?还是发现了"新大陆"?水手撵(niǎn)它它不走,抓它,它乖乖地落在掌心。可爱的小鸟和善良的水手结成(jiéchéng)了朋友(péngyou)。

瞧,它多美丽,娇巧的小嘴,啄理(zhuólǐ)着绿色的羽毛,鸭子样的扁脚,呈现(chéngxiàn)出春草的鹅黄。水手们把它带到舱里,给它"搭铺(dāpù)",让它在船上安家落户,每天,把分到的一塑料(sùliào)桶淡水匀给它喝,把从祖国带来的鲜美的鱼肉分给它吃,天长日久,小鸟和水手的感情日趋笃厚(dǔhòu)。清晨,当第一束(shù)阳光射进舷窗(xiánchuāng)时,它便敞开美丽的歌喉,唱啊(nga)唱,嘤嘤(yīngyīng)有韵,宛如春水淙淙(cóngcóng)。人类给它以生命,它毫不悭吝(qiānlìn)地把自己的艺术青春奉献给了哺育(bǔyù)它的人。可能都是这样?艺术家们的青春只会献给尊敬他们的人。

小鸟给远航生活蒙上了一层浪漫色调(sèdiào),返航时,人们爱不释手,恋恋不舍地想把它带到异乡。可小鸟憔悴(qiáocuì)了,给水,不喝!喂肉,不吃!油亮的羽毛失去了光泽。是啊(ra),我//们有自己的祖国,小鸟也有它的归宿,人和动物都是一样啊(nga),哪儿(nǎr)也不如故乡好!

慈爱的水手们决定放开它,让它回到大海的摇篮去,回到蓝色的故乡去。离别前,这个大自然的朋友与水手们留影纪念。它站在许多人的头上,肩上,掌上,胳膊(gēbo)上,与喂养过它的人们(rénmen),一起融进那蓝色的画面……

节选自王文杰《可爱的小鸟》

作品 23 号

纽约的冬天常有大风雪,扑面的雪花不但令人难以睁开眼睛(yǎnjing),甚至呼吸都会吸入冰冷的雪花。有时前一天晚上还是一片晴朗,第二天拉开窗帘,却已经积雪盈尺,连门都推不开了。

遇到这样的情况,公司、商店常会停止上班,学校也通过广播,宣布停课。但令人不解的是,唯有公立小学,仍然开放。只见黄色的校车,艰难地在路边接孩子,老师则一大早就口中喷着热气,铲去车子(chēzi)前后的积雪,小心翼翼(xiǎoxīnyìyì)地开车去学校。

据统计,十年来纽约的公立小学只因为(yīn·wèi)超级暴风雪停过七次课。这是多么令人惊讶(jīngyà)的事。犯得着(fàndezháo)在大人都无须上班的时候(shíhou)让孩子去学校吗?小学的老师也太倒霉了吧?

于是,每逢大雪而小学不停课时,都有家长打电话去骂。妙的是,每个打电话的人,反应全一样——先是怒气冲冲地责问,然后满口道歉,最后笑容满面地挂上电话。原因是,学校告诉家长:

在纽约有许多百万富翁,但也有不少贫困的家庭。后者白天开不起暖气,供不起(gōngbuqǐ)午餐,孩子的营养全靠学校里免费的中饭,甚至可以多拿些回家当(dàng)晚餐。学校停课一天,穷孩子就受一天冻,挨(ái)一天饿,所以老师们宁愿(nìngyuàn)自己苦一点儿,也不能停//课。

或许有家长会说:何不让富裕的孩子在家里,让贫穷的孩子去学校享受暖气和营养午餐呢?

学校的答复是:我们不愿让那些穷苦的孩子感到他们是在接受救济,因为施舍(shīshě)的最高原则是保持受施者的尊严。

节选自刘墉《课不能停》

作品 24 号

　　十年,在历史上不过是一瞬间(yíshùnjiān)。只要稍加注意,人们就会发现:在这一瞬间里,各种事物都悄悄经历了自己的千变万化。

　　这次重新访日,我处处感到亲切和熟悉(shúxi),也在许多方面发觉了日本的变化。就拿奈良(Nàiliáng)的一个角落(jiǎoluò)来说吧,我重游了为(wèi)之感受很深的唐招提寺,在寺内各处匆匆走了一遍,庭院依旧,但意想不到还看到了一些新的东西(dōngxi)。其中之一,就是近几年从中国移植来的"友谊(yǒuyì)之莲"。

　　在存放鉴真遗像的那个院子(yuànzi)里,几株中国莲昂然挺立,翠绿的宽大荷叶正迎风而舞,显得十分愉快(yúkuài)。开花的季节已过,荷花朵朵已变为莲蓬(liánpeng)累累(léiléi)。莲子(liánzǐ)的颜色正在由青转紫,看来已经成熟(chéngshú)了。我禁不住(jīnbúzhù)想:"因"已转化为"果"。

　　中国的莲花开在日本,日本的樱花开在中国,这不是偶然。我希望这样一种盛况延续不衰。可能有人不欣赏花,但决不会有人欣赏落在自己面前的炮弹。在这些日子(rìzi)里,我看到了不少多年不见的老朋友(péngyou),又结识(jiéshí)了一些新朋友。大家喜欢涉及的话题之一,就是古长安和古奈良。那还用得着(yòngdezháo)问吗,朋友们缅怀(miǎnhuái)过去,正是瞩望(zhǔwàng)未来。瞩目于未来的人们必将获得(huòdé)未来。

　　我不例外,也希望一个美好的未来。

　　为//了(wèile)中日人民之间的友谊,我将不浪费今后生命的每一瞬间。

节选自严文井《莲花和樱花》

作品 25 号

　　梅雨潭闪闪的绿色招引着我们,我们开始追捉她那离合的神光了。揪(jiū)着草,攀着乱石,小心探身下去,又鞠躬过了一个石穹门(shíqióngmén),便到了汪汪一碧的潭边了。

　　瀑布(pùbù)在襟袖(jīnxiù)之间,但是我的心中已没有瀑布了。我的心随潭水的绿而摇荡。那醉人的绿呀!仿佛(fǎngfú)一张极大极大的荷叶铺(pū)着,满是奇异的绿呀。我想张开两臂抱住她,但这是怎样一个妄想啊(nga)。

　　站在水边,望到那面,居然觉着(juézhe)有些远呢!这平铺着,厚积着的绿,着实(zhuóshí)可爱。她松松地皱缬(zhòuxié)着,像少妇拖着的裙幅;她滑滑的明亮着,像涂了"明油"一般,有鸡蛋清那样软,那样嫩;她又不杂些尘滓(chénzǐ),宛然(wǎnrán)一块温润的碧玉,只清清的一色——但你却看不透她!

我曾见过北京什刹海(Shíchàhǎi)拂地(fúdì)的绿杨,脱不了鹅黄的底子(dǐzi),似乎(sìhū)太淡了。我又曾见过杭州虎跑寺(Hǔpáosì)近旁高峻而深密的"绿壁",丛叠(cóngdié)着无穷的碧草与绿叶的,那又似乎太浓了。其余呢,西湖的波太明了,秦淮河的也太暗了。可爱的,我将什么来比拟(bǐnǐ)你呢?我怎么(zěnme)比拟得出呢?大约潭是很深的,故能蕴蓄(yùnxù)着这样奇异的绿;仿佛蔚蓝(wèilán)的天融了一块在里面似的(shìde),这才这般的鲜润啊(na)。

那醉人的绿呀!我若能裁你以为带,我将赠给那轻盈(qīngyíng)的 // 舞女,她必能临风飘举了。我若能把(yǐ)你以为眼,我将赠给那善歌的盲妹,她必能明眸善睐(míngmóushànlài)了。我舍不得(shěbudé)你;我怎舍得你呢?我用手拍着你,抚摩(fǔmó)着你,如同一个十二三岁的小姑娘。我又掬(jū)你入口,便是吻着她了。我送你一个名字(míngzi),我从此叫你"女儿(nǚ'ér)绿",好吗?

第二次到仙岩的时候,我不禁(bùjīn)惊诧(jīngchà)于梅雨潭的绿了。

节选自朱自清《绿》

作品26号

我们家的后园有半亩空地(kòngdì),母亲(mǔqin)说:"让它荒着怪可惜的,你们那么(nàme)爱吃花生,就开辟出来种(zhòng)花生吧。"我们姐弟几个都很高兴,买种(mǎizhǒng),翻地,播种(bōzhǒng),浇水,没过几个月,居然收获了。

母亲说:"今晚我们过一个收获节,请你们父亲(fùqin)也来尝尝(chángchang)我们的新花生,好不好(hǎobuhǎo)?"我们都说好。母亲把花生做成了好几样食品,还吩咐(fēnfù)就在后园的茅亭里过这个节。

晚上(wǎnshang)天色不太好,可是父亲也来了,实在很难得(nándé)。

父亲说:"你们爱吃花生吗?"

我们争着答应(dāying):"爱!"

"谁能把花生的好处(hǎochù)说出来?"

姐姐(jiějie)说:"花生的味美。"

哥哥说(gēge)："花生可以榨油。"

我说："花生的价钱(jiàqián)便宜(piányi)，谁都可以买来吃，都喜欢(xǐhuan)吃。这就是它的好处。"

父亲说："花生的好处很多，有一样最可贵，它的果实埋在地里，不像桃子(táozi)、石榴(shíliu)、苹果那样，把鲜红嫩绿的果实高高地挂在枝头(zhītóu)上，使人一见就生爱慕之心。你们看它矮矮地长在地上，等到成熟了，也不能立刻分辨(fēnbiàn)出来它有没有果实，必须挖出来才知道。"

我们都说是，母亲也点点头。

父亲接下去说："所以你们要像花生，它虽然不好看，可是很有用，不是外表好看而没有实用的东西(dōngxi)。"

我说："那么，人要做有用的人，不要做只讲体面(tǐmiàn)，而对别人没有好处的人了。"//

父亲说："对。这是我对你们的希望。"

我们谈到夜深才散。花生做的食品都吃完了，父亲的话却深深地印在我的心上。

节选自许地山《落花生》

作品 27 号

我打猎归来，沿着花园的林阴(línyīn)路走着。狗跑在我前边。

突然，狗放慢脚步，蹑足潜行(nièzú-qiánxíng)，好像嗅(xiù)到了前边有什么(shénme)野物。

我顺着林阴路望去，看见了一只嘴边还带黄色、头上生着柔毛的小麻雀(máquè)。风猛烈地吹打着林阴路上的白桦树(báihuàshù)，麻雀从巢(cháo)里跌落下来，呆呆地伏在地上，孤立无援地张开两只羽毛还未丰满的小翅膀(chìbǎng)。

我的狗慢慢向它靠近。忽然，从附近一棵树上飞下一只黑胸脯(xiōngpú)的老麻雀，像一颗石子(shízǐ)似的(shìde)落到狗的跟前。老麻雀全身倒竖(dàoshù)着羽毛，惊恐万状，发出绝望、凄惨(qīcǎn)的叫声，接着向露出(lòuchū)牙齿、大张着的狗嘴扑去。

老麻雀是猛扑下来救护幼雀的。它用身体掩护(yǎnhù)着自己的幼儿(yòu'ér)……但它整个小小的身体因恐怖而战栗(zhànlì)着，它小小的声音也变得粗暴嘶哑(sīyǎ)，它在牺牲自己！

在它看来,狗该是多么庞大(pángdà)的怪物啊(wa)!然而它还是不能站在自己高高的、安全的树枝上……一种比它的理智更强烈的力量,使它从那儿(nàr)扑下身来。

我的狗站住了,向后退了退……看来,它也感到这种力量(lìliàng)。

我赶紧唤住惊慌失措的狗,然后我怀着崇敬(chóngjìng)的心情,走开了。

是啊(ra),请不要见笑。我崇敬那只小小的、英勇的鸟儿(niǎor),我崇敬它那种爱的冲动和力量。

爱,我//想,比死和死的恐惧更强大。只有依靠它,依靠这种爱,生命才能维持下去,发展下去。

节选自[俄]屠格涅夫《麻雀》,巴金译

作品28号

那年我六岁。离我家仅一箭之遥的小山坡旁,有一个早已被废弃的采石场,双亲从来不准我去那儿(nàr),其实那儿风景十分迷人。

一个夏季的下午,我随着一群小伙伴偷偷上那儿去了。就在我们穿越了一条孤寂的小路后,他们却把我一个人留在原地,然后奔(bēn)向"更危险的地带"了。

等他们走后,我惊慌失措(jīnghuāng-shīcuò)地发现,再也找不到要回家的那条孤寂的小道了。像只无头的苍蝇(cāngying),我到处乱钻,衣裤上挂满了芒刺。太阳已落山,而此时此刻,家里一定开始吃晚餐了,双亲正盼着我回家……想着想着,我不由得(bùyóude)背靠着一棵树,伤心地呜呜大哭起来……

突然,不远处传来了声声柳笛。我像找到了救星,急忙循声(xúnshēng)走去。一条小道边的树桩上坐着一位吹笛人,手里还正削(xiāo)着什么(shénme)。走近细看,他不就是被大家称为"乡巴佬儿(xiāngbalǎor)"的卡廷(Kǎtíng)吗?

"你好,小家伙儿(xiǎojiāhuor),"卡廷说,"看天气多美,你是出来散步的吧?"

我怯生生(qièshēngshēng)地点点头,答道:"我要回家了。"

"请耐心等上几分钟,"卡廷说,"瞧,我正在削一支柳笛,差不多就要做好了,完工后就送给你吧!"

卡廷边削边不时把尚未成形的柳笛放在嘴里试吹一下。没过多久,一支柳笛便递到我手中。我俩在一阵阵清脆悦耳的笛音//中,踏上了归途……

当时,我心中只充满感激,而今天,当我自己也成了祖父时,却突然领悟到他用心之良苦!那天当他听到我的哭声时,便判定我一定迷了路,但他并不想在孩子面前扮演"救星"的角色(juésè),于是吹响柳笛以便让我能发现他,并跟着他走出困境!就这样,卡廷先生(xiānsheng)以乡下人(xiāngxiarén)的纯朴,保护了一个小男孩儿(xiǎonánháir)强烈的自尊。

节选自唐若水译《迷途笛音》

作品 29 号

浩瀚无垠(hàohàn-wúyín)的沙漠里,有一片美丽的绿洲,绿洲里藏着一颗闪光的珍珠。这颗珍珠就是敦煌(Dūnhuáng)莫高窟(kū)。它坐落在我国甘肃省敦煌市三危山和鸣沙山的怀抱中。

鸣沙山东麓(dōnglù)是平均高度为十七米的崖壁。在一千六百多米长的崖壁上,凿(záo)有大小洞窟七百余个,形成了规模宏伟的石窟群。其中四百九十二个洞窟中,共有彩色塑像(sùxiàng)两千一百余尊,各种壁画共四万五千多平方米。莫高窟是我国古代无数艺术匠师留给人类的珍贵文化遗产。

莫高窟的彩塑,每一尊都是一件精美的艺术品。最大的有九层楼那么高,最小的还不如一个手掌大。这些彩塑个性鲜明,神态各异。有慈眉善目的菩萨(púsà),有威风凛凛(wēifēng-lǐnlǐn)的天王,还有强壮勇猛的力士……

莫高窟壁画的内容丰富多彩,有的是描绘古代劳动人民打猎、捕鱼、耕田、收割的情景,有的是描绘人们奏乐、舞蹈、演杂技的场面,还有的是描绘大自然的美丽风光。其中最引人注目的是飞天。壁画上的飞天,有的臂挎(kuà)花篮,采摘鲜花;有的反弹(tán)琵琶(pí·pá),轻拨银弦(xián);有的倒悬(dàoxuán)身子(shēnzi),自天而降;有的彩带飘拂(piāofú),漫天遨游(áoyóu);有的舒展着双臂,翩翩起舞(piānpiānqǐwǔ)。看着这些精美动人的壁画,就像走进了//灿烂辉煌的艺术殿堂。

莫高窟里还有一个面积(miànjī)不大的洞窟——藏经洞。洞里曾藏有我国古代的各种经卷(jīngjuàn)、文书、帛画(bóhuà)、刺绣、铜像等共六万多件。由于清朝政府腐败无能,大量珍贵的文物被外国强盗掠走。仅存的部分经卷,现在陈列于北京故宫等处。

莫高窟是举世闻名的艺术宝库。这里的每一尊彩塑、每一幅壁画、每一件文物,都是中国古代人民智慧的结晶。

节选自小学《语文》第六册中《莫高窟》

作品 30 号

其实你在很久以前并不喜欢牡丹(mǔdān),因为它总被人作为富贵膜拜(móbài)。后来你目睹(mùdǔ)了一次牡丹的落花,你相信所有的人都会为(wèi)之感动:一阵清风徐来,娇艳鲜嫩的盛期牡丹忽然整朵整朵地坠落(zhuìluò),铺撒(pūsǎ)一地绚丽(xuànlì)的花瓣。那花瓣落地时依然鲜艳夺目,如同一只奉上祭坛的大鸟脱落的羽毛,低吟(dīyín)着壮烈的悲歌离去。

牡丹没有花谢花败之时,要么烁(shuò)于枝头(zhītóu),要么归于泥土,它跨越萎顿(wěidùn)和衰老,由青春而死亡,由美丽而消遁(xiāodùn)。它虽美却不吝惜(lìnxī)生命,即使(jíshǐ)告别也要展示给人最后一次的惊心动魄。

所以在这阴冷的四月里,奇迹(qíjì)不会发生。任凭游人扫兴(sǎoxìng)和诅咒(zǔzhòu),牡丹依然安之若素(ānzhī-ruòsù)。它不苟且(góuqiě)、不俯就、不妥协(tuǒxié)、不媚俗(mèisú),甘愿自己冷落自己。它遵循自己的花期自己的规律,它有权利为自己选择每年一度的盛大节日。它为什么不拒绝寒冷?

天南海北的看花人,依然络绎不绝(luòyì-bùjué)地涌入洛阳城。人们不会因牡丹的拒绝而拒绝它的美。如果它再被贬谪(biǎnzhé)十次,也许它就会繁衍(fányǎn)出十个洛阳牡丹城。

于是你在无言的遗憾中感悟到,富贵与高贵只是一字之差(chā)。同人一样,花儿(huā'ér)也是有灵性的,更有品位之高低。品位这东西(dōngxi)为(wéi)气为魂为 // 筋骨为神韵,只可意会。你叹服牡丹卓尔不群(zhuó'ěr-bùqún)之姿,方知品位是多么(duōme)容易被世人忽略或是漠视(mòshì)的美。

节选自张抗抗《牡丹的拒绝》

作品 31 号

森林涵养(hányǎng)水源,保持水土,防止水旱灾害的作用非常大。据专家测算,一片十万亩面积的森林,相当于一个两百万立方米的水库,这正如农谚(nóngyàn)所说的:"山上多栽树,等于修水库。雨多它能吞,雨少它能吐。"

说起森林的功劳,那还多得很。它除了(chúle)为人类提供(tígōng)木材及许多种生产、生活的原料之外,在维护生态环境方面也是功劳卓著(zhuózhù),它用另一种"能吞能吐"的特殊功能孕育了人类。因为(yīn·wèi)地球在形成之初,大气中的二氧化碳(èryǎnghuàtàn)含量很高,氧气很少,气温也高,生物是难以生存的。大约在四亿年之前,陆地才产生了森林。森林慢慢将大气中的二氧化碳吸收,同时吐出新鲜氧气,调节气温;这才具备了人类生存的条件,地球上才最终有了人类。

森林,是地球生态系统的主体,是大自然的总调度室(diàodùshì),是地球的绿色之肺。森林维护地球生态环境的这种"能吞能吐"的特殊功能是其他任何物体都不能取代的。然而,由于地球上的燃烧物增多,二氧化碳的排放量急剧增加,使得地球生态环境急剧恶化,主要表现为全球气候(qìhòu)变暖,水分蒸发加快,改变了气流的循环(xúnhuán),使气候变化加剧,从而引发热浪、飓风(jùfēng)、暴雨、洪涝及干旱。

为了//使地球的这个"能吞能吐"的绿色之肺能恢复健壮,以改善生态环境,抑制(yìzhì)全球变暖,减少水旱等自然灾害,我们应该大力造林、护林,使每一座荒山都绿起来。

节选自《中考语文课外阅读试题精选》中《"能吞能吐"的森林》

作品32号

朋友(péngyou)即将(jíjiāng)远行。

暮春时节,又邀了几位朋友在家小聚,虽然都是极熟(shú)的朋友,却是终年难得(nándé)一见,偶尔(ǒu'ěr)电话里相遇,也无非是几句寻常(xúncháng)话。一锅小米稀饭,一碟大头菜,一盘自家酿制(niàngzhì)的泡菜(pàocài),一只巷口买回的烤鸭,简简单单,不像请客,倒(dào)像家人团聚。

其实,友情也好,爱情也好,久而久之都会转化为亲情。

说也奇怪,和新朋友会谈文学、谈哲学、谈人生道理等等,和老朋友却只话家常,柴米油盐,细细碎碎(xìxìsuìsuì),种种琐事(suǒshì)。很多时候(shíhou),心灵的契合(qìhé)已经不需要太多的言语来表达。

朋友新烫了个头,不敢回家见母亲,恐怕惊骇(jīnghài)了老人家(lǎo·rén·jiā),却欢天喜地(huāntiān-xǐdì)来见我们,老朋友颇能以一种趣味性的眼光欣赏这个改变。

年少(niánshào)的时候,我们差不多(chàbuduō)都在为别人而活,为苦口婆心的父母活,为循循善诱(xúnxún-shànyòu)的师长活,为许多观念、许多传统的约束力而活。年岁逐增,渐渐挣脱(zhèngtuō)外在的限制与束缚(shùfù),开始懂得为自己活,照自己的方式做一些自己喜欢的事,不在乎(búzàihu)别人的批评意见,不在乎别人的诋毁(díhuǐ)流言,只在乎那一分随心所欲的舒坦(shūtan)自然。偶尔,也能够纵容自己放浪一下,并且有一种恶作剧的窃喜。

就让生命顺其自然,水到渠成吧,犹如窗前的//乌桕(wūjiù),自生自落之间,自有一份圆融丰满的喜悦。春雨轻轻落着,没有诗,没有酒,有的只是一份相知相属(xiāngzhǔ)的自在(zìzài)自得。

夜色在笑语中渐渐沉落,朋友起身告辞,没有挽留,没有送别,甚至也没有问归期。

已经过(guò)了大喜大悲的岁月,已经过了伤感流泪的年华,知道了聚散(jùsàn)原来是这样的自然和顺理成章,懂得这点,便懂得珍惜每一次相聚的温馨(wēnxīn),离别便也欢喜。

节选自杏林子《朋友和其他》

作品33号

我们在田野散步:我,我的母亲,我的妻子(qīzi)和儿子(érzi)。

母亲本不愿出来的。她老了,身体不好,走远一点儿(yìdiǎnr)就觉得很累。我说,正因为(yīn·wèi)如此,才应该(yīnggāi)多走走。母亲信服地点点头,便去拿外套。她现在很听我的话,就像我小时候很听她的话一样。

这南方初春的田野,大块小块的新绿随意地铺(pū)着,有的浓,有的淡,树上的嫩芽(nènyá)也密了,田里的冬水也咕咕地起着水泡。这一切都使人想着一样东西(dōngxi)——生命。

我和母亲走在前面,我的妻子和儿子走在后面。小家伙突然叫起来:"前面是妈妈和儿子,后面也是妈妈和儿子。"我们都笑了。

后来发生了分歧(fēnqí):母亲要走大路,大路平顺;我的儿子要走小路,小路有意思(yìsi)。不过,一切都取决于我。我的母亲老了,她早已习惯听从她强壮的儿子;我的儿子还小,他还习惯听从他高大的父亲;妻子呢,在外面,她总是听我的。一霎时(yíshàshí)我感到了责任的重大。我想找一个两全的办法,找不出;我想拆散(chāisàn)一家人,分成两路,各得其所,终不愿意。我决定委屈(wěiqu)儿子,因为我伴同他的时日还长。我说:"走大路。"

但是母亲摸摸孙儿(sūn'ér)的小脑瓜儿,变了主意(zhǔyi 或 zhúyi):"还是走小路吧。"她的眼随小路望去:那里有金色的菜花,两行整齐的桑树,//尽头(jìntóu)一口水波粼粼(línlín)的鱼塘。"我走不过去的地方(dìfang),你就背(bēi)着我。"母亲对我说。

这样,我们在阳光下,向着那菜花、桑树和鱼塘走去。到了一处,我蹲下来,背起了母亲;妻子也蹲下来,背起了儿子。我和妻子都是慢慢地,稳稳地,走得很仔细,好像我背(bèi)上的同她背上的加起来,就是整个世界。

节选自莫怀戚《散步》

作品34号

地球上是否真的存在"无底洞"?按说地球是圆的,由地壳(dìqiào)、地幔(dìmàn)和地核三层组成,真正的"无底洞"是不应存在的,我们所看到的各种山洞、裂口、裂缝,甚至火山口也都只是地壳浅部的一种现象。然而中国一些古籍(gǔjí)却多次提到海外有个深奥莫测的无底洞。事实上地球上确实有这样一个"无底洞"。

它位于希腊亚各斯(Yàgèsī)古城的海滨(hǎibīn)。由于濒临(bīnlín)大海,大涨潮(zhǎngcháo)时,汹涌的海水便会排山倒海般地涌入洞中,形成一股湍湍(tuāntuān)的急流。据测,每天流入洞内的海水量达三万多吨。奇怪的是,如此大量的海水灌入洞中,却从来没有把洞灌满。曾有人怀疑,这个"无底洞",会不会就像石灰岩地区的漏斗、竖井、落水洞一类的地形。然而从二十世纪三十年代以来,人们就做了多种努力企图寻找它的出口,却都是枉费心机(wǎngfèi-xīnjī)。

为了揭开这个秘密,一九五八年美国地理学会派出一支考察队,他们把一种经久不变的带色染料溶解在海水中,观察染料是如何随着海水一起沉下去。接着又察看了附近海面以及岛上的各条河、湖,满怀希望地寻找这种带颜色的水,结果令人失望。难道是海水量太大把有色水稀释(xīshì)得太淡,以致无法发现?//至今谁也不知道为什么(wèishénme)这里的海水会没完没了(méiwán-méiliǎo)地"漏"下去,这个"无底洞"的出口又在哪里,每天大量的海水究竟都流到哪里去了?

节选自[美]罗伯特·罗威尔《神秘的"无底洞"》

作品 35 号

　　我在俄国见到的景物再没有比托尔斯泰(Tuō'ěrsītài)墓更宏伟、更感人的。

　　完全按照托尔斯泰的愿望,他的坟墓成了世间最美的,给人印象最深刻的坟墓。它只是树林中的一个小小的长方形土丘,上面开满鲜花——没有十字架,没有墓碑,没有墓志铭,连托尔斯泰这个名字(míngzi)也没有。

　　这个比谁都感到受自己的声名所累(lěi)的伟人,却像偶尔(ǒu'ěr)被发现的流浪汉,不为(wéi)人知的士兵,不留名姓地被人埋葬了。谁都可以踏进他最后的安息地,围在四周的稀疏(xīshū)的木栅栏(zhàlán)是不关闭的——保护列夫·托尔斯泰(Lièfū Tuō'ěrsītài)得以安息的没有任何别的东西,唯有人们的敬意;而通常,人们却总是怀着好奇(hàoqí),去破坏伟人墓地的宁静。

　　这里,逼人的朴素禁锢(jìngù)住任何一种观赏的闲情,并且不容许你大声说话。风儿(fēng'ér)俯临(fǔlín),在这座无名者之墓的树木之间飒飒(sàsà)响着,和暖(hénuǎn)的阳光在坟头(féntóu)嬉戏(xīxì);冬天,白雪温柔地覆盖这片幽暗的圭(guī)土地。无论你在夏天或冬天经过这儿(zhèr),你都想象不到,这个小小的、隆起的长方体里安放着一位当代最伟大的人物。

　　然而,恰恰(qiàqià)是这座不留姓名的坟墓,比所有挖空心思(xīnsi)用大理石和奢华(shēhuá)装饰建造的坟墓更扣人心弦(xīnxián)。在今天这个特殊的日子里,//到他的安息地(ānxīdì)来的成百上千人中间,没有一个有勇气,哪怕仅仅从这幽暗的土丘上摘下一朵花留作纪念。人们重新感到,世界上再没有比托尔斯泰最后留下的、这座纪念碑式的朴素坟墓,更打动人心的了。

节选自[奥]茨威格《世间最美的坟墓》,张厚仁译

作品 36 号

　　我国的建筑,从古代的宫殿到近代的一般住房,绝大部分(bùfen)是对称(duìchèn)的,左边怎么(zěnme)样,右边怎么样。苏州园林可绝不讲究对称,好像故意避免似的(shìde)。东边有了一个亭子(tíngzi)或者一道回廊,西边决不会来一个同样的亭子或者一道同样的回廊。这是为什么(wèishénme)?我想,用图画来比方(bǐfang),对称的建筑是图案画,不是美术画,而园林是美术画,美术画要求自然之趣,是不讲究对称的。

　　苏州园林里都有假山和池沼(chízhǎo)。

　　假山的堆叠(duīdié),可以说是一项艺术而不仅是技术。或者是重峦叠

嶂(chóngluán-diézhàng)，或者是几座小山配合着竹子(zhúzi)花木，全在乎(zàihu)设计者和匠师们(jiàngshīmen)生平多阅历，胸中有丘壑(qiūhè)，才能使游览者攀登的时候(shíhou)忘却苏州城市，只觉得(juéde)身在山间。

至于池沼，大多引用活水。有些园林池沼宽敞(kuānchǎng)，就把池沼作为全园的中心，其他景物配合着布置。水面假如成河道模样(múyàng)，往往安排桥梁。假如安排两座以上的桥梁，那就一座一个样，决不雷同。

池沼或河道的边沿很少砌齐整(qízhěng)的石岸，总是高低屈曲(qūqū)任其自然。还在那儿(nàr)布置几块玲珑(línglóng)的石头(shítou)，或者种些花草。这也是为了取得(qǔdé)从各个角度看都成一幅画的效果。池沼里养着金鱼或各色鲤鱼，夏秋季节荷花或睡莲开//放，游览者看"鱼戏莲叶间"，又是入画的一景。

节选自叶圣陶《苏州园林》

作品 37 号

一位访美中国女作家，在纽约遇到一位卖花的老太太(lǎotàitai)。老太太穿着(chuānzhuó)破旧，身体虚弱，但脸上的神情却是那样祥和兴奋(xīngfèn)。女作家挑了一朵花说："看起来，你很高兴。"老太太面带微笑地说："是的，一切都这么(zhème)美好，我为什么(wèishénme)不高兴呢？""对烦恼，你倒(dào)真能看得开。"女作家又说了一句。没料到，老太太的回答更令女作家大吃一惊："耶稣(Yēsū)在星期五被钉(dìng)上十字架时，是全世界最糟糕的一天，可三天后就是复活节。所以，当我遇到不幸时，就会等待三天，这样一切就恢复正常了。"

"等待三天"，多么富于哲理的话语，多么乐观的生活方式。它把烦恼和痛苦抛下，全力去收获快乐(kuàilè)。

沈从文在"文革"期间，陷入了非人的境地。可他毫不在意，他在咸宁时给他的表侄、画家黄永玉写信说："这里的荷花真好，你若来……"身陷苦难却仍为(wèi)荷花的盛开欣喜赞叹不已，这是一种趋于澄明(chéngmíng)的境界，一种旷达洒脱(sǎtuō)的胸襟(xiōngjīn)，一种面临磨难(mónàn)坦荡从容(cóngróng)的气度。一种对生活童子(tóngzǐ)般的热爱和对美好事物无限向往的生命情感。

由此可见，影响一个人快乐的，有时并不是困境及磨难，而是一个人的心态。如果把自己浸泡(jìnpào)在积极、乐观、向上的心态中，快乐必然会//占据(zhànjù)你的每一天。

节选自《态度创造快乐》

作品38号

  泰山极顶看日出,历来被描绘成十分壮观的奇景。有人说:登泰山而看不到日出,就像一出大戏没有戏眼,味儿(wèir)终究有点寡淡(guǎdàn)。

  我去爬山那天,正赶上个难得(nándé)的好天,万里长空,云彩(yúncai)丝儿(sīr)都不见,素常烟雾腾腾的山头(shāntóu),显得眉目分明。同伴们都欣喜地说:"明天早晨准可以看见日出了。"我也是抱着这种想头(xiǎngtou),爬上山去。

  一路从山脚往上爬,细看山景,我觉得挂在眼前的不是五岳独尊的泰山,却象一幅规模惊人的青绿山水画,从下面倒(dào)展开来。在画卷(huàjuàn)中最先露出(lòuchū)的是山根(shāngēnr)底那座明朝建筑岱宗坊(Dàizōngfāng),慢慢地便现出王母池、斗母宫(Dóumǔgōng)、经石峪(yù)。山是一层比一层深,一叠比一叠奇,层层叠叠(céngcéngdiédié),不知还会有多深多奇。万山丛中,时而点染着极其工细的人物。王母池旁的吕祖殿里有不少尊明塑(sù),塑着吕洞宾等一些人,姿态神情是那样有生气,你看了,不禁(bùjīn)会脱口赞叹说:"活啦。"

  画卷继续展开,绿阴森森的柏洞(bǎidòng)露面(lòumiàn)不太久,便来到对松山。两面奇峰对峙(duìzhì)着,满山峰都是奇形怪状的老松,年纪怕都有上千岁了,颜色竟那么浓,浓得好象要流下来似的(shìde)。来到这儿(zhèr)你不妨权当(quándàng)一次画里的写意人物,坐在路旁的对松亭里,看看山色,听听流 // 水和松涛。一时间,我又觉得自己不仅是在看画卷(juàn),却又像是在零零乱乱翻动着一卷历史稿本。

节选自杨朔《泰山极顶》

作品39号

  育才小学校长陶行知(Táo Xíngzhī)在校园看到学生王友用泥块砸自己班上的同学,陶行知当即(dāngjí)喝止(hèzhǐ)了他,并令他放学后到校长室去。无疑,陶行知是要好好教育这个"顽皮"的学生(xuésheng)。那么他是如何教育的呢?

放学后,陶行知来到校长室,王友已经等在门口准备挨(ái)训了。可一见面,陶行知却掏出一块糖果送给王友,并说:"这是奖给你的,因为(yīn·wèi)你按时来到这里,而我却迟到了。"王友惊疑地接过糖果。

随后,陶行知又掏出一块糖果放到他手里,说:"这第二块糖果也是奖给你的,因为当我不让你再打人时,你立即就住手了,这说明你很尊重我,我应该奖你。"王友更惊疑了,他眼睛睁得大大的。

陶行知又掏出第三块糖果塞(sāi)到王友手里,说:"我调查过了,你用泥块砸那些男生,是因为他们不守游戏规则,欺负女生;你砸他们,说明你很正直善良,且有批评不良行为的勇气,应该奖励你啊(ya)!"王友感动极了,他流着眼泪后悔地喊道:"陶……陶校长你打我两下吧!我砸的不是坏人,而是自己的同学啊(ya)……"

陶行知满意地笑了,他随即掏出第四块糖果递给王友,说:"为(wèi)你正确地认识错误,我再奖给你一块糖果,只可惜我只有这一块糖果了。我的糖果//没有了,我看我们的谈话也该结束了吧!"说完,就走出了校长室。

节选自《教师博览·百期精华》中《陶行知的"四块糖果"》

作品 40 号

享受幸福是需要学习的,当它即将(jíjiāng)来临的时刻需要提醒。人可以自然而然地学会感官(gǎnguān)的享乐,却无法天生地掌握幸福的韵律(yùnlǜ)。灵魂的快意同器官的舒适像一对孪生(luánshēng)兄弟,时而相傍(bàng)相依,时而南辕北辙(nányuán-běizhé)。

幸福是一种心灵的震颤(zhènchàn)。它像会倾听音乐的耳朵一样,需要不断地训练。简而言之,幸福就是没有痛苦的时刻。它出现的频率(pínlǜ)并不像我们想象的那样少。人们常常只是在幸福的金马车已经驶过去很远时,才拣起地上的金鬃毛(jīnzōngmáo)说,原来我见过它。

人们喜爱回味幸福的标本,却忽略它披着露水(lùshuǐ)散发(sànfā)清香的时刻。那时候我们往往步履(bùlǚ)匆匆,瞻前顾后(zhānqián-gùhòu)不知在忙着什么(shénme)。

世上有预报台风的,有预报蝗灾的,有预报瘟疫(wēnyì)的,有预报地震的。没有人预报幸福。

其实幸福和世界万物一样,有它的征兆(zhēngzhào)。

幸福常常是朦胧(ménglóng)的,很有节制地向我们喷洒甘霖(gānlín)。

你不要总希望轰轰烈烈的幸福,它多半只是悄悄地扑面而来。你也不要企图把水龙头(shuǐlóngtóu)拧(nǐng)得更大,那样它会很快地流失。你需要静静地以平和之心,体验它的真谛(zhēndì)。

幸福绝大多数是朴素的。它不会像信号弹似的(shìde),在很高的天际闪烁(shǎnshuò)红色的光芒。它披着本色的外衣,亲//切温暖地包裹起我们。

幸福不喜欢喧嚣(xuānxiāo)浮华,它常常在暗淡中降临。贫困中相濡以沫(xiāngrú-yǐmò)的一块糕饼,患难中心心相印的一个眼神,父亲一次粗糙(cūcāo)的抚摸(fǔmō),女友一张温馨的字条……这都是千金难买的幸福啊(wa)。像一粒粒缀(zhuì)在旧绸子上的红宝石,在凄凉中愈发熠熠(yìyì)夺目。

节选自毕淑敏《提醒幸福》

作品41号

在里约热内卢(Lǐyuērènèilú)的一个贫民窟(pínmínkū)里,有一个男孩子(háizi),他非常喜欢足球,可是又买不起,于是就踢塑料盒(sùliàohé),踢汽水瓶,踢从垃圾箱里拣来的椰子壳(yēzikér)。他在胡同(hú·tòng)里踢,在能找到的任何一片空地上踢。

有一天,当他在一处干涸(gānhé)的水塘里猛踢一个猪膀胱(pángguāng)时,被一位足球教练看见了。他发现这个(zhège)男孩儿(nánháir)踢得很像是那么(nàme)回事,就主动提出要送给他一个足球。小男孩儿得到足球后踢得更卖劲(màijìnr)了。不久,他就能准确地把球踢进远处随意摆放的一个水桶里。

圣诞节到了,孩子的妈妈(māma)说:"我们没有钱买圣诞礼物送给我们的恩人,就让我们为他祈祷(qídǎo)吧。"

小男孩儿跟随妈妈祈祷完毕,向妈妈要了一把铲子便跑了出去。他来到一座别墅(biéshù)前的花园里,开始挖坑。

就在他快要挖好坑的时候(shíhou),从别墅里走出一个人来,问小孩儿在干什么(shénme),孩子抬起满是汗珠的脸蛋儿(liǎndànr),说:"教练,圣诞节到了,我没有礼物送给您,我愿给您的圣诞树挖一个树坑。"

教练把小男孩儿从树坑里拉上来,说,我今天得到了世界上最好的礼物。明天你就到我的训练场去吧。

三年后,这位十七岁的男孩儿在第六届足球锦标赛上独进二十一球,为巴西第一次捧回了金杯。一个原来不//为(wéi)世人所知的名字——贝利(Bèilì),随之传遍世界。

节选自刘燕敏《天才的造就》

作品 42 号

记得我十三岁时,和母亲住在法国东南部的耐斯城(Nàisīchéng)。母亲没有丈夫(zhàngfu),也没有亲戚(qīnqi),够清苦的,但她经常能拿出令人吃惊的东西(dōngxi),摆在我面前。她从来不吃肉,一再说自己是素食者。然而有一天,我发现母亲正仔细地用一小块碎面包擦那给我煎牛排用的油锅。我明白(míngbai)了她称(chēng)自己为(wéi)素食者的真正原因。

我十六岁时,母亲成了耐斯市美蒙旅馆的女经理。这时,她更忙碌了。一天,她瘫在椅子上,脸色苍白,嘴唇发灰。马上找来医生,做出诊断:她摄取(shèqǔ)了过多的胰岛素。直到这时我才知道母亲多年一直对我隐瞒(yǐnmán)的疾痛(jítòng)——糖尿病。

她的头歪向枕头一边,痛苦地用手抓挠(zhuānáo)胸口。床架上方,则挂着一枚我一九三二年赢得(yíngdé)耐斯市少年乒乓球(pīngpāngqiú)冠军的银质奖章。

啊,是对我的美好前途的憧憬(chōngjǐng)支撑着她活下去,为了给她那荒唐的梦至少加一点真实的色彩,我只能继续努力,与时间竞争,直至一九三八年我被征入空军。巴黎很快陷落,我辗转(zhǎnzhuǎn)调到英国皇家空军。刚到英国就接到了母亲的来信。这些信是由在瑞士的一个朋友(péngyou)秘密地转(zhuǎn)到伦敦,送到我手中的。

现在我要回家了,胸前佩带着醒目的绿黑两色的解放十字绶//带(shòudài),上面挂着五六枚我终身难忘的勋章,肩上还佩带着军官肩章。到达旅馆时,没有一个人跟我打招呼(zhāohu)。原来,我母亲在三年半以前就已经离开人间了。

在她死前的几天中,她写了近二百五十封信,把这些信交给她在瑞士的朋友,请这个朋友定时寄给我。就这样,在母亲死后的三年半的时间里,我一直从她身上吸取着力量和勇气——这使我能够继续战斗到胜利那一天。

节选自[法]罗曼·加里《我的母亲独一无二》

作品43号

　　生活对于任何人都非易事,我们必须有坚韧不拔的精神(jīngshén)。最要紧的,还是我们自己要有信心。我们必须相信,我们对每一件事情都具有天赋(tiānfù)的才能,并且,无论付出任何代价,都要把这件事完成,当事情(shìqing)结束的时候(shíhou),你要能问心无愧地说:"我已经尽(jìn)我所能了。"

　　有一年的春天,我因病被迫在家里休息(xiūxi)数(shù)周。我注视着我的女儿们(nǚ'érmen)所养的蚕正在结茧(jiéjiǎn),这使我很感兴趣。望着这些蚕执着(zhízhuó)地、勤奋地工作,我感到我和它们非常相似(xiāngsì)。像它们一样,我总是耐心地把自己的努力集中在一个目标上。我之所以如此,或许是因为(yīn·wèi)有某种力量在鞭策着我——正如蚕被鞭策着去结茧一般。

　　近五十年来,我致力于科学研究,而研究,就是对真理的探讨。我有许多美好快乐的记忆。少女时期我在巴黎大学,孤独地过着求学的岁月;在后来献身科学的整个时期,我丈夫(zhàngfu)和我专心致志,像在梦幻中一般,坐在简陋(jiǎnlòu)的书房里艰辛地研究,后来我们就在那里发现了镭(léi)。

　　我永远追求安静的工作和简单的家庭生活。为了实现这个理想,我竭力(jiélì)保持宁静的环境,以免受人事的干扰和盛名的拖累(tuōlěi)。

　　我深信,在科学方面我们有对事业而不是//对财富的兴趣。我的惟一奢望(shēwàng)是在一个自由国家中,以一个自由学者的身份从事研究工作。

　　我一直沉醉于世界的优美之中,我所热爱的科学也不断增加它崭新(zhǎnxīn)的远景。我认定科学本身就具有伟大的美。

　　　　　　　　　　节选自[波兰]玛丽·居里《我的信念》,剑捷译

作品44号

　　我为什么(shénme)非要教书(jiāoshū)不可?是因为(yīn·wèi)我喜欢(xǐhuan)当教师的时间安排表和生活节奏。七、八、九三个月给我提供(tígōng)了进行回顾、研究、写作的良机,并将三者有机融合,而善于回顾、研究和总结正是优秀教师素质中不可缺少的成分。

　　干这行(háng)给了我多种多样的"甘泉"去品尝,找优秀的书籍去研读,到"象牙塔"和实际世界里去发现。教学工作给我提供了继续学习的时间保证,以及多种途径、机遇和挑战。

然而,我爱这一行的真正原因,是爱我的学生(xuésheng)。学生们在我的眼前成长、变化。当教师意味着亲历"创造"过程的发生——恰似(qiàsì)亲手赋予(fùyǔ)一团泥土以生命,没有什么比目睹它开始呼吸更激动人心的了。

　　权利我也有了:我有权利去启发诱导,去激发智慧的火花,去问费心思考的问题,去赞扬回答的尝试,去推荐书籍,去指点迷津(míjīn)。还有什么别的权利能与之相比呢?

　　而且,教书还给我金钱和权利之外的东西,那就是爱心。不仅有对学生的爱,对书籍的爱,对知识的爱,还有老师才能感受到的对"特别"学生的爱。这些学生,有如冥顽不灵(míngwán-bùlíng)的泥块,由于接受了老师的炽爱(chì'ài)才勃发了生机。

　　所以,我爱教书,还因为,在那些勃发生机的"特//别"学生身上,我有时发现自己和他们呼吸相通,忧乐与(yǔ)共。

节选自[美]彼得·基·贝得勒《我为什么当教师》

作品45号

　　中国西部我们通常是指黄河与秦岭相连一线以西,包括西北和西南的十二个省、市、自治区。这块广袤(guǎngmào)的土地面积(miànjī)为五百四十六万平方公里,占国土总面积的百分之五十七;人口二点八亿,占全国总人口的百分之二十三。

　　西部是华夏文明的源头(yuántóu)。华夏祖先的脚步是顺着水边走的:长江上游出土过元谋人牙齿化石,距今约一百七十万年;黄河中游出土过蓝田人头盖骨,距今约七十万年。这两处古人类都比距今约五十万年的北京猿人资格更老。

　　西部地区是华夏文明的重要发源地。秦皇汉武以后,东西方文化在这里交汇融合,从而有了丝绸之路的驼铃声声,佛院深寺的暮鼓晨钟(mùgǔchénzhōng)。敦煌莫高窟(Mògāokū)是世界文化史上的一个奇迹(qíjì),它在继承汉晋艺术传统的基础上,形成了自己兼收并蓄(jiānshōubìngxù)的恢宏(huīhóng)气度,展现出精美绝伦的艺术形式和博大精深的文化内涵。秦始皇兵马俑(Bīngmǎyǒng)、西夏王陵、楼兰古国、布达拉宫、三星堆、大足石刻等历史文化遗产,同样为(wéi)世界所瞩目(zhǔmù),成为中华文化重要的象征。

　　西部地区又是少数民族及其文化的集萃地(jícuìdì),几乎(jīhū)包括了我国所有的少数民族。在一些偏远的少数民族地区,仍(réng)保留//了一些久远时代的艺术品种,成为珍贵的"活化石",如纳西古乐、戏曲、剪纸、刺绣、岩画等民间艺术和宗教艺术。特色鲜明、丰富多彩,犹如一个巨大的民族民间文化艺术宝库。

我们要充分重视和利用这些得天独厚的资源优势,建立良好的民族民间文化生态环境,为西部大开发做出贡献。

节选自《中考语文课外阅读试题精选》中《西部文化和西部开发》

作品46号

高兴,这是一种具体的被看得到摸得着(mōdezháo)的事物所唤起的情绪。它是心理的,更是生理的。它容易来也容易去,谁也不应该(yīnggāi)对它视而不见失之交臂,谁也不应该总是做那些使自己不高兴也使旁人不高兴的事。让我们(wǒmen)说一件最容易做也最令人高兴的事吧,尊重你自己,也尊重别人,这是每一个人的权利,我还要说这是每一个人的义务。

快乐(kuàilè),它是一种富有概括性的生存状态、工作状态。它几乎是先验的,它来自生命本身的活力,来自宇宙、地球和人间的吸引,它是世界的丰富、绚丽(xuànlì)、阔大、悠久的体现。快乐还是一种力量,是埋在地下的根脉(gēnmài)。消灭一个人的快乐比挖掘(wājué)掉一棵大树的根要难得多。

欢欣,这是一种青春的、诗意的情感。它来自面向着未来伸开双臂奔跑的冲力,它来自一种轻松而又神秘、朦胧而又隐秘的激动,它是激情即将(jíjiāng)到来的预兆,它又是大雨过后的比下雨还要美妙得多也久远得多的回味……

喜悦,它是一种带有形而上(xíng'érshàng)色彩的修养和境界。与其(yǔqí)说它是一种情绪,不如说它是一种智慧、一种超拔、一种悲天悯人(bēitiān-mǐnrén)的宽容和理解,一种饱经沧桑的充实和自信,一种光明的理性,一种坚定//的成熟,一种战胜了烦恼和庸俗的清明澄澈(chéngchè)。它是一潭清水,它是一抹(mǒ)朝霞,它是无边的平原,它是沉默的地平线。多一点儿、再多一点儿喜悦吧,它是翅膀,也是归巢。它是一杯美酒,也是一朵永远开不败的莲花。

节选自王蒙《喜悦》

作品47号

在湾仔(Wānzǎi),香港最热闹(rènao)的地方(dìfang),有一棵榕树,它是最贵的一棵树,不光在香港,在全世界,都(dōu)是最贵的。

树,活的树,又不卖,何言其贵?只因它老,它粗,是香港百年沧桑的活见证,香港人不忍看着它被砍伐,或者被移走,便跟要占用这片山坡的建筑者谈条件:可以在这儿(zhèr)建大楼盖商厦,但一不准砍树,二不准挪(nuó)树,必须把它原地精心养起来,成为香港闹市中的一景。太古大厦的建设者最后签了合同(hétong),占用这个大山坡建豪华商厦的先决条件是同意保护这棵老树。

树长在半山坡上,计划将树下面的成千上万吨山石全部掏空(tāokōng)取走,腾出地方来盖楼。把树架在大楼上面,仿佛它原本是长在楼顶似的(shìde)。建设者就地造了一个直径十八米、深十米的大花盆,先固定好这棵老树,再在大花盆底下盖楼,光这一项就花了两千三百八十九万港币,这也堪称(kānchēng)是最昂贵的保护措施了。

太古大厦落成之后,人们可以乘(chéng)滚动扶梯一次到位,来到太古大厦的顶层。出后门,那儿(nàr)是一片自然景色。一棵大树出现在人们面前,树干(shùgàn)有一米半粗,树冠(shùguān)直径足有二十多米,独木成林,非常壮观,形成一座以它为中心的小公园,取名叫"榕圃"(róngpǔ)。树前面//插着铜牌,说明原由。此情此景,如不看铜牌的说明,绝对想不到巨树根底下还有一座宏伟的现代大楼。

节选自舒乙《香港:最贵的一棵树》

作品48号

我们(wǒmen)的船渐渐(jiànjiàn)地逼近榕树了。我有机会看清它的真面目(miànmù):是一棵大树,有数不清的丫枝(yāzhī),枝上又生根,有许多根一直垂到地上,伸进泥土里。一部分(bùfen)树枝垂到水面,从远处看,就像一棵大树斜躺在水面上一样。

现在正是枝繁叶茂的时节。这棵榕树好像在把它的全部生命力展示给我们看。那么多的绿叶,一簇(cù)堆在另一簇的上面,不留一点儿缝隙(fèngxì)。翠绿的颜色明亮地在我们的眼前闪耀,似乎(sìhū)每一片树叶上都有一个新的生命在颤动(chàndòng),这美丽的南国的树!

船在树下泊(bó)了片刻,岸上很湿,我们没有上去。朋友(péngyou)说这里是"鸟的天堂",有许多鸟在这棵树上做窝,农民不许人去捉它们。我仿佛

(fǎngfú)听见几只鸟扑翅(chì)的声音,但是等到我的眼睛(yǎnjing)注意地看那里时,我却看不见一只鸟的影子。只有无数的树根立在地上,像许多根木桩。地是湿的,大概涨潮(zhǎngcháo)时河水常常冲上岸去。"鸟的天堂"里没有一只鸟,我这样想到。船开了,一个朋友拨(bō)着船,缓缓地流到河中间去。

　　第二天,我们划着船到一个朋友的家乡去,就是那个有山有塔的地方(dìfang)。从学校出发,我们又经过那"鸟的天堂"。

　　这一次是在早晨,阳光照在水面上,也照在树梢上。一切都//显得非常光明。我们的船也在树下泊了片刻。

　　起初四周围非常清静。后来忽然起了一声鸟叫。我们把手一拍,便看见一只大鸟飞了起来,接着又看见第二只,第三只。我们继续拍掌,很快地这个树林就变得很热闹(rènao)了。到处都是鸟声,到处都是鸟影。大的,小的,花的,黑的,有的站在枝上叫,有的飞起来,在扑翅膀。

节选自巴金《小鸟的天堂》

作品49号

　　有这样一个故事(gùshi)。

　　有人问:世界上什么(shénme)东西(dōngxi)的气力(qìlì)最大?回答纷纭的很,有的说"象",有的说"狮",有人开玩笑似的(shìde)说:是"金刚",金刚有多少气力,当然大家全不知道。

　　结果(jiéguǒ),这一切答案完全不对,世界上气力最大的,是植物的种子(zhǒngzi)。一粒种子所可以显现出来的力,简直是超越一切。

　　人的头盖骨,结合(jiéhé)得非常致密(zhìmì)与坚固,生理学家和解剖(jiěpōu)学者用尽了一切的方法,要把它完整地分出来,都没有这种力气。后来忽然有人发明了一个方法,就是把一些植物的种子放在要剖析(pōuxī)的头盖骨里,给它以温度与湿度,使它发芽。一发芽,这些种子便以可怕的力量,将一切机械力(jīxièlì)所不能分开的骨骼(gǔgé),完整地分开了。植物种子的力量之大,如此如此。

　　这,也许特殊(tèshū)了一点儿,常人不容易理解。那么,你看见笋(sǔn)的成长吗?你看见过被压在瓦砾(wǎlì)和石块下面的一颗小草的生长吗?它为着向往阳光,为着达成它的生之意志,不管上面的石块如何重,石与石之间如何狭,它必定要曲曲折折(qūqūzhézhé)地,但是顽强不屈地透到地面上来。它的根往土壤钻,它的芽往地面挺,这是一种不可抗的力,阻止它的石块,结果

(jiéguǒ)也被它掀翻(xiānfān),一粒种子的力量的大,如//此如此。

没有一个人将小草叫做"大力士",但是它的力量之大,的确(díquè)是世界无比。这种力,是一般人看不见的生命力。只要生命存在,这种力就要显现。上面的石块,丝毫不足以阻挡。因为(yīn·wèi)它是一种"长期抗战"的力;有弹性,能屈能伸的力;有韧性,不达目的(mùdì)不止的力。

节选自夏衍《野草》

作品50号

著名教育家班杰明(Bānjiémíng)曾经接到一个青年人的求救电话,并与那个向往成功、渴望指点的青年人约好了见面的时间和地点。

待那个青年如约而至时,班杰明的房门敞开(chǎngkāi)着,眼前的景象却令青年人颇感意外——班杰明的房间里乱七八糟、狼藉(lángjí)一片。

没等青年人开口,班杰明就招呼(zhāohu)道:"你看我这房间,太不整洁了,请你在门外等候一分钟,我收拾(shōushi)一下,你再进来吧。"一边说着,班杰明就轻轻地关上了房门。

不到一分钟的时间,班杰明就又打开了房门并热情地把青年人让进客厅。这时,青年人的眼前展现出另一番景象——房间里的一切已变得井然有序,而且有两杯刚刚倒(dào)好的红酒,在淡淡的香水气息里还漾(yàng)着微波(wēibō)。

可是,没等青年人把满腹的有关人生和事业的疑难问题向班杰明讲出来,班杰明就非常客气(kèqi)地说道:"干杯。你可以走了。"

青年人手持酒杯一下子(yíxiàzi)愣住(lèngzhù)了,既尴尬(gāngà)又非常遗憾地说:"可是,我……我还没向您请教呢……"

"这些……难道还不够吗?"班杰明一边微笑着一边扫视着自己的房间,轻言细语地说,"你进来又有一分钟了。"

"一分钟……一分钟……"青年人若有所思地说:"我懂了,您让我明白了一分钟的时间可以做许//多事情(shìqing),可以改变许多事情的深刻道理。"

班杰明舒心地笑了。青年人把杯里的红酒一饮而尽,向班杰明连连道谢后,开心地走了。

其实,只要把握好了生命的每一分钟,也就是把握了理想的人生。

节选自纪广洋《一分钟》

作品 51 号

　　有个塌鼻子(bízi)的小男孩儿(nánháir)，因为(yīn·wèi)两岁时得过脑炎，智力受损，学习起来很吃力。打个比方(bǐfang)，别人写作文能写二三百字，他却只能写三五行。但即便(jíbiàn)这样的作文，他同样能写得很动人。

　　那是一次作文课，题目是《愿望》。他极其认真地想了半天，然后极认真地写，那作文极短。只有三句话：我有两个愿望，第一个是，妈妈(māma)天天笑眯眯地看着我说："你真聪明(cōng·míng)。"第二个是，老师天天笑眯眯地看着我说："你一点儿(yìdiǎnr)也不笨(búbèn)。"

　　于是，就是这篇作文，深深地打动了他的老师，那位妈妈式的老师不仅给了他最高分，在班上带感情地朗读了这篇作文，还一笔一画地批道：你很聪明，你的作文写得非常感人，请放心，妈妈肯定会格外喜欢你的，老师肯定会格外喜欢你的，大家肯定会格外喜欢你的。

　　捧着作文本，他笑了，蹦(bèng)蹦跳跳地回家了，像只喜鹊(xǐquè)。但他并没有把作文本拿给妈妈看，他是在等待，等待着一个美好的时刻。

　　那个时刻终于到了，是妈妈的生日(shēng·rì)——一个阳光灿烂(cànlàn)的星期天：那天，他起得特别早，把作文本装在一个亲手做的美丽的大信封里，等着妈妈醒来。妈妈刚刚睁眼醒来，他就笑眯眯地走到妈妈跟前说："妈妈，今天是您的生日，我要//送给您一件礼物。"

　　果然，看着这篇作文，妈妈甜甜地涌出了两行(háng)热泪，一把搂住小男孩儿，搂得很紧很紧。

　　是的，智力可以受损，但爱永远不会。

节选自张玉庭《一个美丽的故事》

作品 52 号

　　小学的时候(shíhou)，有一次我们(wǒmen)去海边远足，妈妈(māma)没有做便饭，给了我十块钱买午餐。好像走了很久，很久，终于到海边了，大家坐下来便吃饭，荒凉的海边没有商店，我一个人跑到防风林外面去，级任老师要大家把吃剩的饭菜分给我一点儿(yìdiǎnr)。有两三个男生留下一点儿给我，还有一个女生，她的米饭拌了酱油，很香。我吃完的时候，她笑眯眯(xiàomīmī)地看着我，短头发(tóufa)，脸圆圆的。

　　她的名字(míngzi)叫翁香玉(Wēng Xiāngyù)。

　　每天放学的时候，她走的是经过我们家的一条小路，带着一位比她小的男孩儿(nánháir),可能是弟弟(dìdi)。小路边是一条清澈(qīngchè)见底的小溪,两旁竹阴覆盖,我总是远远地跟在后面。夏日的午后特别炎热,走到半路她会停下来,拿手帕(shǒupà)在溪水里浸湿(jìnshī),为小男孩儿擦脸。我也在后面停下来,把肮脏(āngzāng)的手帕弄(nòng)湿了擦脸,再一路远远跟着她回家。

后来我们家搬到镇上去了,过几年我也上了中学。有一天放学回家,在火车上,看见斜对面一位短头发、圆圆脸的女孩儿,一身素净(sùjìng)的白衣黑裙。我想她一定不认识(rènshi)我了。火车很快到站了,我随着人群挤向门口,她也走近了,叫我的名字(míngzi)。这是她第一次和我说话。

她笑眯眯的,和我一起走过月台。以后就没有再见过//她了。

这篇文章收在我出版的《少年心事》这本书里。

书出版后半年,有一天我忽然收到出版社转来的一封信,信封上是陌生(mòshēng)的字迹(zìjì),但清楚(qīngchu)地写着我的本名。

信里面说她看到了这篇文章心里非常激动,没想到在离开家乡,漂泊(piāobó)异地这么久之后,会看见自己仍然(réngrán)在一个人的记忆里,她自己也深深记得这其中的每一幕,只是没想到越过遥远的时空,竟然另一个人也深深记得。

节选自苦伶《永远的记忆》

作品53号

在繁华的巴黎大街的路旁,站着一个衣衫褴褛(lánlǚ)、头发(tóufa)斑白、双目失明的老人。他不像其他乞丐(qǐgài)那样伸手向过路行人乞讨,而是在身旁立一块木牌,上面写着:"我什么(shénme)也看不见!"街上过往的行人很多,看了木牌上的字都无动于衷,有的还淡淡一笑,便姗姗(shānshān)而去了。

这天中午,法国著名诗人让·彼浩勒(Ràng Bǐhàolè)也经过这里。他看看木牌上的字,问盲老人:"老人家(lǎo·rén·jiā),今天上午有人给你钱吗?"

盲老人叹息着回答:"我,我什么也没有得到。"说着,脸上的神情非常悲伤。

让·彼浩勒听了,拿起笔悄悄地在那行字的前面添上了"春天到了,可是"几个字,就匆匆地离开了。

晚上(wǎnshang),让·彼浩勒又经过这里,问那个盲老人下午的情况。

盲老人笑着回答说:"先生,不知为什么,下午给我钱的人多极了!"让·彼浩勒听了,摸着胡子(húzi)满意地笑了。

"春天到了,可是我什么也看不见!"这富有诗意的语言,产生这么大的作用,就在于它有非常浓厚的感情色彩。是的,春天是美好的,那蓝天白云,那绿树红花,那莺歌燕舞(yīnggēyànwǔ),那流水人家(rénjiā),怎么(zěnme)不叫人陶醉呢?但这良辰美景,对于一个双目失明的人来说,只是一片漆黑。当人们(rénmen)想到这个(zhège)盲老人,一生中竟连万紫千红的春天//都不曾看到,怎能不对他产生同情之心呢?

节选自小学《语文》第六册中《语言的魅力》

作品 54 号

有一次,苏东坡的朋友张鹗(è)拿着一张宣纸来求他写一幅(fú)字,而且希望他写一点儿(yìdiǎnr)关于养生方面的内容。苏东坡思索了一会儿(yíhuìr),点点头说:"我得到了一个养生长寿古方,药只有四味,今天就赠给你吧。"于是,东坡的狼毫在纸上挥洒起来,上面写着:"一曰(yuē)无事以当(dàng)贵,二曰早寝(qǐn)以当富,三曰安步以当车,四曰晚食以当肉。"

这哪里有药?张鹗一脸茫然地问。苏东坡笑着解释说,养生长寿的要诀,全在这四句里面。

所谓"无事以当贵",是指人不要把功名利禄(lìlù)、荣辱过失考虑得太多,如能在情志上潇洒大度,随遇而安,无事以求,这比富贵更能使人终其天年。

"早寝以当富",指吃好穿好、财货充足,并非就使你长寿。对老年人来说,养成良好的起居习惯,尤其是早睡早起,比获得(huòdé)任何财富更加宝贵。

"安步以当车",指人不要过于讲求安逸(ānyì)、肢体不劳,而应多以步行来替代骑马乘(chéng)车,多运动才可以强健体魄,通畅气血(qìxuè)。

"晚食以当肉",意思是人应该用已饥方食、未饱先止代替对美味佳肴(jiāyáo)的贪吃无厌。他进一步解释,饿了以后才进食,虽然是粗茶淡饭,但其香甜可口会胜过山珍;如果饱了还要勉强(miǎnqiǎng)吃,即使美味佳肴摆在眼前也难以//下咽(xiàyàn)。

苏东坡的四味"长寿药",实际上是强调情志、睡眠、运动、饮食四个方面对养生长寿的重要性,这种养生观点即使(jíshǐ)在今天仍然值得借鉴。

节选自蒲昭和《赠你四味长寿药》

作品 55 号

人活着,最要紧的是寻觅(xúnmì)到那片代表着生命绿色和人类希望的丛林,然后选一高高的枝头(zhītóu)站在那里观览(guānlǎn)人生,消化痛苦,孕育歌声,愉悦(yúyuè)世界!

这可真是一种潇洒的人生态度,这可真是一种心境爽朗的情感风貌。

站在历史的枝头(zhītóu)微笑,可以减免许多烦恼。在那里,你可以从众生相(zhòngshēngxiàng)所包含的甜酸苦辣、百味人生中寻找你自己;你境遇中的那点儿(diǎnr)苦痛,也许相比之下,再也难以占据(zhànjù)一席之地;你会较(jiào)容易地获得(huòdé)从不悦中解脱灵魂的力量,使之不致变得灰色。

人站得高些,不但能有幸早些领略到希望的曙光,还能有幸发现生命的立体的诗篇。每一个人的人生,都是这诗篇中的一个词、一个句子或者一个标点。你可能没有成为一个美丽的词,一个引人注目的句子,一个惊叹号,但你依然是这生命的立体诗篇中的一个音节、一个停顿、一个必不可少的组成部分(bùfen)。这足以使你放弃前嫌,萌生为人类孕育新的歌声的兴致,为世界带来更多的诗意。

最可怕的人生见解,是把多维的生存图景看成平面。因为那平面上刻下的大多是凝固了的历史——过去的遗迹(yíjì);但活着的人们(rénmen),活得却是充满着新生智慧的,由//不断逝去(shìqù)的"现在"组成的未来。人生不能像某些鱼类躺着游,人生也不能像某些兽类爬着走,而应该(yīnggāi)站着向前行,这才是人类应有的生存姿态。

节选自[美]本杰明·拉什《站在历史的枝头微笑》

作品 56 号

中国的第一大岛、台湾省的主岛台湾,位于中国大陆架的东南方,地处(dìchǔ)东海和南海之间,隔(gé)着台湾海峡和大陆相望。天气晴朗的时候,站在福建沿海较(jiào)高的地方(dìfang),就可以隐隐约约地望见岛上的高山和云朵。

台湾岛形状狭长(xiácháng),从东到西,最宽处只有一百四十多公里;由南至北,最长的地方约有三百九十多公里。地形像一个纺织用的梭子(suōzi)。

台湾岛上的山脉(shānmài)纵贯南北,中间的中央山脉犹如全岛的脊梁(jǐliang)。西部为海拔近四千米的玉山山脉,是中国东部的最高峰。全岛约有三分之一的地方是平地,其余为山地。岛内有缎带般的瀑布(pùbù),蓝宝石似的(shìde)湖泊(húpō),四季常青的森林和果园,自然景色十分优美。西南部的阿里山和日月潭,台北市郊的大屯山风景区,都是闻名世界的游览胜地。

　　台湾岛地处热带和温带之间,四面环海,雨水充足,气温受到海洋的调剂(tiáojì),冬暖夏凉,四季如春,这给水稻和果木生长提供(tígōng)了优越的条件。水稻、甘蔗(gānzhe)、樟脑是台湾的"三宝"。岛上还盛产(shèngchǎn)鲜果和鱼虾。

　　岛上还是一个闻名世界的"蝴蝶王国"。岛上的蝴蝶共有四百多个品种,其中有不少是世界稀有的珍贵品种。岛上还有不少鸟语花香的蝴//蝶谷,岛上居民利用蝴蝶制作的标本和艺术品,远销许多国家。

节选自《中国的宝岛——台湾》

作品57号

　　对于中国的牛,我有着一种特别尊敬的感情。

　　留给我印象最深的,要算在田垄(tiánlǒng)上的一次"相遇"。

　　一群朋友(péngyou)郊游,我领头在狭窄(xiázhǎi)的阡陌(qiānmò)上走,怎料迎面来了几头耕牛,狭道容不下人和牛,终有一方要让路。它们(tāmen)还没有(méi·yǒu)走近,我们已经预计斗不过畜牲(chùsheng),恐怕难免踩到田地泥水里,弄(nòng)得鞋袜又泥又湿了。正踟躕(chíchú)的时候,带头的一头牛,在离我们不远的地方(dìfang)停下来,抬起头看看(kànkan),稍迟疑一下,就自动走下田去。一队耕牛,全跟着它离开阡陌,从我们身边经过。

　　我们都呆(dāi)了,回过头来,看着深褐色(hèsè)的牛队,在路的尽头(jìntóu)消失,忽然觉得自己受了很大的恩惠。

　　中国的牛,永远沉默地为人做着沉重的工作。在大地上,在晨光或烈日下,它拖着沉重的犁,低头一步又一步,拖出了身后一列又一列松土,好让人们(rénmen)下种(xiàzhǒng)。等到满地金黄或农闲时候(shíhou),它可能还得(děi)担当搬运负重的工作;或终日绕(rào)着石磨(shímò),朝同一方向,走不计程的路。

　　在它沉默的劳动中,人便得到应得的收成(shōucheng)。

　　那时候,也许,它可以松一肩重担,站在树下,吃几口嫩草。偶尔(ǒu'ěr)摇摇尾巴(wěiba),摆摆耳朵(ěrduo),赶走飞附身上的苍蝇(cāngying),已经算是它最闲适的生活了。

中国的牛,没有成群奔跑的习//惯,永远沉沉实实的,默默地工作,平心静气。这就是中国的牛!

节选自小思《中国的牛》

作品58号

不管我的梦想(mèngxiǎng)能否成为事实,说出来总是好玩儿(hǎowánr)的:

春天,我将要住在杭州。二十年前,旧历的二月初,在西湖我看见了嫩柳与菜花,碧浪与翠竹。由我看到的那点儿(diǎnr)春光,已经可以断定,杭州的春天必定会教(jiāo)人整天生活在诗与图画之中。所以,春天我的家应当(yīngdāng)是在杭州。

夏天,我想青城山应当算作最理想的地方(dìfang)。在那里,我虽然只住过十天,可是它的幽静已拴住了我的心灵。在我所看见过的山水中,只有这里没有使我失望。到处都是绿,目之所及,那片淡而光润的绿色都在轻轻地颤动(chàndòng),仿佛(fǎngfú)要流入空中与心中似的(shìde)。这个绿色会像音乐,涤清(díqīng)了心中的万虑。

秋天一定要住北平。天堂是什么(shénme)样子(yàngzi),我不知道,但是从我的生活经验去判断,北平之秋便是天堂。论天气,不冷不热。论吃的,苹果、梨、柿子(shìzi)、枣儿(zǎor)、葡萄,每样都有若干种。论花草,菊花种类之多,花式之奇,可以甲天下。西山有红叶可见,北海可以划船——虽然荷花已残,荷叶可还有一片清香。衣食住行,在北平的秋天,是没有(méi·yǒu)一项不使人满意的。

冬天,我还没有打好主意(zhǔyi 或 zhúyi),成都或者相当的合适,虽然并不怎样(zěnyàng)和暖(hénuǎn),可是为了水仙,素心腊梅,各色的茶花,仿佛就受一点儿(yìdiǎnr)寒//冷,也颇值得去了。昆明的花也多,而且天气比成都好,可是旧书铺(shūpù)与精美而便宜(piányi)的小吃远不及成都那么多。好吧,就暂这么规定:冬天不住成都便住昆明吧。

在抗战中,我没能发国难(guónàn)财。我想,抗战胜利以后,我必能阔起来。那时候,假若飞机减价,一二百元就能买一架的话,我就自备一架,择黄道吉日慢慢地飞行。

节选自老舍《住的梦》

作品59号

我不由得(bùyóude)停住了脚步。

从未见过开得这样盛(shèng)的藤萝,只见一片辉煌的淡紫色,像一条瀑布(pùbù),从空中垂下,不见其发端(fāduān),也不见其终极,只是深深浅浅的紫,仿佛在流动,在欢笑,在不停地生长。紫色的大条幅上,泛着点点银光,就像迸溅(bèngjiàn)的水花。仔细看时,才知那是每一朵紫花中的最浅淡的部分(bùfen),在和阳光互相挑逗(tiǎodòu)。

这里除了光彩,还有淡淡的芳香。香气似乎(sìhū)也是浅紫色的,梦幻一般轻轻地笼罩(lǒngzhào)着我。忽然记起十多年前,家门外也曾有过一大株紫藤萝,它依傍(yībàng)一株枯槐(kūhuái)爬得很高,但花朵从来都稀落,东一穗(suì)西一串伶仃(língdīng)地挂在树梢,好像在察颜观色,试探什么(shénme)。后来索性连那稀零的花串也没有了。园中别的紫藤花架也都拆掉,改种了果树。那时的说法(shuōfǎ)是,花和生活腐化有什么必然关系。我曾遗憾地想:这里再看不见藤萝花了。

过了这么(zhème)多年,藤萝又开花了,而且开得这样盛,这样密,紫色的瀑布遮住了粗壮的盘虬卧龙(pánqiúwòlóng)般的枝干(zhīgàn),不断地流着,流着,流向人的心底。

花和人都会遇到各种各样的不幸,但是生命的长河是无止境的。我抚摸(fǔmō)了一下那小小的紫色的花舱,那里满装了生命的酒酿(jiǔniàng),它张满了帆(fān),在这//闪光的花的河流上航行。它是万花中的一朵,也正是由每一个一朵,组成了万花灿烂(cànlàn)的流动的瀑布。

在这浅紫色的光辉和浅紫色的芳香中,我不觉(bùjué)加快了脚步。

节选自宗璞《紫藤萝瀑布》

作品60号

在一次名人访问中,被问及上个世纪最重要的发明是什么(shénme)时,有人说是电脑,有人说是汽车,等等。但新加坡的一位知名人士却说是冷气机。他解释(jiěshì),如果没有(méi·yǒu)冷气,热带地区如东南亚国家,就不可能有很高的生产力,就不可能达到今天的生活水准。他的回答实事求是,有理有据。

看了上述报道,我突发奇想:为什么没有记者问:"二十世纪最糟糕的发明是什么?"其实二〇〇二年十月中旬,英国的一家报纸就评出了"人类最糟糕的发明"。获此"殊荣(shūróng)"的,就是人们每天大量使用的塑料袋。

诞生于上个世纪三十年代的塑料袋,其家族包括用塑料制成的快餐饭盒、包装纸、餐用杯盘、饮料瓶、酸奶杯、雪糕杯等等。这些废弃物形成的垃圾(lājī),数量多、体积大、重量轻、不降解(jiàngjiě),给治理工作带来很多技术难题和社会问题。

比如,散落(sànluò)在田间、路边及草丛中的塑料餐盒,一旦被牲畜(shēngchù)吞食,就会危及健康甚至导致死亡。填埋废弃塑料袋、塑料餐盒的土地,不能生长庄稼(zhuāngjia)和树木,造成土地板结(bǎnjié)。而焚烧(fénshāo)处理(chǔlǐ)这些塑胶垃圾,则会释放出多种化学有毒气体,其中一种称为(chēngwéi)二噁英(èr'èyīng)的化合物,毒性极大。

此外,在生产塑料袋、塑料餐盒的//过程中使用的氟利昂(fúlì'áng),对人体免疫(miǎnyì)系统和生态环境造成的破坏也极为严重。

节选自林光如《最糟糕的发明》

第五章 命题说话训练

第一节 说话解读

一、说话的基本要求

说话是在无文字凭借条件下，说话人自己组织语言，把普通话的字、词连成句，句连成段，段连成篇，是对说普通话综合能力的一种考查。说话的基本要求如下：

（一）语音准确

读音是影响说话人语音面貌的主要因素，一个字、一个词单独发音要比在语流中发音容易得多，在语流中，说话人来不及仔细推敲每一个字、每一个词的发音，特别是当难点音叠加时，说话人更加不容易改变自己固有的发音习惯，往往会造成话语中语音错误多。

（二）词汇语法规范

词汇规范：一是指理解词义、用词准确，二是指避免在用普通话说话时夹带方言词汇、外语单词、不规范的网络词语。

语法规范：使用普通话的语法格式，语序符合汉语规范，句子结构完整，句子成分搭配恰当等。

（三）语调自然

语调是人们在语流中用抑扬顿挫来表情达意的所有语音形式的总和，涉及的方面很多，如停顿、节奏、字调、轻重音、句调等。

语句中的字调要准确。有时候往往因为说话人一个字的字调不准确，会使其整句话的方言语调表露得十分明显。

词语的轻重音要恰当。说话时，语调的准确很大程度也表现在词语轻重音上。有的人说普通话，总是力求把每一个字的音，即每一个音节的声、韵、调都发得很到位，以为这样说话语音就很标准了。其实这样说话语调生硬，话语中没有普通话特有的那种轻重音形成的韵律，缺少普通话的"味儿"。因而说话人要想说一口纯正的、够味儿的普通话，必须悉心领会，熟练掌握和灵活运用普通话词语的轻重音表达规律和表达方式。

语流中的句调要恰当。由于说话人说话时场合不同、说话对象和表达目的不同，以及说话当时其他具体情况等多方面因素影响，语流中每句话句调的变化是非常复杂的。一般说来，普通话最基本的两种句调类型是降调和升调，陈述句、祈使句、感叹句都用降调，只有疑问句用升调。

（四）说话要口语化

说话属于口语，是供人听的，与供人阅读的书面语不同。在用词方面，要多用口语词，少用或不用书面语词，尤其要避免使用晦涩难懂的文言词。

在选句方面，要注意多用短句、散句，少用长句、整句、成分臃肿的句子、复句，尤其不要用欧化句式。必要时，可以把长句化短、整句化散。

在语调方面，停顿、重音、快慢、升降等都应呈日常说话时的自然状态。不要有朗读腔、背诵腔。

在音量方面，既不要高声大嗓，也不能窃窃私语。

（五）说话要简练

说话时要言简意赅，避免啰里啰唆的、重复信息。有人说话时喜欢"嗯嗯啊啊"、"这个那个"或有其他口头禅，这种不良的语言习惯要尽早发现并克服。

（六）说话要流畅自然

语速过慢、说说停停或边想边说，或边说边纠正发音错误都是说话不流畅的表现。说话要能侃侃而谈，必须有流畅敏捷的思维，思路清晰，有丰富的语言材料话题素材可供选择，还要有良好的心理素质，镇定自信不慌乱。这些都是平时说话练习时需要加强训练的。

二、突破方言障碍的策略

避免方言字音和方言语调的出现。一是平时多说多练普通话，二是对自己方言语音与普通话语音之间的差异要辨别清楚，练习时有的放矢。

注意区别普通话词汇与方言词汇。每一种方言都会有特有的方言词,即使是与普通话最接近的北京话也是如此。

用普通话进行思维。人们一般会使用自己最熟悉的语言在头脑中进行思维,平时习惯使用方言的人会首选方言进行思维,用普通话表达时就要进行语言模式的转换,思维会不够流畅,造成说话结结巴巴、断断续续。因此要熟练地用普通话表达思想感情,就要养成用普通话思维的习惯,使得思维与表达同步进行。

第二节 怎样准备命题说话

普通话水平测试的第四项是命题说话,是为了考查应试者在没有文字凭借的情况下,其语音、词汇、语法的规范程度及自然流畅水平。它不仅考查应试者的普通话水平,也是对应试者心理素质的考验。该项在所有测试题中所占的比重最大,其难度也相对较大,可以说它是前面几个测试项目在自然言语中的综合运用和体现。它既要考查应试人单音节字词中声母、韵母和声调的发音情况,又要考查其对多音节词语中变调、儿化和轻声的掌握程度,还要考查应试人在连贯语言中运用各种语调、语气的熟练水平。应试者应在规定时间内根据抽签选定的话题快速确立中心,组织内容,再用自然流畅的普通话表述出来。"说话"重在"说",而非"诵"、"读"、"背"或"聊",因此需要克服以下几种倾向:一是表情夸张、拿腔拿调的"即兴演讲";二是语调生硬、用词庄重的"文稿背诵";三是思维凌乱、语无伦次的"胡扯乱谈"。

一、从评分标准中得到启示

普通话水平测试第四项,命题说话(两个题目任选一个),限时 3 分钟,共 40 分。测查应试人在无文字凭借的情况下说普通话的水平,重点测查语音标准程度、词汇语法规范程度和自然流畅程度。评分标准是,语音标准程度 25 分,词汇、语法规范程度 10 分,自然流畅度 5 分,说话时间不足 3 分钟视程度扣 1~6 分,离题、内容雷同视程度扣 4~6 分,无效话语视程度扣 1~6 分。

分析命题说话的评分标准,我们可以看出命题说话的基本要求如下:

(一)围绕命题说话

命题说话题从《普通话水平测试用话题》中抽取,应试人要围绕选定的命题说话,不能脱离该话题自找一个话题来说。这些话题是对说话范围的规定,并不规定说话的具体内容。这些话题内容宽泛、贴近生活,是应试者比较熟悉、有话可说的,命题说话要求内容充实,不要求结构完整,如果测试时间到了而未能将话题完整讲完,不会被扣分。

（二）无文字凭借

命题说话没有文字凭借,不能照着预先准备好的文字稿件来读或讲,也不能变相地依赖现成的文字,例如背事先预备好的稿子,或大段背诵现成的作品,应试人如出现类似背稿的现象要被扣分。

（三）语音标准

命题说话的测试目的是考查应试人在没有文字凭借的情况下,说普通话的能力和所达到的规范程度。普通话语音的标准程度是最重要的考查内容。语音标准是指应试人说话发音时声母、韵母、声调正确；变调、轻声、儿化和"啊"的音变正确恰当；语调平稳自然,能够按普通话口语的语调来说话,接近自然生活中的口语,不带有朗读或背诵的腔调。

（四）词汇语法规范

命题说话虽然事先有一定的准备,但是仍属于即兴说话,没有文字的凭借,应试人要注意词汇语法的规范。要使用普通话词汇,不能使用典型的方言词汇。要使用普通话的语法格式,避免使用方言的语法格式。要使用规范的普通话句式,避免出现句法失误,避免出现明显的病句。

（五）自然流畅

命题说话要求语句通顺自然流畅,不间断地,一句一句往下说,缓而不急,不能断断续续,结结巴巴。要求语流自然畅通,前后连贯,完整表达语意,便于听众理解。

为顺利说足规定时间,减少不必要的错误,应试人要注意语速适中,以每分钟200～220字为宜。语速适中,发音从容,可以提高发音的准确程度。语速如果过快会影响发音的准确程度,错误率会上升；同时在规定时间里说话的音节数会增加,这也增加了语音错误出现的几率。也不能语速过慢,因为语速过慢会影响语句的完整,不像日常说话,不够自然流畅。

（六）口语化

命题说话是即兴口语表达,要求使用灵活的口头语言。主要表现在多用常用的口语词汇,可以适当使用语气词"吧"、"吗"之类,慎用文言词和书面色彩浓厚的词语,避免使用同音词引起误解。可以有目的地适当重复部分语句,但要避免无意义的机械重复。避免使用口头禅,如"这个"、"那个"、"嗯"等。

避免使用过多外语词。多使用简单句和短句,避免使用结构复杂、成分繁多的长句。当然口语化是相对而言,不同的人因语言习惯和文化程度不同所表现的口语化特征不尽相同,但都应力求使用通俗浅显、灵活流畅的口头语言。

(七)时间充足

按照《江苏省计算机辅助普通话水平测试评分细则(试行)》规定,命题说话时间不少于3分钟,如不足3分钟,要酌情扣分。如果准备的内容说完了,时间还没有到,可以联系相关的内容,继续说下去。

二、话题的准备

命题说话,需要连续不断地说满3分钟,不允许停顿,而很多考生没有这么多的话语来填充这"漫长"的3分钟。他们往往三言两语就说完了,留下大片的空白时间造成缺时而被扣分。3分钟可以很长,按照语速保持中速每分钟说240个字来计算,3分钟就要说到720个字,如果要打个稿子的话,最起码要800字,保险起见要准备到1 000字。但是3分钟也可以很短,如果准备充分的话,没准你才开了个头,3分钟就到了,就看你怎么去准备。要想在命题说话中取得好成绩,必须做好充分的准备,对每一个话题精心准备,

(一)话题的归类,化多为少

经济的办法是,可以根据话题所需材料的相关相异和自己的兴趣爱好将30个话题分析归类,合并同类项,化多为少。30个话题并不难,很多归类以后的话题可以使用同一个材料,即一个说话材料可以出现在多个话题中。比如,我的学习生活、童年的记忆、我喜爱的文学(或其他)艺术形式、我的业余生活、我的假日生活、我喜爱的书刊、我的成长之路、我最向往的地方等话题可以归入一类,可以谈谈读书、谈谈最爱看的一部文学作品,它的内容是什么,作者的基本情况如何,自己阅读的感受如何等等。一部作品说上个三五分钟是不成问题的,何况有那么多文学作品。再如,我的业余生活、我的假日生活、我所在的集体、我喜欢的明星、我的愿望这几个话题可以归入一类,谈谈足球,谈谈某一次打比赛的经历。

(二)材料的选择,现身说法

很多考生喜欢从网络上搜寻话题的资料,网上确实有很多说话的范文与资料,但是这些说话的材料都是大同小异,而且难保别人不会跟你英雄所见略同选用同一个材料。其实最好的避免雷同的方法是自己现身说法,只有发生在自己身上的故事才是别人抢不走的,就说自己的事、自己的例子,而且说自

己的事还不会忘词,比强记别人的文章容易得多。你用自己的材料可以不用考虑内容是否新颖,只要不离题不与他人雷同就行。

(三)材料的细化,轻松应对

无论说人、说事,还是说景、说物,或者议论评说话题,都要落实到具体的事例和细节。如果只有主干而没有事例和细节就只能空对空,就说不满3分钟。可以准备一个故事,把故事的提纲记牢了,不是苦于讲不了3分钟吗?一个故事讲下来,就差不多了,没准故事才开个头,时间就到了。最好的说话方式就是讲故事。比如:我最尊敬的人、童年的记忆、我的成长之路、我的朋友这几个话题可以归入一类,可以谈谈我们每个人童年时代都有过的一段类似的经历,比如小时候有一次感冒发烧了,妈妈带自己去医院看病,你可以在这一路上添油加醋增加难度,可以风雨交加,可以电闪雷鸣,情节越细越好,故事情节一般我们是不会忘记的,细细讲,慢慢谈,3分钟时间根本不够用。尽量采用叙述方式,就是议论型的话题也可以用故事,采用叙述的方式。一般来说叙述型话题表达起来相对简单一些,议论型的话题难一些,因为记忆议论性的话语很困难,还经常会忘词,因而遇到说明类、议论类话题,应试者可以巧妙地将其转换成叙述,借此降低话题的难度。比如:谈谈个人修养、谈谈社会公德、谈谈卫生与健康、谈谈对环境保护的认识,这几个话题也可以用故事,采用叙述的方式,说说某一次在公交车上遇到有人随地吐痰乱扔垃圾的事,把事情的过程细细描述一番,时间就到了。

(四)材料的组合,起承转合

确定了中心,有了相关的材料,还要想好怎样开头、先说什么、重点说什么、怎样结束,这就是安排说话的顺序。如果几个话题共用一个材料一个故事,那么这个故事最好具有普适性,放到什么话题里面都可以用,只要你在故事的开头想好一些合理的过渡性的话语,能与这个话题相联系,自然地引出你准备的故事就可以了。当然,你的故事与话题也不能离得太远,过于生硬地过渡,太离谱也不行,要视情况而定。我们并不反对把30个话题进行分类合并,以提高备考效率节省考生时间的做法,但材料的使用不能过于生硬,要有所过渡,前后衔接顺畅,符合逻辑。无论内容怎样安排,思维怎样发散,技巧怎样高超,有一点是不能忽略的,那就是说话内容要和话题有必要的联系,在开头、结尾等关键处更要谨慎照应,不能"话不对题"。比如有考生抽到的话题是《我最尊敬的人》,这个考生就说:"我最尊敬的人是我的爸爸,我爸爸很会烧菜,我最喜欢他做的一道菜是糖醋排骨……"然后就开始详细介绍这道糖醋排骨是怎么做出来的。这种过渡就很生硬,最终还是会被判离题。所以这 30 个话题到底怎么合并,合并以后共用什么材料,每个话题怎样自然衔接到共用材料上去都要想好,考虑清楚。

第三节　普通话水平测试命题说话应试指导

一、普通话水平测试命题说话与其他言语形式的区别

（一）命题说话不是朗读

朗读是用有声语言把书面文字再现出来,普通话水平测试中的文章朗读是有文字凭借的,而命题说话是没有文字凭借的,需要根据所抽到的题目,围绕中心,临时组织语言,自然流畅地表达出内容和中心思想。

（二）命题说话不是朗诵

朗诵是在朗读的基础上背诵,在讲台或舞台上表演,是一种艺术表演形式,而说话是一种言语交际活动。朗诵的声音一般都比较大,传得比较远,还可以对声音进行美化和夸张,节奏和语速时快时慢,声音的高低变化因内容的推进也比较明显。命题说话则是不同,声音不需要刻意抑扬顿挫,更不需要进行夸张和美化。

（三）命题说话不是演讲

演讲有命题演讲和即兴演讲。命题演讲一般先写好演讲稿,是有文字凭借的;即兴演讲是临时确定话题,没有文字凭借。但命题演讲和即兴演讲有一个共同的特点,即为了说明事理,抒发感情,具有较多"演"的成分。普通话水平测试中的命题演讲,则并不要求有表演性。此项的考查重点在于语音是否标准,用词是否丰富得当,语法是否规范,语流是否自然通畅,说话是否口语化。

（四）命题说话不是生活中的说话

生活中的说话与普通话水平测试中的命题说话大体是一致的,但同中有异,生活中的说话与命题说话都是口头言语活动,无文字凭借,现想现说,句式简短,口语化,语速自然。不同点是,生活中的说话为了完成交际任务可以使用方言,话题自由,有打断、重复现象,也可能有语病或不规范现象;而普通话水平测试中的命题说话,必须讲普通话,有规定的话题,要求连贯自然,词汇语法规范。

二、命题说话中的常见问题

应试人在普通话水平测试命题说话中经常会出现以下这些常见问题：

（一）语音错误和语音缺陷较多，方音明显

命题说话时，许多人语音错误和语音缺陷的数量比读单音节字词、读多音节词语和朗读短文时明显增加。主要是因为这个测试项没有文字凭借，对即将发出的音节无法充分准备，既要斟酌发音，又要考虑内容，组织恰当语句，应试人更接近于日常生活中的语言状态，语音错误和缺陷更容易表现出来。比如，平翘舌问题，有些人看着字的时候能够很好地分辨并且准确读出，而说话时就不分了，结果导致测试时前三项扣分较少，而命题说话时扣分明显增多，令人惋惜。如果考前对自己的语音状况认识不清，准备不充分，必然错误百出，方音明显。应试人应平时加强练习，养成用普通话思维、用普通话说话的习惯，在日常的学习、工作和生活中尽量使用普通话。

（二）词汇语法不够规范

词汇语法方面的错误具体表现在三个方面：一是语法错误，如搭配不当、句子成分不完整、语序不当、句子杂糅；二是使用方言词汇；三是使用方言语法格式。词汇语法方面的主要失分是由于以下两方面的原因造成的：

1. 滥用流行语言

作为90后的学生，非常喜欢使用流行语言与网络语言以及缩略语，但这些词汇有时在普通话中是不被认可的。这一点，时尚的大学生在普通话水平测试中一定要注意。有的考生崇尚时髦，赶新潮，对新的、流行的东西感兴趣，在"命题说话"测试时，喜欢使用当下流行的时髦词汇和用法，以显示自己的时尚和与众不同，如"东东"、"雷人"、"给力"等。这些时髦词汇和网络用语在当下年轻人中很受欢迎，但它们有没有生命力，是不是规范的用法，还需要时间的检验，所以应该尽量少用或者不用。

2. 误用方言

有的学生口语化太过，时常出现将家乡方言中的词汇和语法运用到命题说话中的现象，这一点在普通话水平测试中也是容易失分的地方。应试者虽然都是大学生，已经接受过较长时间的普通话教育，但有的人对机测的氛围不适应或平时说惯了方言，仓促间口不择言带出了方言词和方言语法句子。比如有考生说："你不要太有才哦！"像这种上海方言中的典型语法结构其实是病句，在测试中是要被扣分的。

(三) 内容贫乏,无话可说

有的应试人因准备不充分,命题说话时没有具体的内容,或只说了一个开头就无话可说了,只好东拉西扯,或简单重复相同的内容。例如说《我的愿望(或理想)》:"我的理想是成为一名建筑师,在全国各地建房子。在南京建房子,在上海建房子,在北京建房子,在广州建房子……"还有的应试人反复纠错,致使语句不完整,语意不连贯,说话信息量过低。其实在命题说话的3分钟里应试人所有的发音都是评分依据,即使把语音错误改正过来,原有的错误仍然算错。

(四) 偏离话题,引用雷同

有的应试人不围绕选定的话题,而是说别的话题。有的人一开口就说另一个话题,还有的人由一个话题很快偏离到了另一个话题。经常会出现偏离话题或引用雷同的现象。

1. 离题

离题指的是在命题说话过程中,说话内容部分或完全与所抽取的题目无关。有的应试人不围绕选定的话题说话,而是说别的话题。比如有考生抽到的话题是《我喜欢的动物(或植物)》,应试人说:"我说话的题目是我最喜爱的动物,我最喜爱的动物是狗,我的爸爸属狗,我就说说我的爸爸吧。我的爸爸是一个非常能干的人……"这种过渡就很生硬,最终会被判离题。出现离题的原因是准备不充分,抱着侥幸心理,只准备了某个话题,或者准备以一篇应万变。

2. 雷同

机测后,考生在命题说话时读稿的情况增多,有的直接或变相朗读培训教材上的朗读作品,有的朗读手机上或网络上下载的文章,还有的整段背诵诗歌、歌词、古诗、名人语录等。比如《我喜爱的艺术形式》是唱歌,下面就是一首完整的歌曲演唱。再比如,《难忘的旅行》是去莫高窟,然后整段朗读作品29号《莫高窟》。还有同学照抄照搬网上文章,不经头脑考虑,也不把内容改改,说出来的内容根本不符合自己的实际,内容离谱,过于荒谬。比如笔者曾经测到过这样的考生:明明是男生在测试,但是却说自己穿裙子、化妆;更有甚者说自己的儿子都上学了,每天辅导儿子功课,根本不符合学生的身份。虽然这种说话内容与现实不符的情况并无扣分的明文规定,但是会影响到测试员对全篇命题说话的整体印象,从而影响这项的总分。集体备考也是造成雷同的原因。一个班的同学分工合作,从网上下载所有话题,复制后人手一份,资源共享,这样必然造成话题内容雷同。出现这样的情况,除了第一个人以外,后面有雷同的都要扣分。谁能保证自己是第一个说的呢?归根结底还是准备不充分,存在侥幸心理。避免离题雷同的方法是端正考试态度,认真备考。

《江苏省计算机辅助普通话水平测试评分细则(试行)》中明确规定:"离题、内容雷同,视程度扣4分、5分、6分",如果出现离题、雷同按照评分办法在扣语音面貌、流畅度、语法、缺时的基础上再扣4~6分,这将很大可能导致考试的测试成绩下降一个等级,所以一定要避免出现此类问题。

(五) 背稿、读稿应付

有些应试人预先将话题写成语言规范条理清晰的短文,或干脆用现成的文章背熟后应考。更有甚者,一个单位或班级一起背诵几篇稿子,结果测试时许多人内容几乎完全一样。

在测试中,很多考生按照命题说话题目提前准备好稿子,测试前将稿子背熟,测试时以背稿代替"说话"。根据《江苏省计算机辅助普通话水平测试评分细则(试行)》,"语言基本流畅、口语化较差、有背稿的表现"视情况酌情扣0.5或1分,而"词汇、语法偶有不规范的情况"要扣1到2分。因此,学生为了少扣分测试中用背稿增加流畅度,减少语音缺陷和词汇、语法错误。还有近来频频出现以读稿代替命题说话的现象。以前人工测试时,两个测试员考一个学生,学生不能作弊只能将准备好的稿子背熟,而普通话水平测试采用计算机智能辅助测试后,一些学生测前用手机上网,搜到成篇的命题说话内容,趁监考老师不注意掏出手机或者掏出事先准备好的稿子,对着电脑将3分钟命题说话变成朗读。应试者如果不背稿、读稿,而是按正常的普通话语音状态表达,那么因语音失误和词汇、语法不规范的失分有可能比背稿、读稿失分更多。这是一种非常不好的倾向,脱稿说话反而不如背稿、读稿的分数高,导致很多学生投机取巧,以稿子论输赢,这就与命题说话项的测试目的与要求背道而驰,失去了测试的意义,也无法真正衡量学生的口语表达能力。

(六) 表达不流畅

有些应试人话语不清晰,不流畅,结结巴巴,断断续续。究其原因是因为平时用普通话说话太少,不知如何表达。还有的人一味讲究发音标准,一个字一个字地说,失去了日常说话的自然流畅。表达不流畅主要体现在以下几个方面:

1. 书面色彩过浓

"我喜欢羽毛球,羽毛球是一种最美丽的运动,动若脱兔、柔若无骨,腾挪之间,全身肢体舒展之美胜于任何一项运动,将人的全身每一肢体都展现得淋漓尽致。它恰到好处地表现了力量与阴柔的完美结合。一记扣杀之凌厉,如剑之影;直攻直伐势若雷霆;持拍护胸,以退为进,却也能绝地逢生;回追反手底线,顿显挽狂澜于既倒;而网前妩媚轻撩,如清风抚过。轻钩、慢捻、直刺、横劈、前挑、纵砍伐都可无比恣意妄行,完全自我放纵"。这是一位考生在话题《我的业余生活》中所说的一段话。诚然一篇美文,但仔细分析这段话中几乎所有的词语都是典型的书面语还夹杂着一些文言,加上排比句的使用,使这段话书卷味十足,不够口语化,使"说话"听起来极不自然。日常生活中没有人是这样说话的,不可能这样出口成章,不可能用这么多书面语,唯一的可能就是读稿或背稿,从而背离了命题说话测试项口语表达的要求。

2. 文学色彩过烈

我们再看另一位考生在话题《我喜欢的季节》中的一段话:"一年四季,春夏秋冬,各有所长,都有人爱。我最喜欢的季节是冬季。有人说冬天太冷,会冻伤人的心灵,有人说冬天太静,压抑人的心情,也有人说冬天太冷酷,遏制着生命的激情。那么我要说:请你用心去感受一下冬天,冬天也具有情趣和意趣,并非无聊与冷酷。她虽然冷,但却不乏热情;她虽然静,却不那么沉默;她虽然冷酷,却也少不了温馨。"这一段话若是放在书面文章内,会让人觉得文采飞扬,辞藻华美,但出现在口头交际语言中,就觉得别扭,一听就知道是读稿或背稿的,主要原因是这种拟人、排比手法的使用,文学色彩过浓,不够口语化。

3. 感情抒发过激

"啊,外婆明天的家园,是我梦中的天堂。外婆今日的家园呦,更是我向往的地方。"以上语句摘自考生《我向往的地方》说话内容。有的考生在参加普通话测试之前,费尽心机,精心准备,将《童年的记忆》、《我喜欢的季节》、《我尊敬的人》等写成了一篇篇情感丰沛的抒情散文。而这些抒情味极强的文字是不太适合日常口头表达的。

4. 语速过快或过慢

这种现象也较普遍,一种情况是觉得速战速决,反正普通话都说了这么多年了,应该不成问题,而且在电脑面前有时控制不住自己的语速,紧张激动之下越说越快,以至于好多语音错误或方言会频繁出现。俗话说:"言多必失。"语速过快会导致错误增多。另一种是过于谨慎,每一句话、每一个字都想发音到位,有的考生甚至几字一顿,以至于见字不见篇,越是这样反而越是容易出现语言不流畅的现象,甚至是说话腔调怪异等,出现"读书腔"或者"学生腔",

造成了听感上的别扭和不舒服的情况,影响整体的流畅度。

(七) 心理紧张,情绪波动

第一种情况是心理紧张。在命题说话时有些人会过度紧张,语音失真,思维混乱,导致语音错误增加,语句不流畅。普通话水平测试一律采用口试方式进行,测试的内容包括有文字凭借的和没有文字凭借的两部分,涵盖普通话语音、词汇和语法。这种标准参照式的口语测试,较之其他类型的考试,会使应试者有一定的心理压力,应试者会因考试的特定心理预期、恐惧及测试场景这些因素,出现紧张、焦急、忧虑、怯场等反应,这就是人们通常所说的考试焦虑。普通话应试过程中的焦虑是主要指应试者在测试过程中的心理紧张、担心、恐惧等在情绪上的过度反应。主要表现为,等候测试时,忐忑不安,尿意频繁;抽取试卷时,举棋不定,手忙脚乱;出示证件时,顾此失彼,丢三落四;登录试音时,忘戴耳机、输错数字;考试时,口干舌燥,声音发颤;朗读字词时读音经常错认或反复纠错,出现跳行与漏行;朗读短文中错、漏、增倒现象明显,语速过快或过慢;命题说话中停顿时间过长,"嗯"、"啊"之类的口头禅过多,方音土语脱口而出,前言不搭后语,时间不足;考试过程中一遇问题就烦躁不安,猛扯电线,乱拍电脑等等。应试者的这些过度焦虑,不但影响了自己的考试成绩,而且给考场工作人员和测试员带来了工作难度,影响了考试进程。普通话水平测试中前三项因为有文字凭借,应试者只要机械地照着念就可以了,在照读的时候无暇他顾,紧张情绪有所缓解,所以不会出现太多错误。但是到了最后一项"命题说话"时,因为没有文字凭借,需要应试者完全脱稿,面对电脑,原先的紧张情绪会在此时达到顶点,既要集中思维组织话语又要避免语音错误,因此在这项分值最高的题型中会失分最多。

第二种情况是情绪波动,过于激动。有的人在说话时会因激动造成发音失常,增加语音错误和语音缺陷的数量,甚至还可能出现因无法控制情绪,说话无法继续下去致使测试中断,影响测试成绩的现象。国家测试中心在筛选话题时已经注意尽可能地避免选用容易引起应试人情绪波动的话题,应试人也应注意避免谈及过分喜悦或过度悲伤的内容。有的应试人会因为过分悲痛而泣不成声,或者因为过分喜悦而哈哈大笑,这些不仅会造成发音失常,增加语音错误和语音缺陷的数量,甚至还可能因为无法控制自己而导致测试中断,进而影响测试成绩。比如有应试人在说《我尊敬的人》、《我的成长之路》时,会说起自己的祖辈或者父辈,如爷爷、奶奶、外公、外婆、爸爸、妈妈等,常常情绪伤感、激动,甚至有的会说"我从小是爷爷把我抚养长大的。……不久前,我的爷爷去世了……"然后就开始泣不成声。应试人对这些亲人的感情很深,很希望让别人与之分享，这是可以理解的，但是在准备内容时一定要考虑到是否可以控制自己的情绪。

（八）时间不足

有些应试人在说话时不能讲满3分钟，一是准备不充分，不得法，准备的内容过于简单，讲完后就不知道该讲什么了。二是过于紧张，讲不下去了。三是不了解说话的规则，准备好的内容讲完后时间还没到就不讲了。

1. 一段缺时

一段缺时指考生完全结束说话后，时间还不足3分钟，不足的部分是一整段时间。很多考生两分钟内就把准备的内容说完了，还剩下的时间只能哑口无言，静待时间过去。

2. 断续缺时

断续缺时指说话过程中有多处停顿，虽然每次停顿时间不长，但是如果出现两次以上就要开始累计，根据《江苏省计算机辅助普通话水平测试评分细则（试行）》，"缺时15秒以下不扣分，缺时16秒～30秒扣1分"，以此类推。有些考生钻空子，掐准了时间，停顿到了14秒方才开始说话，说了一阵，又停顿个14秒，以为不会扣分。其实这种断续缺时要累计时间的，而且停顿多了也会影响整体的流畅度。

测试时，时间不足，缺时要累计计时的。说话不足3分钟，酌情扣分：缺时1分钟以内（含1分钟），扣1分、2分、3分；缺时1分钟以上，扣4分、5分、6分；说话不满30秒（含30秒），本测试项成绩计为0分。

（九）无效话语

无效话语主要指出现与测试话题不相关的话语、多次简单重复相同的语句、内容信息量太低等情况。机测后，考生在命题说话过程中无效话语明显增多。以往的人工测试，遇到学生说到与话题无关的内容时，测试员会给以适当的提示，并对其予以引导。机辅测试是学生面对电脑的单向说话，当其把准备好的内容说完后，剩余时间又不知该说些什么，就会出现说与题目无关联的内容，例如与测试无关的自言自语、重复前面已经说过的内容、重复相同的句子成分等现象。无效话语经常出现在一些准备不充分的学生录音中。

比如曾经出现考生抽到的题目是《难忘的旅行》，于是他开始叙述："我和我爸爸、我和我妈妈、我和我爸爸的同事、我和我哥哥的同学、我和我叔叔的朋友……"然后一直简单重复类似的称谓，一直到最后10秒结尾，"……一起去连云港花果山旅行。"这种信息量太低,简单重复同样的句子成分,最终只能以零分处理。可见这位考生根本就没有准备,胡乱说话。

还有考生没有提前做好准备,只好先拖时间,思索片刻才组织语言正式开始,第一分钟一直重复话题的题目,比如:"我抽到的话题是我和体育,我和体育,我和体育,我和体育……"到一分钟后才整理好思绪开始说具体内容。

（十）操作失误

不会使用计算机辅助测试工具。虽然大部分的应试人在测试前都进行过机测考前辅导,但还是有部分考生在面对电脑时会心生紧张,不知道该如何面对这个"死物",不敢大声开口说话,甚至出现不戴耳机就说话,连试音都失败的紧张情况。或者不知道怎么操作计算机,计算机已经开始计时了,但该生以为还没有开始,造成缺时扣分;还有的考生在测试到中途时竟然以为没有录制成功,对计算机测试不够信任,觉得没有录上而停止说话造成缺时或表达不畅。

三、命题说话应试策略指导

（一）语音标准规范的应对策略——尽量减少语音错误

第一,要充分认清自己的语音问题。普通话的个体差异很大,每个方言区的人系统缺陷也不相同。每个人只有充分认清自己的语音问题,才能有的放矢地进行训练,才能读准练会自己的难点字音,提高测试分数。很多考生在测前都自我感觉良好,觉得自己的普通话不错,根本就不知道自己的语音缺陷在哪里,所以对于语音训练也不重视。直到测完了知道自己的成绩了,还不知道为什么自己的成绩会这么低。其实大部分的考生周围的语音环境都不好,有很多来自农村的考生从小就没有受过专门的普通话训练,从小到大的老师上课都是说方言,很多人普通话都是上大学以后才开始学的,所以根本就不清楚自己的普通话是否标准。比如没有经过普通话培训课程的专业训练,大部分人都会把上声这种声调念成半上,这种声调一直以来都是被大家误念的。所以在正式测试之前,一定要搞清楚自己的语音缺陷在哪里,一定要明确病因,才能对症下药,才能药到病除。

第二,在准备说话内容时,要有意识地规避自己的语音问题。因为应试人说方言的时间较长,有些发音错误和缺陷很难在短时间内得以纠正,在说话时可以有意识地规避这些难以发好的音节,或替换成同义或近义的其他音节,从而有效地减少语音错误,提高语音质量。比如前后鼻韵母不分的人,准备说话时尽量少说"能"、"冷"、"生"、"风"等后鼻韵母的字。比如要说"学生",而又发不好后鼻韵母"生",可以换成同义词"同学"。但是有些日常生活中经常使用的音节难以避开,这就要求应试人在平时多使用这些音节,多练多说,说熟练会,这样才能真正做到语音标准规范。

第三,控制说话速度有时是控制语音失误的好方法。说话的速度建议最好采用中速,也就是每分钟240个音节左右。对于那些普通话不够标准但平常说话习惯快速的学生来说,每分钟说300个音节,那么3分钟内就会说到900个音节左右,这会大大增加语音失误的几率,但如果把速度降到约每分钟240个音节,保持中速,就能避免"言多必失",减少错误,避免缺陷,还能有时间去组织语言。

(二)词汇、语法规范的应对策略——多读现代经典著作

在普通话测试中经常出现词汇和语法不规范的现象。很多考生因受方言的影响说话词序混乱,不符合普通话的表达习惯。普通话是"以北京语音为标准音,以北方话为基础方言,以典范的现代白话文著作为语法规范的现代汉民族共同语"。普通话的定义规定了普通话的词汇与语法规范是"典范的现代白话文",不是一般的而是典范的,不是古代的而是现代的,不是古文而是白话文。现代文学史上涌现出了那么多经典的作品,考生可以多读一些散文、诗歌、小说,形成语感。很多考生平时说话多用方言,而方言当中的很多语法结构都是错误的,所以平时要养成用普通话表达的习惯,经常读经典著作,注意这些作品当中遣词造句的方法,久而久之就会形成语感,在"命题说话"中自然而然地正确使用。

(三)内容贫乏、缺时、离题、雷同、无效话语的应对策略——精心准备说话话题

很多考生或是不知道如何连续不断地说满3分钟,无话可说造成缺时;或是存在侥幸心理只准备一篇稿子,无论抽到什么话题都生拉硬扯,以一当十;或是照搬照抄别人的现成文章造成雷同;或是简单重复,造成信息量太低,被判无效话语。出现这些缺时、离题、雷同还有无效话语的现象,究其原因,归根到底都是由于准备不充分,没有对命题说话的话题进行好好的研究,存在侥幸心理。前一节已经详细介绍过了如何准备说话的话题,此处就不赘述了。

(四)背稿、读稿的应对策略——坚持原创,杜绝抄袭

前面已经分析了有些考生为了顺利过关或取得理想成绩,往往在试前精

心准备，事先从网上下载现成范文或自己拟稿，并加以背诵，甚至有考生趁监考老师不备把稿子拿出来或者直接拿手机上网读稿。这种应试方法是不值得提倡的。一般来说，文稿背得越熟，应试者对它的依赖性越强，也就越不利于自由发挥，往往会造成一旦紧张忘稿，说话立刻中断的尴尬场面，尤其是那些现成的范文，不是自己的经验，更容易遗忘。所以考生应该充分准备，做到有话可说，可以准备稿子，但又不要被文稿束缚，把文字的东西内化为自己的语言，口语化地表达出来。

（五）自然流畅程度的应对策略——把文字内化为口语

命题说话要求口语化表达，因此应试者说话要自然，在处理语音、语调时，要口语化、日常化，不能有朗诵或者背诵的腔调。但是相当多的考生在命题说话环节的测试中不能做到这点，往往会出现各种说话不自然、表达生硬，听起来别扭和不舒服的情况。要解决这些问题，可从以下几个方面入手：

1. **少用书面语**

要使话语更为自然、口语化，须少用甚至不用那些不必要的书面语。书面的东西是用来看的，而口语的东西才是用来说的，只有读稿和背稿才会出现过多的书面语，真正的脱稿说话，是不会出现过多书面语的。

2. **忌文学修辞**

在普通话口语交际中，一般较少使用拟人、夸张、比喻等修辞手法，即便使用修辞，也大多比较通俗，具有口语化特征。所以我们在"说话"时应当少用或不用文学性的修辞手法，避免影响口语化的表达。

3. **抒情要节制**

从命题说话项的评分标准看，主要考查应试者的语音标准程度、词汇和语法规范程度及自然流畅程度，并没有要求应试者说话时声情并茂、以情动人，很多考生理解错误，以为在命题说话测试时一定要充满感情，甚至有少数考生声泪俱下，企图用情感打动测试员。这种想法是错误的，命题说话时贵在语气平静、自然，即使带有情感也要适度，有所节制，以自然为宜。一些不当的情感表达不仅不能为命题说话测试项增分增色，还可能适得其反，影响命题说话的成绩。因此，在命题说话时应该避免大喜大悲的题材，以免影响考试情绪。

4. **语速要适中**

为防止语速过快或过慢，在进行命题说话时最好是有意识地将语速保持在适中状态，把语速控制在每分钟 240 个字左右，既要保证速度又要保证发音清楚准确。

5. 不语音纠结

这里的语音纠结,指的是过多考虑语音的准确性。普通话水平测试的实践证明,应试者在说话时一旦过多地考虑语音的准确性,开始咬文嚼字,说话便会断断续续,尤其是一些难点音,若过分在意,重复纠正,必然会影响说话的自然流畅,因为在命题说话中重复也会被扣分。而很多考生有重复的习惯,如果说错了一个字,就非要重复到正确为止,甚至有的考生重复到三四遍才能说正确,造成语句不顺畅。因此失分很多,甚是可惜。我们在考前经常告诫考生,如果说错了个别字,千万不要再去重复,否则将错上加错。因此,建议应试者在说话测试中不要过多考虑语音是否准确,以扫除说话过程中过重的心理负担和障碍,将重点集中在语言的组织和语句的表达上,做到流畅自然,这样能保证自然流畅度不被扣分。因为有些语音缺陷是短期突击所解决不了的,如果刻意一字一顿既避免不了语音错误,又会影响总体流畅度,真是顾此失彼,两边都失分。所以,如果考生的语音基础差,可以建议考生舍弃语音一项,有舍才有得,语音错误在所难免,但是这样至少能保证自然流畅度的得分。

(六)心理紧张,情绪波动的应对策略——树立信心,避免激动

1. 心理紧张的解决方法

首先,树立考生信心。

焦虑心理主要是出现在考前准备和测试过程中。应试者可以提前预测自己可能出现焦虑心理的情况,提前做好预防,以便出现焦虑心理后实时进行自我调控。考前的焦虑心理主要是因为自身实力不够、不自信造成的。这就需要考生平时多学习普通话语音理论,加强训练,真正提高自己的普通话能力。在测试之前有些工作是必须要做的,比如60篇短文要熟读,30个话题要逐一考虑,不能存在侥幸心理,碰运气,如果运气好抽到好讲的话题或者已经准备好的话题就顺利应考,如果运气不好抽到不好讲的或者没有准备好的话题就脑子一片空白,胡吹乱侃,瞎说一通。俗话说:"手中有粮,心中不慌。"准备充分,抽到什么话题都能轻松应对。

高校学生虽然经过无数次的考试才跨进大学学习,但这些考试基本上与口语无关,就是说,他们从小就缺乏口语表达的训练。在小学、中学,甚至大学,与老师的交流多以课堂问答的方式进行,形式单一,范围有限,被动性很强。除了个别学生干部,他们很少有在众人面前说话的锻炼机会,特别是来各方言区的学生,或者害怕同学笑话,或者惧怕困难,或者习惯于缄口不言,越是这样越不敢张嘴,形成恶性循环。

教师应该有意识地让口语基础差的同学得到锻炼,多鼓励他们,让他们养成敢于开口的习惯。培养他们具有在大庭广众之下说话的勇气和能力,在众人面前不怕丢脸,就像李阳在他的疯狂英语中宣传的那样,"学英语要热爱丢脸"。同样的,学普通话,练我们的母语也要不怕丢脸,敢于发表自己的见解。日本人训练经理和推销员的有个方法是,让他们在火车上或广场上当众唱歌、演讲,引来人们的围观和嘲笑,以锻炼他们承受羞辱的能力和当众说话的胆量。我们可以借鉴日本人的这种训练方法,练胆量,练自信。教师还可以利用各种场合,运用多种形式鼓励考生练习说话,增强考生的自信心。比如以即兴话题形式,开展每日一讲活动,让那些达不到参赛水平无缘登台表演的学生也有"说"的机会。各种重大新闻事件、当日所见所感、雨雪风云、花草树木均可入题,还可以采用抽签指定话题形式,每次课都请一位同学到台上来抽签,模拟考试抽题,抽到哪个话题就讲哪个话题,必须围绕主题去说,不能跑题。发言结束后其他学生予以点评,找出缺陷或不足,最后由教师进行综合评议,指出问题并及时纠正。这样每个同学都有了一次实战经验,到考试的时候就能轻松应考。鼓励学生广交朋友,经常参加学校的社团活动以及各种演讲比赛、朗诵比赛、辩论赛,加强考生的心理素质,达到自信表达的目的。这样,学生在反复训练的基础上心理素质必将由弱到强,逐步达到质的飞跃。

其次,了解测试程序。

测试过程中的焦虑很多是因为测试氛围和考场环境的原因造成的。这就需要应试者提前熟悉考场、熟悉考试的各个环节,设想考试过程中可能会出现的状况,提前想好应对的办法。

普通话水平测试的一般程序是,应试者进入试场后,出示准考证,然后抽取试卷,备测10分钟后进入测试机房,登录试音,按试卷内容逐一进行测试。在有限的准备过程中,应试者应首先确定准备的重点和难点,即朗读短文和命题说话。在普通话水平测试中,读单音节字词10分,读多音节词语20分,朗读短文30分,命题说话40分。1~4题的难度和分数比重是依顺序递增的,要想取得高分,就不能对短文朗读和命题说话马虎了事。况且,测试用短文与说话题目是有明确范围的,应试者平时已经训练过。抽到的两个说话话题要加以选择,要果断选一个构思过且准备充分的话题,快速列出提纲,围绕提纲确定内容,组织好开头与结尾,注意流畅自然即可,切不可犹豫不决或中途换题,这样不仅会占用大量宝贵时间,还会因手忙脚乱增加焦虑。还有考生不熟悉规则,不知道话题是二选一,两个话题都讲,结果两个都讲不好,最终还被加扣离题的分。这些都是因为不熟悉测试程序,不懂规则导致的,所以为避免心理紧张忙中出错、胡乱说话还是要提前熟悉考试的各个环节、熟悉考场。

2. 情绪波动的解决方法

在测试实践中我们发现,各个年龄阶段的人都可能涉及一些容易引起情绪波动的内容,所以在测试之前要选好材料,避免选用大喜大悲题材的内容,以免导致自己过于伤感,说话难以为继。要控制情绪,不要过于激动,影响考试。

(七)操作失误的应对策略——熟练掌握测试流程

机测后由于不熟悉操作流程,耽误时间影响成绩的情况时常出现。测试前,对学生进行测试流程、计算机操作步骤等内容培训是非常必要的。

其实大部分参加测试的同学在测试前都经过普通话老师的考前辅导。让测试员对考生从语音、语调到测试要求、内容、评分标准、具体操作方法进行辅导。但由于一些考生重视不够,总不能按时参加测试辅导,致使测试中盲目操作,出现很多低级错误,影响测试效果。若要避免这些就要让考生从应考态度上进行转变,提前对普通话测试内容与题型进行准备,掌握测试的流程,了解在测试中可能会出现的问题,以及学会如何避免与解决这些问题。

命题说话是普通话测试中的关键环节,所占分值最高,难度最大,又很容易暴露应试者自身的缺点,因此一向是测试辅导和培训的重中之重。作为应试者,不仅要高度重视,而且要改变一些错误认识,在进行必要的语音基础训练之外,同样需要在词汇语法、口语表达能力、自然流畅度上下功夫,及时发现自身存在的各种问题,才能在测试中扬长避短,避免不必要的失分,取得较为理想的等级。

第四节 命题说话30个话题及思路提示

一、普通话水平测试用命题说话30个话题

1. 我的愿望(或理想)
2. 我的学习生活
3. 我尊敬的人

4. 我喜爱的动物(或植物)
5. 童年的记忆
6. 我喜爱的职业
7. 难忘的旅行
8. 我的朋友
9. 我喜爱的文学(或其他艺术形式)
10. 谈谈卫生与健康
11. 我的业余生活
12. 我喜爱的季节(或天气)
13. 学习普通话的体会
14. 谈谈服饰
15. 我的假日生活
16. 我的成长之路
17. 谈谈科技发展与社会生活
18. 我知道的风俗
19. 我和体育
20. 我的家乡(或熟悉的地方)
21. 谈谈美食
22. 我喜欢的节日
23. 我所在的集体(学校、机关、公司等)
24. 谈谈社会公德(或职业道德)
25. 谈谈个人修养
26. 我喜欢的明星(或其他知名人士)
27. 我喜爱的书刊
28. 谈谈对环境保护的认识
29. 我向往的地方
30. 购物(消费)的感受

二、30个话题思路提示

说明：30个话题仅是对话题范围的规定，并不规定话题的具体内容。以下话题分析及思路提示仅供参考。

(一) 我的愿望(或理想)

我的愿望是什么——这个愿望是如何产生的(可以通过叙述一个相关事

件来表达)——我打算如何去实现这个愿望。

（二）我的学习生活

可以按时间顺序说说从小到大不同阶段的学习生活，也可具体说说目前的学习生活。

学习生活基本情况——最深的体验感受——记忆深刻的人或事

（三）我尊敬的人

尊敬的人可以是父母、亲人、老师、朋友这些你身边的人，也可以是一个知名的人。

我尊敬的人是谁——他（她）值得我尊敬的地方——举几个具体的事例

（四）我喜爱的动物（或植物）

选择的范围很广，如对这种动物有喜爱之情。

我喜爱的动物（植物）是什么——喜欢它的主要缘由——一个或几个关于它的故事

（五）童年的记忆

童年生活的基本情况——回忆童年生活中记忆深刻的人和事

（六）我喜爱的职业

可以是自己向往的职业，也可以联系现在学习的专业，谈将来要从事的职业。

我喜欢的职业是什么——我喜欢这个职业的主要缘由——我为从事这个职业所做的准备（或我不能从事这个职业的原因和对未来职业的考虑）

（七）难忘的旅行

我难忘的旅行是去什么地方——叙述难忘之处（风景、风俗、美食、趣事）

（八）我的朋友

选择一个比较有特点的朋友——他（她）成为我的朋友的主要原因——用几件事来表现这个朋友的个性特征

（九）我喜爱的文学（或其他艺术形式）

可选择自己熟悉和喜爱的艺术形式，如文学、电影——概括地说说对这种艺术形式的了解或喜爱——具体介绍和评价一部作品

（十）谈谈卫生与健康

表明自己的观点，对卫生与健康关系的认识——举一些正面的例子说说

怎样以良好的卫生习惯促进身体健康——举一些反面的例子说说不良的卫生习惯对健康的影响

（十一）我的业余生活

概括介绍自己业余生活的基本情况——具体地说其中的一个方面

可以与话题"难忘的旅行"、"我喜爱的文学（或其他）艺术形式"归并，共用素材。

（十二）我喜爱的季节（或天气）

我喜爱的季节是哪一季——喜爱的缘由或对这个季节的感受——在这个季节我会做的事或曾经发生在这个季节的故事

（十三）学习普通话的体会

我对普通话的认识——为什么要学好普通话——我是怎样提高普通话水平的（具体的措施和成效）

（十四）谈谈服饰

我对服饰作用的理解——对服饰变迁的了解——选择服饰应考虑的因素——对品牌、流行的见解

（十五）我的假日生活

可以与话题"我的业余生活"归并

（十六）我的成长之路

概要说说自己成长的经历——得到的荣誉与鼓励——经历的挫折与打击——得到的关怀与帮助——成长的烦恼与快乐

（十七）谈谈科技发展与社会生活

表明自己的观点，科技发展对社会生活产生巨大影响——具体地选择一个方面，如互联网、手机的发展对人们生活的影响

（十八）我知道的风俗

可具体详细地介绍某一地域的某种风俗（如传统节日）

可列举介绍某一地域的各种风俗

也可比较各地的不同风俗（如婚嫁）

（十九）我和体育

我非常热爱体育——我热爱体育的原因（一个故事、一个项目、一个人的影响）——我经常从事的体育运动——我爱看的体育比赛——我喜爱的体育

明星

（二十）我的家乡（或熟悉的地方）

介绍家乡的基本情况——家乡给我的最深记忆（人和事）——家乡的风土人情——我对家乡的热爱、思念之情——美好的祝愿

（二十一）谈谈美食

总体说说对美食的见解——具体说说某一地方的美食——自己喜欢的美食——某一种美食的具体做法

（二十二）我喜欢的节日

我喜欢的节日是什么（可以是传统节日，也可以是外来节日）——我喜欢这个节日的原因——具体说说某次过这个节的深刻记忆

（二十三）我所在的集体（学校、机关、公司等）

可选择自己所在的学校、班级或宿舍作简要介绍——生活在这个集体的感受——与自己关系最密切的人——发生在这个集体中的事

（二十四）谈谈社会公德（或职业道德）

概要说说对社会公德的认识（如：社会公德体现了公民的文明教养）——结合具体的方面或事件说说社会公德好的地方——结合具体的方面或事件说说社会公德有待提高的地方

（二十五）谈谈个人修养

表明对个人修养的看法——我们可以通过哪些途径提升个人修养——自己是怎样不断提高个人修养的

（二十六）我喜欢的明星（或其他知名人士）

选择一个自己喜欢的明星或知名人士——喜欢他（她）的原因——他（她）是怎样一个人——对我有怎样的影响

（二十七）我喜爱的书刊

我喜欢的书籍或杂志是什么——我喜欢它的原因——介绍基本内容——结合具体篇章谈自己最深的阅读感受

可与话题"我喜爱的文学（或其他）艺术形式"归并

（二十八）谈谈对环境保护的认识

表明观点环境保护的重要性——我们可以从哪些方面去保护环境——每个人怎样从小事做起保护环境

(二十九) 我向往的地方

我向往的地方是哪里——我为什么向往这个地方(是因为一部书、一部电影或是……)——我要去那里的打算

可与话题"我的愿望"归并

(三十) 购物(消费)的感受

概要说说自己购物的习惯——结合具体的事例谈谈购物的体会和感受

附 录

附录一 《普通话水平测试用必读轻声词语表》

说 明

1. 本表根据《普通话水平测试用普通话词语表》编制。
2. 本表供普通话水平测试第二项——读多音节词语(100个)测试使用。
3. 本表共收词545条(其中"子"尾词206条),按汉语拼音字母顺序排列。
4. 条目中的非轻声音节只标本调,不标变调;条目中的轻声音节,注音不标调号,如:"明白 míngbai"。

1. 爱人 àiren	11. 梆子 bāngzi	21. 本事 běnshi
2. 案子 ànzi	12. 膀子 bǎngzi	22. 本子 běnzi
3. 巴掌 bāzhang	13. 棒槌 bàngchui	23. 鼻子 bízi
4. 把子 bǎzi	14. 棒子 bàngzi	24. 比方 bǐfang
5. 把子 bàzi	15. 包袱 bāofu	25. 鞭子 biānzi
6. 爸爸 bàba	16. 包涵 bāohan	26. 扁担 biǎndan
7. 白净 báijing	17. 包子 bāozi	27. 辫子 biànzi
8. 班子 bānzi	18. 豹子 bàozi	28. 别扭 bièniu
9. 板子 bǎnzi	19. 杯子 bēizi	29. 饼子 bǐngzi
10. 帮手 bāngshou	20. 被子 bèizi	30. 拨弄 bōnong

31. 脖子 bózi
32. 簸箕 bòji
33. 补丁 bǔding
34. 不由得 bùyóude
35. 不在乎 bùzàihu
36. 步子 bùzi
37. 部分 bùfen
38. 裁缝 cáifeng
39. 财主 cáizhu
40. 苍蝇 cāngying
41. 差事 chāishi
42. 柴火 cháihuo
43. 肠子 chángzi
44. 厂子 chǎngzi
45. 场子 chǎngzi
46. 车子 chēzi
47. 称呼 chēnghu
48. 池子 chízi
49. 尺子 chǐzi
50. 虫子 chóngzi
51. 绸子 chóuzi
52. 除了 chúle
53. 锄头 chútou
54. 畜生 chùsheng
55. 窗户 chuānghu
56. 窗子 chuāngzi
57. 锤子 chuízi
58. 刺猬 cìwei
59. 凑合 còuhe
60. 村子 cūnzi
61. 耷拉 dāla
62. 答应 dāying
63. 打扮 dǎban
64. 打点 dǎdian
65. 打发 dǎfa
66. 打量 dǎliang
67. 打算 dǎsuan
68. 打听 dǎting
69. 大方 dàfang
70. 大爷 dàye
71. 大夫 dàifu
72. 带子 dàizi
73. 袋子 dàizi
74. 耽搁 dānge
75. 耽误 dānwu
76. 单子 dānzi
77. 胆子 dǎnzi
78. 担子 dànzi
79. 刀子 dāozi
80. 道士 dàoshi
81. 稻子 dàozi
82. 灯笼 dēnglong
83. 提防 dīfang
84. 笛子 dízi
85. 底子 dǐzi
86. 地道 dìdao
87. 地方 dìfang
88. 弟弟 dìdi
89. 弟兄 dìxiong
90. 点心 diǎnxin
91. 调子 diàozi
92. 钉子 dīngzi
93. 东家 dōngjia
94. 东西 dōngxi
95. 动静 dòngjing
96. 动弹 dòngtan
97. 豆腐 dòufu
98. 豆子 dòuzi
99. 嘟囔 dūnang
100. 肚子 dǔzi
101. 肚子 dùzi
102. 缎子 duànzi
103. 对付 duìfu
104. 对头 duìtou
105. 队伍 duìwu
106. 多么 duōme
107. 蛾子 ézi
108. 儿子 érzi
109. 耳朵 ěrduo
110. 贩子 fànzi
111. 房子 fángzi
112. 份子 fènzi
113. 风筝 fēngzheng
114. 疯子 fēngzi
115. 福气 fúqi
116. 斧子 fǔzi
117. 盖子 gàizi
118. 甘蔗 gānzhe
119. 杆子 gānzi
120. 杆子 gǎnzi
121. 干事 gànshi
122. 杠子 gàngzi
123. 高粱 gāoliang
124. 膏药 gāoyao
125. 稿子 gǎozi
126. 告诉 gàosu

127. 疙瘩 gēda
128. 哥哥 gēge
129. 胳膊 gēbo
130. 鸽子 gēzi
131. 格子 gézi
132. 个子 gèzi
133. 根子 gēnzi
134. 跟头 gēntou
135. 工夫 gōngfu
136. 弓子 gōngzi
137. 公公 gōnggong
138. 功夫 gōngfu
139. 钩子 gōuzi
140. 姑姑 gūgu
141. 姑娘 gūniang
142. 谷子 gǔzi
143. 骨头 gǔtou
144. 故事 gùshi
145. 寡妇 guǎfu
146. 褂子 guàzi
147. 怪物 guàiwu
148. 关系 guānxi
149. 官司 guānsi
150. 罐头 guàntou
151. 罐子 guànzi
152. 规矩 guīju
153. 闺女 guīnü
154. 鬼子 guǐzi
155. 柜子 guìzi
156. 棍子 gùnzi
157. 锅子 guōzi
158. 果子 guǒzi

159. 蛤蟆 háma
160. 孩子 háizi
161. 含糊 hánhu
162. 汉子 hànzi
163. 行当 hángdang
164. 合同 hétong
165. 和尚 héshang
166. 核桃 hétao
167. 盒子 hézi
168. 红火 hónghuo
169. 猴子 hóuzi
170. 后头 hòutou
171. 厚道 hòu dao
172. 狐狸 húli
173. 胡琴 húqin
174. 糊涂 hútu
175. 皇上 huángshang
176. 幌子 huǎngzi
177. 胡萝卜 húluóbo
178. 活泼 huópo
179. 火候 huǒhou
180. 伙计 huǒji
181. 护士 hùshi
182. 机灵 jīling
183. 脊梁 jǐliang
184. 记号 jìhao
185. 记性 jìxing
186. 夹子 jiāzi
187. 家伙 jiāhuo
188. 架势 jiàshi
189. 架子 jiàzi
190. 嫁妆 jiàzhuang

191. 尖子 jiānzi
192. 茧子 jiǎnzi
193. 剪子 jiǎnzi
194. 见识 jiànshi
195. 毽子 jiànzi
196. 将就 jiāngjiu
197. 交情 jiāoqing
198. 饺子 jiǎozi
199. 叫唤 jiàohuan
200. 轿子 jiàozi
201. 结实 jiēshi
202. 街坊 jiēfang
203. 姐夫 jiěfu
204. 姐姐 jiějie
205. 戒指 jièzhi
206. 金子 jīnzi
207. 精神 jīngshen
208. 镜子 jìngzi
209. 舅舅 jiùjiu
210. 橘子 júzi
211. 句子 jùzi
212. 卷子 juànzi
213. 咳嗽 késou
214. 客气 kèqi
215. 空子 kòngzi
216. 口袋 kǒudai
217. 口子 kǒuzi
218. 扣子 kòuzi
219. 窟窿 kūlong
220. 裤子 kùzi
221. 快活 kuàihuo
222. 筷子 kuàizi

223. 框子 kuàngzi	255. 翎子 língzi	287. 名堂 míngtang
224. 困难 kùnnan	256. 领子 lǐngzi	288. 名字 míngzi
225. 阔气 kuòqi	257. 溜达 liūda	289. 明白 míngbai
226. 喇叭 lǎba	258. 聋子 lóngzi	290. 蘑菇 mógu
227. 喇嘛 lǎma	259. 笼子 lóngzi	291. 模糊 móhu
228. 篮子 lánzi	260. 炉子 lúzi	292. 木匠 mùjiang
229. 懒得 lǎnde	261. 路子 lùzi	293. 木头 mùtou
230. 浪头 làngtou	262. 轮子 lúnzi	294. 那么 nàme
231. 老婆 lǎopo	263. 萝卜 luóbo	295. 奶奶 nǎinai
232. 老实 lǎoshi	264. 骡子 luózi	296. 难为 nánwei
233. 老太太 lǎotàitai	265. 骆驼 luòtuo	297. 脑袋 nǎodai
234. 老头子 lǎotóuzi	266. 妈妈 māma	298. 脑子 nǎozi
235. 老爷 lǎoye	267. 麻烦 máfan	299. 能耐 néngnai
236. 老子 lǎozi	268. 麻利 máli	300. 你们 nǐmen
237. 姥姥 lǎolao	269. 麻子 mázi	301. 念叨 niàndao
238. 累赘 léizhui	270. 马虎 mǎhu	302. 念头 niàntou
239. 篱笆 líba	271. 码头 mǎtou	303. 娘家 niángjia
240. 里头 lǐtou	272. 买卖 mǎimai	304. 镊子 nièzi
241. 力气 lìqi	273. 麦子 màizi	305. 奴才 núcai
242. 厉害 lìhai	274. 馒头 mántou	306. 女婿 nǚxu
243. 利落 lìluo	275. 忙活 mánghuo	307. 暖和 nuǎnhuo
244. 利索 lìsuo	276. 冒失 màoshi	308. 疟疾 nüèji
245. 例子 lìzi	277. 帽子 màozi	309. 拍子 pāizi
246. 栗子 lìzi	278. 眉毛 méimao	310. 牌楼 páilou
247. 痢疾 lìji	279. 媒人 méiren	311. 牌子 páizi
248. 连累 liánlei	280. 妹妹 mèimei	312. 盘算 pánsuan
249. 帘子 liánzi	281. 门道 méndao	313. 盘子 pánzi
250. 凉快 liángkuai	282. 眯缝 mīfeng	314. 胖子 pàngzi
251. 粮食 liángshi	283. 迷糊 míhu	315. 狍子 páozi
252. 两口子 liǎngkǒuzi	284. 面子 miànzi	316. 盆子 pénzi
253. 料子 liàozi	285. 苗条 miáotiao	317. 朋友 péngyou
254. 林子 línzi	286. 苗头 miáotou	318. 棚子 péngzi

319. 脾气 píqi
320. 皮子 pízi
321. 痞子 pǐzi
322. 屁股 pìgu
323. 片子 piānzi
324. 便宜 piányi
325. 骗子 piànzi
326. 票子 piàozi
327. 漂亮 piàoliang
328. 瓶子 píngzi
329. 婆家 pójia
330. 婆婆 pópo
331. 铺盖 pūgai
332. 欺负 qīfu
333. 旗子 qízi
334. 前头 qiántou
335. 钳子 qiánzi
336. 茄子 qiézi
337. 亲戚 qīnqi
338. 勤快 qínkuai
339. 清楚 qīngchu
340. 亲家 qìngjia
341. 曲子 qǔzi
342. 圈子 quānzi
343. 拳头 quántou
344. 裙子 qúnzi
345. 热闹 rè'nao
346. 人家 rénjia
347. 人们 rénmen
348. 认识 rènshi
349. 日子 rìzi
350. 褥子 rùzi
351. 塞子 sāizi
352. 嗓子 sǎngzi
353. 嫂子 sǎozi
354. 扫帚 sàozhou
355. 沙子 shāzi
356. 傻子 shǎzi
357. 扇子 shànzi
358. 商量 shāngliang
359. 上司 shàngsi
360. 上头 shàngtou
361. 烧饼 shāobing
362. 勺子 sháozi
363. 少爷 shàoye
364. 哨子 shàozi
365. 舌头 shétou
366. 身子 shēnzi
367. 什么 shénme
368. 婶子 shěnzi
369. 生意 shēngyi
370. 牲口 shēngkou
371. 绳子 shéngzi
372. 师父 shīfu
373. 师傅 shīfu
374. 虱子 shīzi
375. 狮子 shīzi
376. 石匠 shíjiang
377. 石榴 shíliu
378. 石头 shítou
379. 时候 shíhou
380. 实在 shízai
381. 拾掇 shíduo
382. 使唤 shǐhuan
383. 世故 shìgu
384. 似的 shìde
385. 事情 shìqing
386. 柿子 shìzi
387. 收成 shōucheng
388. 收拾 shōushi
389. 首饰 shǒushi
390. 叔叔 shūshu
391. 梳子 shūzi
392. 舒服 shūfu
393. 舒坦 shūtan
394. 疏忽 shūhu
395. 爽快 shuǎngkuai
396. 思量 sīliang
397. 算计 suànji
398. 岁数 suìshu
399. 孙子 sūnzi
400. 他们 tāmen
401. 它们 tāmen
402. 她们 tāmen
403. 台子 táizi
404. 太太 tàitai
405. 摊子 tānzi
406. 坛子 tánzi
407. 毯子 tǎnzi
408. 桃子 táozi
409. 特务 tèwu
410. 梯子 tīzi
411. 蹄子 tízi
412. 挑剔 tiāoti
413. 挑子 tiāozi
414. 条子 tiáozi

415. 跳蚤 tiàozao
416. 铁匠 tiějiang
417. 亭子 tíngzi
418. 头发 tóufa
419. 头子 tóuzi
420. 兔子 tùzi
421. 妥当 tuǒdang
422. 唾沫 tuòmo
423. 挖苦 wāku
424. 娃娃 wáwa
425. 袜子 wàzi
426. 晚上 wǎnshang
427. 尾巴 wěiba
428. 委屈 wěiqu
429. 为了 wèile
430. 位置 wèizhi
431. 位子 wèizi
432. 蚊子 wénzi
433. 稳当 wěndang
434. 我们 wǒmen
435. 屋子 wūzi
436. 稀罕 xīhan
437. 席子 xízi
438. 媳妇 xífu
439. 喜欢 xǐhuan
440. 瞎子 xiāzi
441. 匣子 xiázi
442. 下巴 xiàba
443. 吓唬 xiàhu
444. 先生 xiānsheng
445. 乡下 xiāngxia
446. 箱子 xiāngzi

447. 相声 xiàngsheng
448. 消息 xiāoxi
449. 小伙子 xiǎohuǒzi
450. 小气 xiǎoqi
451. 小子 xiǎozi
452. 笑话 xiàohua
453. 谢谢 xièxie
454. 心思 xīnsi
455. 星星 xīngxing
456. 猩猩 xīngxing
457. 行李 xíngli
458. 性子 xìngzi
459. 兄弟 xiōngdi
460. 休息 xiūxi
461. 秀才 xiùcai
462. 秀气 xiùqi
463. 袖子 xiùzi
464. 靴子 xuēzi
465. 学生 xuésheng
466. 学问 xuéwen
467. 丫头 yātou
468. 鸭子 yāzi
469. 衙门 yámen
470. 哑巴 yǎba
471. 胭脂 yānzhi
472. 烟筒 yāntong
473. 眼睛 yǎnjing
474. 燕子 yànzi
475. 秧歌 yāngge
476. 养活 yǎnghuo
477. 样子 yàngzi
478. 吆喝 yāohe

479. 妖精 yāojing
480. 钥匙 yàoshi
481. 椰子 yēzi
482. 爷爷 yéye
483. 叶子 yèzi
484. 一辈子 yībèizi
485. 衣服 yīfu
486. 衣裳 yīshang
487. 椅子 yǐzi
488. 意思 yìsi
489. 银子 yínzi
490. 影子 yǐngzi
491. 应酬 yìngchou
492. 柚子 yòuzi
493. 冤枉 yuānwang
494. 院子 yuànzi
495. 月饼 yuèbing
496. 月亮 yuèliang
497. 云彩 yúncai
498. 运气 yùnqi
499. 在乎 zàihu
500. 咱们 zánmen
501. 早上 zǎoshang
502. 怎么 zěnme
503. 扎实 zhāshi
504. 眨巴 zhǎba
505. 栅栏 zhàlan
506. 宅子 zháizi
507. 寨子 zhàizi
508. 张罗 zhāngluo
509. 丈夫 zhàngfu
510. 帐篷 zhàngpeng

511. 丈人 zhàngren
512. 帐子 zhàngzi
513. 招呼 zhāohu
514. 招牌 zhāopai
515. 折腾 zhēteng
516. 这个 zhège
517. 这么 zhème
518. 枕头 zhěntou
519. 镇子 zhènzi
520. 芝麻 zhīma
521. 知识 zhīshi
522. 侄子 zhízi
523. 指甲 zhǐjia(zhījia)
524. 指头 zhǐtou(zhítou)
525. 种子 zhǒngzi
526. 珠子 zhūzi
527. 竹子 zhúzi
528. 主意 zhǔyi(zhúyi)
529. 主子 zhǔzi
530. 柱子 zhùzi
531. 爪子 zhuǎzi
532. 转悠 zhuànyou
533. 庄稼 zhuāngjia
534. 庄子 zhuāngzi
535. 壮实 zhuàngshi
536. 状元 zhuàngyuan
537. 锥子 zhuīzi
538. 桌子 zhuōzi
539. 字号 zìhao
540. 自在 zìzai
541. 粽子 zòngzi
542. 祖宗 zǔzong
543. 嘴巴 zuǐba
544. 作坊 zuōfang
545. 琢磨 zuómo

附录二 《普通话水平测试用儿化词语表》

说 明

1. 本表共收词189条,按儿化韵母的汉语拼音韵母顺序排列。
2. 本表仅供普通话水平测试第二项——读多音节词语(100个音节)测试使用。本表的儿化音节,在书面上一律加"儿",但并不表明所列词语在任何语用场合都必须儿化。
3. 本表列出原形韵母和所对应的儿化韵,用>表示条目中儿化音节的注音,只在基本形式后面加 r,如"小孩儿 xiǎohái r",不标语音上的实际变化。
4. "一"按照在词语中的实际读法标调。

一

a>ar	刀把儿 dāobàr	号码儿 hàomǎr	戏法儿 xìfǎr
	在哪儿 zàinǎr	找茬儿 zhǎochár	打杂儿 dǎzár
	板擦儿 bǎncār		
ai>ar	名牌儿 míngpáir	鞋带儿 xiédàir	壶盖儿 húgàir
	小孩儿 xiǎoháir	加塞儿 jiāsāir	
an>ar	快板儿 kuàibǎnr	老伴儿 lǎobànr	蒜瓣儿 suànbànr
	脸盘儿 liǎnpánr	脸蛋儿 liǎndànr	收摊儿 shōutānr
	栅栏儿 zhàlanr	包干儿 bāogānr	笔杆儿 bǐgǎnr
	门槛儿 ménkǎnr		

二

| ang>ar | 药方儿 yàofāngr | 赶趟儿 gǎntàngr | 香肠儿 xiāngchángr |
| | 瓜瓤儿 guārángr | | |

三

ia>iar	掉价儿 diàojiàr	一下儿 yíxiàr	豆芽儿 dòuyár
ian>iar	小辫儿 xiǎobiànr	照片儿 zhàopiānr	扇面儿 shànmiànr
	差点儿 chàdiǎnr	一点儿 yìdiǎnr	雨点儿 yǔdiǎnr
	聊天儿 liáotiānr	拉链儿 lāliànr	冒尖儿 màojiānr

	坎肩儿 kǎnjiānr	牙签儿 yáqiānr	露馅儿 lòuxiànr
	心眼儿 xīnyǎnr		

四

iang>iar	鼻梁儿 bíliángr	透亮儿 tòuliàngr	花样儿 huāyàngr

五

ua>uar	脑瓜儿 nǎoguār	大褂儿 dàguàr	麻花儿 máhuār
	笑话儿 xiàohuar	牙刷儿 yáshuār	
uai>uar	一块儿 yíkuàir		
uan>uar	茶馆儿 cháguǎnr	饭馆儿 fànguǎnr	火罐儿 huǒguànr
	落款儿 luòkuǎnr	打转儿 dǎzhuànr	拐弯儿 guǎiwānr
	好玩儿 hǎowánr	大腕儿 dàwànr	

六

uang>uar	蛋黄儿 dànhuángr	打晃儿 dǎhuàngr	天窗儿 tiānchuāngr

七

üan>üar	烟卷儿 yānjuǎnr	手绢儿 shǒujuànr	出圈儿 chūquānr
	包圆儿 bāoyuánr	人缘儿 rényuánr	绕远儿 ràoyuǎnr
	杂院儿 záyuànr		

八

ei>er	刀背儿 dāobèir	摸黑儿 mōhēir
en>er	老本儿 lǎoběnr	花盆儿 huāpénr
	嗓门儿 sǎngménr	把门儿 bǎménr
	哥们儿 gēmenr	纳闷儿 nàmènr
	后跟儿 hòugēnr	高跟儿鞋 gāogēnrxié
	别针儿 biézhēnr	一阵儿 yízhènr
	走神儿 zǒushénr	大婶儿 dàshěnr
	小人儿书 xiǎorénrshū	杏仁儿 xìngrénr
	刀刃儿 dāorènr	

九

eng＞er	钢镚儿 gāngbèngr	夹缝儿 jiāfèngr
	脖颈儿 bógěngr	提成儿 tíchéngr

十

ie＞ier	半截儿 bànjiér	小鞋儿 xiǎoxiér
üe＞üer	旦角儿 dànjuér	主角儿 zhǔjuér

十一

uei＞uer	跑腿儿 pǎotuǐr	一会儿 yíhuìr	耳垂儿 ěrchuír
	墨水儿 mòshuǐr	围嘴儿 wéizuǐr	走味儿 zǒuwèir
uen＞uer	打盹儿 dǎdǔnr	胖墩儿 pàngdūnr	砂轮儿 shālúnr
	冰棍儿 bīnggùnr	没准儿 méizhǔnr	开春儿 kāichūnr
ueng＞uer	小瓮儿 xiǎowèngr		

十二

-i(前)＞er	瓜子儿 guāzǐr	石子儿 shízǐr	没词儿 méicír
	挑刺儿 tiāocìr		
-i(后)＞er	墨汁儿 mòzhīr	锯齿儿 jùchǐr	记事儿 jìshìr

十三

i＞i:er	针鼻儿 zhēnbír	垫底儿 diàndǐr	肚脐儿 dùqír
	玩意儿 wányìr		

十四

in＞i:er	有劲儿 yǒujìnr	送信儿 sòngxìnr	脚印儿 jiǎoyìnr
ing＞i:er	花瓶儿 huāpíngr	打鸣儿 dǎmíngr	图钉儿 túdīngr
	门铃儿 ménlíngr	眼镜儿 yǎnjìngr	蛋清儿 dànqīngr
	火星儿 huǒxīngr	人影儿 rényǐngr	

十五

ü＞ü:er	毛驴儿 máolúr	小曲儿 xiǎoqǔr	痰盂儿 tányúr

üe>ü:er　　合群儿 héqúnr

十六

e>er　　模特儿 mótèr　　逗乐儿 dòulèr　　唱歌儿 chànggēr
　　　　挨个儿 āigèr　　　打嗝儿 dǎgér　　饭盒儿 fànhér
　　　　在这儿 zàizhèr

十七

u>ur　　碎步儿 suìbùr　　没谱儿 méipǔr　　儿媳妇儿 érxífur
　　　　梨核儿 líhúr　　　泪珠儿 lèizhūr　　有数儿 yǒushùr

十八

ong>or　　果冻儿 guǒdòngr　门洞儿 méndòngr　胡同儿 hútòngr
　　　　　抽空儿 chōukòngr　酒盅儿 jiǔzhōngr　小葱儿 xiǎocōngr
iong>ior　小熊儿 xiǎoxióngr

十九

ao>aor　　红包儿 hóngbāor　灯泡儿 dēngpàor　半道儿 bàndàor
　　　　　手套儿 shǒutàor　跳高儿 tiàogāor　叫好儿 jiàohǎor
　　　　　口罩儿 kǒuzhàor　绝着儿 juézhāor　口哨儿 kǒushàor
　　　　　蜜枣儿 mìzǎor

二十

iao>iaor　鱼漂儿 yúpiāor　火苗儿 huǒmiáor　跑调儿 pǎodiàor
　　　　　面条儿 miàntiáor　豆角儿 dòujiǎor　开窍儿 kāiqiàor

二十一

Ou>our　　衣兜儿 yīdōur　　老头儿 lǎotóur　　年头儿 niántóur
　　　　　小偷儿 xiǎotōur　门口儿 ménkǒur　　纽扣儿 niǔkòur
　　　　　线轴儿 xiànzhóur　小丑儿 xiǎochǒur　加油儿 jiāyóur

二十二

iou>iour　顶牛儿 dǐngniúr　抓阄儿 zhuājiūr　棉球儿 miánqiúr

二十三

uo>uor	火锅儿 huǒguōr	做活儿 zuòhuór	大伙儿 dàhuǒr
	邮戳儿 yóuchuōr	小说儿 xiǎoshuōr	被窝儿 bèiwōr
(o)>or	耳膜儿 ěrmór	粉末儿 fěnmòr	

附录三 《普通话水平测试大纲》

根据教育部、国家语言文字工作委员会发布的《普通话水平测试管理规定》、《普通话水平测试等级标准》,制定本大纲。

一、测试的名称、性质、方式

本测试定名为"普通话水平测试"(PUTONGHUA SHUIPING CESHI,缩写为 PSC)。

普通话水平测试测查应试人的普通话规范程度、熟练程度,认定其普通话水平等级,属于标准参照性考试。本大纲规定测试的内容、范围、题型及评分系统。

普通话水平测试以口试方式进行。

二、测试内容和范围

普通话水平测试的内容包括普通话语音、词汇和语法。

普通话水平测试的范围是国家测试机构编制的《普通话水平测试用普通话词语表》《普通话水平测试用普通话与方言词语对照表》《普通话水平测试用普通话与方言常见语法差异对照表》《普通话水平测试用朗读作品》《普通话水平测试用话题》。

三、试卷构成和评分

试卷包括 5 个组成部分,满分为 100 分。

(一)读单音节字词(100 个音节,不含轻声、儿化音节),限时 3.5 分钟,共 10 分。

  1. 目的:测查应试人声母、韵母、声调读音的标准程度。

  2. 要求:

(1) 100 个音节中,70%选自《普通话水平测试用普通话词语表》"表一",30%选自"表二"。

(2) 100 个音节中,每个声母出现次数一般不少于 3 次,每个韵母出现次数一般不少于 2 次,4 个声调出现次数大致均衡。

(3) 音节的排列要避免同一测试要素连续出现。

3. 评分:
(1) 语音错误,每个音节扣 0.1 分。
(2) 语音缺陷,每个音节扣 0.05 分。
(3) 超时 1 分钟以内,扣 0.5 分;超时 1 分钟以上(含 1 分钟),扣 1 分。
(二) 读多音节词语(100 个音节),限时 2.5 分钟,共 20 分。
1. 目的:测查应试人声母、韵母、声调和变调、轻声、儿化读音的标准程度。
2. 要求:
(1) 词语的 70%选自《普通话水平测试用普通话词语表》"表一",30%选自"表二"。
(2) 声母、韵母、声调出现的次数与读单音节字词的要求相同。
(3) 上声与上声相连的词语不少于 3 个,上声与非上声相连的词语不少于 4 个,轻声不少于 3 个,儿化不少于 4 个(应为不同的儿化韵母)。
(4) 词语的排列要避免同一测试要素连续出现。
3. 评分:
(1) 语音错误,每个音节扣 0.2 分。
(2) 语音缺陷,每个音节扣 0.1 分。
(3) 超时 1 分钟以内,扣 0.5 分;超时 1 分钟以上(含 1 分钟),扣 1 分。
(三) 选择判断〔注〕,限时 3 分钟,共 10 分。
1. 词语判断(10 组)
(1) 目的:测查应试人掌握普通话词语的规范程度。
(2) 要求:根据《普通话水平测试用普通话与方言词语对照表》,列举 10 组普通话与方言意义相对应但说法不同的词语,由应试人判断并读出普通话的词语。
(3) 评分:判断错误,每组扣 0.25 分。
2. 量词、名词搭配(10 组)
(1) 目的:测查应试人掌握普通话量词和名词搭配的规范程度。
(2) 要求:根据《普通话水平测试用普通话与方言常见语法差异对照表》,列举 10 个名词和若干量词,由应试人搭配并读出符合普通话规范的 10 组名量短语。
(3) 评分:搭配错误,每组扣 0.5 分。
3. 语序或表达形式判断(5 组)
(1) 目的:测查应试人掌握普通话语法的规范程度。

（2）要求：根据《普通话水平测试用普通话与方言常见语法差异对照表》，列举5组普通话和方言意义相对应，但语序或表达习惯不同的短语或短句，由应试人判断并读出符合普通话语法规范的表达形式。

（3）评分：判断错误，每组扣0.5分。

选择判断合计超时1分钟以内，扣0.5分；超时1分钟以上（含1分钟），扣1分。答题时语音错误，每个音节扣0.1分，如判断错误已经扣分，不重复扣分。

（四）朗读短文（1篇，400个音节），限时4分钟，共30分。

1. 目的：测查应试人使用普通话朗读书面作品的水平。在测查声母、韵母、声调读音标准程度的同时，重点测查连读音变、停连、语调以及流畅程度。

2. 要求：

（1）短文从《普通话水平测试用朗读作品》中选取。

（2）评分以朗读作品的前400个音节（不含标点符号和括注的音节）为限。

3. 评分：

（1）每错1个音节，扣0.1分；漏读或增读1个音节，扣0.1分。

（2）声母或韵母的系统性语音缺陷，视程度扣0.5分、1分。

（3）语调偏误，视程度扣0.5分、1分、2分。

（4）停连不当，视程度扣0.5分、1分、2分。

（5）朗读不流畅（包括回读），视程度扣0.5分、1分、2分。

（6）超时扣1分。

（五）命题说话，限时3分钟，共30分。

1. 目的：测查应试人在无文字凭借的情况下说普通话的水平，重点测查语音标准程度、词汇语法规范程度和自然流畅程度。

2. 要求：

（1）说话话题从《普通话水平测试用话题》中选取，由应试人从给定的两个话题中选定1个话题，连续说一段话。

（2）应试人单向说话。如发现应试人有明显背稿、离题、说话难以继续等表现时，主试人应及时提示或引导。

3. 评分：

（1）语音标准程度，共20分。分六档：

一档：语音标准，或极少有失误。扣0分、0.5分、1分。

二档：语音错误在10次以下，有方音但不明显。扣1.5分、2分。

三档：语音错误在10次以下，但方音比较明显；或语音错误在10次~15

次之间,有方音但不明显。扣 3 分、4 分。

四档:语音错误在 10 次~15 次之间,方音比较明显。扣 5 分、6 分。

五档:语音错误超过 15 次,方音明显。扣 7 分、8 分、9 分。

六档:语音错误多,方音重。扣 10 分、11 分、12 分。

(2) 词汇语法规范程度,共 5 分。分三档:

一档:词汇、语法规范。扣 0 分。

二档:词汇、语法偶有不规范的情况。扣 0.5 分、1 分。

三档:词汇、语法屡有不规范的情况。扣 2 分、3 分。

(3) 自然流畅程度,共 5 分。分三档:

一档:语言自然流畅。扣 0 分。

二档:语言基本流畅,口语化较差,有背稿子的表现。扣 0.5 分、1 分。

三档:语言不连贯,语调生硬。扣 2 分、3 分。

说话不足 3 分钟,酌情扣分:缺时 1 分钟以内(含 1 分钟),扣 1 分、2 分、3 分;缺时 1 分钟以上,扣 4 分、5 分、6 分;说话不满 30 秒(含 30 秒),本测试项成绩计为 0 分。

四、应试人普通话水平等级的确定

国家语言文字工作部门发布的《普通话水平测试等级标准》是确定应试人普通话水平等级的依据。测试机构根据应试人的测试成绩确定其普通话水平等级,由省、自治区、直辖市以上语言文字工作部门颁发相应的普通话水平测试等级证书。

普通话水平划分为三个级别,每个级别内划分两个等次。其中:

97 分及其以上,为一级甲等;

92 分及其以上但不足 97 分,为一级乙等;

87 分及其以上但不足 92 分,为二级甲等;

80 分及其以上但不足 87 分,为二级乙等;

70 分及其以上但不足 80 分,为三级甲等;

60 分及其以上但不足 70 分,为三级乙等。

〔注〕各省、自治区、直辖市语言文字工作部门可以根据测试对象或本地区的实际情况,决定是否免测"选择判断"测试项。如免测此项,"命题说话"测试项的分值由 30 分调整为 40 分。评分档次不变,具体分值调整如下:

(1) 语音标准程度的分值,由 20 分调整为 25 分。

一档:扣 0 分、1 分、2 分。

二档:扣3分、4分。
三档:扣5分、6分。
四档:扣7分、8分。
五档:扣9分、10分、11分。
六档:扣12分、13分、14分。

(2) 词汇语法规范程度的分值,由5分调整为10分。
一档:扣0分。
二档:扣1分、2分。
三档:扣3分、4分。

(3) 流畅程度,仍为5分,各档分值不变

说明:江苏省普通话水平测试中取消了"选择判断"测试项,"命题说话"分值调整为40分。

附录四 《计算机辅助普通话水平测试评分试行办法》

一、根据《普通话水平测试大纲》(教语用[2003]2号),结合计算机辅助普通话水平测试实际,制定本试行办法。

二、读单音节字词、读多音节词语、朗读短文三项,由国家语言文字工作部门认定的计算机辅助普通话水平测试系统评定分数。

三、命题说话项由测试员评定分数。

(1) 语音标准程度,共25分。分六档:

一档:语音标准,或极少有失误。扣0分、1分、2分。

二档:语音错误在10次以下,有方音但不明显。扣3分、4分。

三档:语音错误在10次以下,但方音比较明显;或语音错误在10次~15次之间,有方音但不明显。扣5分、6分。

四档:语音错误在10~15次之间,方音比较明显。扣7分、8分。

五档:语音错误超过15次,方音明显。扣9分、10分、11分。

六档:语音错误多,方音重。扣12分、13分、14分。

(2) 词汇语法规范程度,共10分。分三档:

一档:词汇、语法规范。扣0分。

二档:词汇、语法偶有不规范的情况。扣1分、2分。

三档:词汇、语法屡有不规范的情况。扣3分、4分。

(3) 自然流畅程度,共5分。分三档:

一档:语言自然流畅,扣0分。

二档:语言基本流畅,口语化较差,有背稿子的表现。扣0.5分、1分。

三档:语言不连贯,语调生硬。扣2分、3分。

(4) 说话不足3分钟,酌情扣分:缺时1分钟以内(含1分钟),扣1分、2分、3分;缺时1分钟以上,扣4分、5分、6分;说话不满30秒(含30秒),本测试项成绩计为0分。

(5) 离题、内容雷同,视程度扣4分、5分、6分。

(6) 无效话语,累计占时酌情扣分:累计占时1分钟以内(含1分钟),扣1分、2分、3分;累计占时1分钟以上,扣4分、5分、6分;有效话语不满30秒(含30秒),本测试项成绩计为0分。

附录五
《江苏省计算机辅助普通话水平测试评分细则（试行）》

一、根据《普通话水平测试大纲》（教语用〔2003〕2号）及《计算机辅助普通话水平测试评分试行办法》，结合我省计算机辅助普通话水平测试实际，制定本细则。

二、读单音节字词、读多音节词语、朗读短文三项由国家语言文字工作部门认定的计算机辅助普通话水平测试系统评定分数。

三、命题说话项由测试员评定分数。

本测试项要求应试人按照选定的题目连续说话，3分钟内所说的所有音节均为评分依据。

1. 语音标准程度，共25分。分六档：

一档：没有语音错误，扣0分；错误1次、2次，扣1分；错误3次、4次，扣2分。

二档：语音错误在5～7次之间，有方音但不明显，扣3分；语音错误8次、9次，有方音但不明显，扣4分。

三档：语音错误在5～7次之间，但方音明显，扣5分；语音错误8次、9次，但方音明显，扣6分。语音错误在10～15次之间，有方音但不明显，扣5分、6分。

四档：语音错误在10～15次之间，方音比较明显，扣7分、8分。

五档：语音错误在16～30次之间，方音明显，扣9分、10分、11分。

六档：语音错误超过30次，方音重，扣12分、13分、14分。

语音错误（包括同一音节反复出错），按出现次数累计。

2. 词汇、语法规范程度，共10分。

词汇、语法不规范指：使用了典型的方言词、典型的方言语法以及明显的病句。

词汇、语法不规范，每出现1次，扣0.5分。最多扣4分。

3. 自然流畅程度，共5分。分三档：

一档：语言自然流畅，扣0分。

二档：语言基本流畅，口语化较差，类似背稿子。有所表现，扣0.5分；明显，扣1分。

三档：语言不连贯，语调生硬。程度一般的，扣2分；严重的，扣3分。

4. 说话时间不足 3 分钟,视程度扣 1~6 分。

缺时 15 秒以下,不扣分;

缺时 16 秒~30 秒,扣 1 分。

缺时 31 秒~45 秒,扣 2 分。

缺时 46 秒~1 分钟,扣 3 分。

缺时 1 分 01 秒~1 分 30 秒,扣 4 分。

缺时 1 分 31 秒~2 分钟,扣 5 分。

缺时 2 分 01 秒~2 分 29 秒,扣 6 分。

说话时间不足 30 秒(含 30 秒),本测试项成绩记为 0 分。

5. 离题、内容雷同,视程度扣 4 分、5 分、6 分。

"离题"是指应试人所说内容完全不符合或基本不符合规定的话题。完全离题,扣 6 分;基本离题,视程度扣 4 分、5 分。

直接或变相使用《普通话水平测试纲要》中的 60 篇朗读短文,扣 6 分;其他内容雷同情况,视程度扣 4 分、5 分。

本测试项可以重复扣分,但最多扣 6 分。

6. 无效话语,酌情扣 1~6 分。

"无效话语"是指测试员无法据此作出评分的内容。包括:① 重复相同或大体相同的内容;② 经常重复相同语句;③ 口头禅频密;④ 简单重复。

无效话语在三分之一以内,视程度扣 1、2、3 分;无效话语在三分之一以上,视程度扣 4、5、6 分。

有效话语不足 30 秒(含 30 秒),本测试项成绩记为 0 分。

四、本试行细则由江苏省普通话水平测试专业委员会负责解释。

参考书目

1. 《普通话水平测试纲要》
   国家语言文字工作委员会普通话培训测试中心编写 商务印书馆 2004 年 1 月版
2. 《普通话水平测试轻松过关》
   丁迪蒙著 上海科学技术文献出版社 2003 年 1 月版
3. 《普通话水平测试指导用书》
   江苏省语言文字工作委员会办公室编写 商务印书馆 2004 年 10 月版
4. 《普通话训练与测试》
   龚竞昇主编 高等教育出版社 2005 年 7 月版
5. 《普通话学习与水平测试教程》
   胡习之主编 清华大学出版社 2007 年 5 月版
6. 《计算机辅助普通话水平测试教程》
   陆湘怀、王家伦主编 东南大学出版社 2010 年 3 月版
7. 《普通话水平测试指要》
   何 文主编 安徽科技出版社 2010 年 9 月版
8. 《普通话水平测试攻略》
   黄 健主编 暨南大学出版社 2011 年 2 月版
9. 《普通话教程》
   郭永朝、罗惜春主编 吉林大学出版社 2009 年 5 月版
10. 《新编普通话水平测试教程》(第二版)
    吴月芹、李素琴主编 南京大学出版社 2013 年 10 月版